Dirk Schmidt

Die Kraft der Motivation

Was wir von erfolgreichen Sportlern lernen können!

UEBERREUTER

Zur Person Dirk Schmidt

Dirk Schmidt ist Experte für Motivations- und Verkaufstrainings. Branchenunabhängig bietet er Vorträge und Seminare zum Thema Motivation an, die er speziell auf die Anforderungen seiner Kunden zuschneidet. Als begeisterter Marathonläufer ist auch das Sportmentaltraining zu seinem Steckenpferd geworden.

Nach seiner Ausbildung als Trainee bei Ford wurde Dirk Schmidt Verkaufsleiter in einem Peugeot-Autohaus. In der Automobilbranche startete der gelernte Industriekaufmann in seine unternehmerische Selbständigkeit und gründete ein Autohaus in Saarbrücken, das er später um eine weitere Niederlassung und einen Betrieb für Wagenpflege erweiterte. Im Jahr 2000 verkaufte Dirk Schmidt seine Unternehmen und wechselte als Geschäftsführer zum Marktführer für Baubeschläge.

Währenddessen erlangte Dirk Schmidt 2002 die Zertifizierung zum NLP-Practitioner, Master und NLP-Trainer nach den Qualitätsstandards des Dachverbandes DVNLP bei NLP Professional in Bochum. Er absolvierte eine Stimm-, Sprech- und Performance-Ausbildung und beschloss, selbstständiger Trainer mit den Schwerpunkten Motivation und Verkauf zu werden.

Dirk Schmidt nimmt regelmäßig an Fortbildungen teil, um seine Methodenkompetenz, sein Trainingsspektrum und seine Themen zu erweitern und zu aktualisieren.

2007 erschien im Ueberreuter Verlag sein erstes Buch „Paul, der Motivator". „Paul" gibt darin wichtige Tipps, wie sich täglich kleinere und größere Erfolge einstellen und wodurch sich Ziele erreichen lassen. Außerdem verrät „Paul", wie die eigenen Potenziale optimal ausgeschöpft werden können.

Weitere Informationen finden Sie unter www.dirkschmidt.com

ISBN 978-3-8000-7407-5

Cover & Layout: Kurt Hamtil, Wien
Coverfoto: © Willy Walinsky
Bildnachweis: APA Picturedesk

Druck: Druckerei Theiss, 9431 St. Stefan i. L.
7 6 5 4 3 2 1

Ueberreuter im Internet: www.ueberreuter.at

Frisch angefangen ist schon halb getan.
Was säumst du?
Wag es auf der Stelle, weise zu sein.

Horaz

Inhaltsverzeichnis

Vorwort

Was vor uns liegt und was hinter uns liegt, ist unbedeutend verglichen mit dem, was in uns steckt.

Ralph Waldo Emerson

Durch den unglaublichen Erfolg meines ersten Buches „Paul der Motivator“ erreichen mich täglich etliche E-Mails mit einer Botschaft: Mehr! Die Adressaten haben den Inhalt des Buches geradezu verschlungen und gieren nun nach noch mehr Input. Nicht, weil ihnen nach der Lektüre noch etwas fehlt. Das Gegenteil ist der Fall. Viele wollen die Erfahrung, die sie durch die Anwendung der Motivationsgesetze aus dem ersten Buch gesammelt haben, vertiefen.

Es ist wie im Sport. Da dauert es oft Jahrzehnte, bis man sich endlich aufrafft und joggt. Mit jedem gelaufenen Kilometer wächst die Freude über diese Entscheidung, bis das Laufen eines Tages so ins Blut übergegangen ist, dass ein Aufhören unmöglich ist.

Wer um die Kraft der Motivation weiß, will nie wieder dorthin, wo er einmal verharrte, sondern voller Elan und Freude das neue Leben genießen. Dabei wollen motivierte Menschen die Ergebnisse nie mehr dem Zufall überlassen, weshalb sie gern auf aktuelle Informationen zurückgreifen. Kurzum: Sie wollen sich coachen lassen, und genau deshalb habe ich mich entschieden, ein weiteres Buch zu schreiben. Mit diesem Werk möchte ich Sie in Ihren Bemühungen unterstützen, Ihre Ziele noch einfacher zu erreichen.

Kennen Sie die springenden Hirten aus dem Morgenland? Die springen nicht, weil sie sich so freuen. Sie springen, weil sie Hirten sind. Und wie das bei den naturverbundenen Menschen so Sitte ist, trifft man sich des Öfteren zum großen „Sit-in“. Dazu führen die Hirten ihre Herden auf einer großen Weide zusammen. Während die Herde frisst, hocken die Hirten zusammen und halten Small Talk. Wenn man so zusammensitzt und sich die neuesten Storys erzählt, kann es schon einmal passieren, dass man die Dinge, die um einen herum geschehen, nicht mehr wahrnimmt. So auch bei diesen Hirten, die in der Vergangenheit des Öfteren eines ihrer Tiere verloren hatten, weil sich ein Löwe an die Herde anschlich und sich ein Tier schnappte. Um das zu verhindern, haben die Hirten einen aus ihren Reihen zum Aufpasser bestimmt. Im Sitzen hat er keinen Überblick, den verschafft er sich dadurch, dass er springt. So sieht er sofort, wenn Gefahr in Verzug ist und ein Löwe sich der Herde nähert. In diesem Moment kann der springende Aufpasser einen Warnschrei ausrufen, und jeder weiß, was dann zu tun ist. So konnte durch die Aufpasser der Bestand der Herde gesichert werden.

Spitzensportler brauchen keine Aufpasser, sie brauchen „springende Hirten“, die ihnen in der Hektik des Alltages vorausschauend unter die Arme greifen, damit sie sich voll und ganz auf ihre Karriere konzentrieren können. Steffi Graf wurde von ihrem Vater unterstützt, Boris Becker konnte Günther Bosch als Coach verpflichten, der dafür seine bisherige Stelle als Bundestrainer des deutschen Tennisnachwuchses aufgab. Dem Rekordmeister FC Bayern München gelang mit seinem Coach Ottmar Hitzfeld ein zweifacher Titelgewinn in der Fußballsaison 2007/2008. Nach dem Abstieg in die 2. Bundesliga vor einigen Jahren verpflichtete der 1. FC Köln Christoph Daum. Nach nur anderthalb Jahren gelang Daum das Kunststück des Aufstiegs in die 1. Bundesliga.

Ich möchte weder meine Arbeit noch mich als Person in die Nähe dieser einzigartigen Trainer rücken, dennoch nehme ich für mich in Anspruch, Sie als Coach zu begleiten. Das ist ein wichtiger Unterschied. Ein Trainer unterstützt Sie in Ihren Bemühungen, ein definiertes Leistungsziel zu erreichen. Beim Coaching geht es um viel mehr. Es umfasst auch die psychologischen Komponenten der Leistung und der Persönlichkeit. Es geht also um das Ganzheitliche.

Sie bringen die besten Voraussetzungen mit, alles im Leben zu erreichen, denn Sie haben sich entschieden, Ihr Leben selbst in die Hand zu nehmen. Ansonsten hätten Sie wohl kaum zu diesem Buch gegriffen. Ihre Offenheit und Ihr Interesse sind der erste Schritt zu einem neuen Lebensabschnitt. Als Autor und Coach möchte ich Sie einladen, diesen Weg in einer sich immer stärker verändernden Welt weiterzugehen. Die rasante globale Entwicklung erfasst inzwischen alle Lebensbereiche, sodass es immer wichtiger wird, sich darauf einzustellen. Wer sich nicht zum Spielball von Interessen Dritter machen will, braucht starkes Vertrauen in sich selbst. Deshalb kommt es mehr denn je darauf an, mutig und fest entschlossen nach vorne zu schauen und alle sich bietenden Chancen zu nutzen. Je stärker das Selbstvertrauen, desto leichter lassen sich die Anforderungen unserer globalisierten Welt meistern. In dieser Situation braucht es Anregungen und Unterstützung von außen. Diesem Ziel habe ich mich verpflichtet.

Um Erfolg zu haben, braucht es Vorbilder, und davon haben wir mehr als genug. Vergeht doch kein Tag, an dem wir nicht aus den Medien von erfolgreichen Menschen hören und sehen. Ob Tagesschau, Zeitung oder Internet, wir werden aktuell auf dem Laufenden gehalten, wenn es um die Leistung bestimmter Menschen geht. Die Rede ist natürlich vom Sport. Nichts begeistert und motiviert mehr als sportliche Höchstleistungen. Niemand kann sich diesem Hype entziehen. Denken Sie bitte an die Fußball-Weltmeisterschaft 2006 zurück. Deutschland und die Welt erlebten diese Wochen als eine Ode der Freude. Jedes Tor der deutschen Mannschaft wurde frenetisch gefeiert, oft bis zum frühen Morgen. Wie weggeblasen waren Sorgen, Ängste und Frust. Wildfremde Menschen fielen sich in die Arme, um ihre Freude zum Ausdruck zu bringen. Die ach so konservativen deutschen Gastgeber wurden weltweit als „Weltmeister der Herzen" bejubelt. Wer hätte das für möglich gehalten? Zwei Jahre zuvor lag der deutsche Fußball am Boden. Niemand wettete auch nur einen Cent, dass Deutschland gewinnen könnte. Das Vertrauen war zerstört. Doch dann kam der Schwabe Jürgen Klinsmann. Von vielen belächelt und mit Hohn und Spott bedacht. Kein Wunder, wiederholte er doch gebetsmühlenartig, dass Deutschland Weltmeister im eigenen Land werden wolle. Manchmal tat er mir richtig leid, wenn er vor der Kamera saß und diesen Satz wie ein Mantra wiederholte. Wie musste er sich fühlen nach den ersten Spielen unter seiner Regie, die alles andere als gut verliefen? Statt selbst Tore zu schießen, kassierte Deutschland eine Niederlage nach der anderen. Doch Jürgen Klinsmann blieb stur bei seiner „Wir-werden-Weltmeister"-Haltung. Was dann passierte, war die Sensation. Aus dem „luschigen" deutschen Fußballhaufen wurde eine starke deutsche Fußballmannschaft, die am Ende den dritten Platz erreichte. Für eine Mannschaft, die in den Augen der Fans zu Beginn des Turniers Regionalliga-Niveau hatte, ein sensationelles Ergebnis. Es war die ungeheure Kraft der Motivation, die zu solchen Leistungen anspornte. Und diese Kraft hielt an.

Die ganz großen Favoriten der EM 2008 in Österreich und der Schweiz waren Portugal, Frankreich, Spanien, Niederlande und natürlich Italien, der Weltmeister von 2006. Deutschland sah man dabei nicht einmal im Halbfinale. Doch wir wurden alle eines Besseren belehrt. Der Außenseiter Deutschland stand im Endspiel und verlor mit nur einem Gegentor 1:0 gegen den haushohen Favoriten Spanien. Zuvor kickte die

Mannschaft den Favoriten Portugal aus dem Rennen und stand damit erstmals nach zwölf Jahren wieder im Halbfinale einer EM.

Jürgen Klinsmann hat bewiesen, wohin uns die Kraft der positiven Gedanken treiben kann, wenn wir von etwas wirklich überzeugt sind. Deshalb ist für mich nicht nur die Person Klinsmann, sondern der Sport im Allgemeinen eine Metapher, die sich auf unsere Persönlichkeit übertragen lässt. Beide Gebiete ergänzen und bereichern einander in vielen Bereichen. Disziplin, Routine, Planung, Menschenführung, Teamgeist, Konfliktmanagement, Zielvereinbarungen und Motivation sind nur einige der Themen, die verbinden. Überdies steht der Sport für Beständigkeit, Beharrlichkeit, Kontinuität, Leidenschaft, zielorientiertes Handeln, begeisternde Einstellung und klare Strukturen, die für den Erfolg eines jeden Einzelnen unabdingbar sind.

Als Coach vieler Spitzensportler war es mir möglich, viele interessante Informationen zusammenzutragen. Während meiner Arbeit mit ihnen habe ich einen einzigartigen Einblick in die Welt des Hochleistungssports erhalten, die von einer außergewöhnlichen Aura umgeben ist. Die Summe dieses Wissens habe ich nun in diesem Buch zusammengefasst. Somit haben Sie die einmalige Chance, von den Besten der Besten zu lernen, um ebenfalls aus Ihrem Leben das Beste zu machen. Dabei müssen Sie nicht das Ziel verfolgen, der Beste sein zu wollen, es reicht, wenn Sie immer Ihr Bestes geben.

Natürlich kann jeder einen anderen Menschen in seinem Verhalten kopieren, allerdings niemals dessen Ziele übernehmen oder dessen Weg gehen. Deshalb ist auch Ihr Weg einzigartig. Wenn Sie eine Vision haben, Ihnen aber noch immer die Mittel und Wege fehlen, dann werden Sie mit diesem umfangreichen Buch die Anregungen dazu erhalten. Alle Anregungen, Hinweise und Tipps sind klar und verständlich beschrieben und damit sofort anwendbar. Sagen ist bekanntlich nicht tun, deshalb ist es mir eine Herzensangelegenheit, dass Sie auch ins Handeln kommen. Nur wer sich bewegt, bewegt etwas.

In diesem Sinne wünsche ich Ihnen viel Freude beim Vermehren der gewonnenen Einsichten. Es grüßt Sie ganz herzlich

Dirk Schmidt, Düsseldorf, im Sommer 2008
www.dirkschmidt.com

Motivation bewegt die Welt

Des sin Gefühle, wo man schwer beschreibe kann.

Jürgen Klinsmann

„Über den Wolken muss die Freiheit wohl grenzenlos sein", singt Reinhard Mey. Der berühmte Liedermacher, den ich persönlich sehr schätze, bringt mit diesem Lied die Sehnsucht der Menschen zum Ausdruck, endlich frei zu sein. Frei zu sein von Ängsten und Sorgen, denen wir tagtäglich immer wieder aufs Neue ausgeliefert sind. Es ist schon paradox. Da wird in einer Studie nachgewiesen, dass Deutschland das beliebteste Land der Welt ist aufgrund seiner Freiheiten wie freie Fahrt auf Autobahnen ohne Tempolimit, freie Religionswahl, freie Schulwahl, freie Arbeitnehmerwahl etc. pp. Und ausgerechnet wir Deutschen fühlen uns alles andere als frei. Wir schimpfen auf die Regierung, auf den Arbeitgeber, auf die Lehrer, auf den Tankwart oder auf den Nachbarn. Kein Wunder, dass vielen dann nur noch Negatives widerfährt. Schon Goethe mahnte: „Was du in dir nährst, verstärkt sich." Je stärker die Konzentration auf das Negative, desto größer der Frust. „Umgekehrt wird ein Schuh draus", weiß eine alte Redensart.

Insofern ist es aus meiner Sicht an der Zeit, den Kopf aus dem Sand zu ziehen, sich die Schuppen von den Schultern zu klopfen und erhobenen Hauptes endlich ein selbstbestimmtes Leben frei von Sorgen und Ängsten zu leben. Hier ist keineswegs der Wunsch Vater des Gedankens, sondern meine gelebte Erfahrung. Auch in meinem Leben gab es immer wieder Momente, in denen ich schier verzweifelte und, ähnlich wie Reinhard Mey, mich nach der Freiheit über den Wolken sehnte. Ja, ich wollte nach den Sternen greifen, vergaß aber, dass ich bereits auf einem lebte. Gemäß der Redensart „Was suchst du in der Ferne, sieh, das Gute liegt so nah" wurde mir klar, dass mein Leben hier und jetzt, auf diesem Stern, stattfindet und nicht in zehn Kilometer Höhe über meinem Kopf. Bevor ich falle, falle ich lieber auf, sagte ich mir und markierte damit eine entscheidende Wende in meinem Leben. In diesem Moment der Erkenntnis schwor ich mir: Ich lebe jetzt und nutze jetzt alle Chancen, die sich mir bieten. „Carpe diem – nutze den Tag", mahnten die Lateiner, und genau das tat ich. Probleme, die sich auf dem Weg zum Erfolg immer einstellen, ignorierte ich nie. Ich nahm sie als das, was sie für mich sind: Wegweiser! Sie zeigen mir, dass ich etwas falsch gemacht habe und etwas ändern muss, um mein Ziel schneller und leichter zu erreichen. Ich lernte auch, mich mit den Problemen zu beschäftigen, solange sie noch klein waren. Probleme verhalten sich ähnlich wie ein kleiner Schneeball, der den Hang herunterrollt und als Lawine endet. Je länger sie ignoriert werden, desto größer werden sie. Durch meine zielorientierte Einstellung und durch die

Kraft der Motivation

haben sich WUNDERbare Veränderungen in meinem Leben eingestellt. An diesen persönlichen Erfahrungen möchte ich Sie teilhaben lassen. Ich glaube, dass Sie sich viel Zeit und Ärger ersparen können, wenn Sie nicht dieselben Fehler machen, die ich machen musste, um erfolgreich zu werden. Gleichzeitig möchte ich auch eine Art Lanze brechen. Denn noch immer glauben viele Menschen, sich nicht motivieren lassen zu müssen, weil es „eh nichts bringt". Im Übrigen seien sie motiviert und bräuchten daher keine Unterstützung von außen. Diese Aussage ist typisch für einen verklärten Blick. Schließlich glaubt auch jeder Autofahrer von sich, dass er der beste Fahrer ist und nur die anderen nicht „richtig fahren können".

In meinen Vorträgen und Seminaren zeige ich den Teilnehmern, welche Strategien sie vom Leistungssport übernehmen können, um ihre Ziele zu erreichen. Die Teilnehmer berichten mir unisono, dass sich nach diesen Seminaren oder Vorträgen vieles in ihrem Leben zum Positiven verändert hat. Darüber freue ich mich sehr. Dagegen betrübt es mich, wenn mich „Nicht-Seminarteilnehmer" anrufen und mir erklären wollen, dass die Wirkung eines Motivationsseminars nicht von langer Dauer ist und sie deshalb kein Interesse haben, an einem Seminar teilzunehmen. Überdies beklagen sie, dass sie schon andere Seminare besuchten und es bei ihnen gar nichts bewirkte. Ich sehe ihnen diese Haltung nach, denn wie hieß der Film mit James Dean so treffend: „Denn sie wissen nicht, was sie tun". Sie wissen weder, was sie tun, noch, dass sie etwas tun.

Haben Sie schon einmal ein Konzert Ihres Lieblingsmusikers besucht? Oder haben Sie sich schon einmal ein Fußballspiel im Stadion Ihres Lieblingsvereins angeschaut? Wie fühlten Sie sich danach? Nun, im Falle des Fußballspiels dürften Ihre Gefühle davon abhängig gewesen sein, ob Ihr Verein das Spiel für sich entscheiden konnte. Im Falle des Konzertbesuches dürfte die positive Stimmung einige Tage angehalten haben, bevor sie langsam abflachte. Wie dem auch sei, kein Mensch

Michael Groß

erwartet, dass die „positive Glücksstimmung", die in der Regel von solchen Highlights ausgeht, ein Leben lang vorhält. Wie sagt die „Torwartlegende" Oliver Kahn immer so treffend: „Nach dem Spiel ist vor dem Spiel."

Deshalb wundere ich mich über Menschen, die nie Seminare besuchen, weil sie der Meinung sind, die „Wirkung" eines solchen Seminartages verpuffe sehr schnell. Was bei Sport und Musik als vollkommen normal hingenommen wird, ist in Sachen Motivation ein riesiges Problem, denn:

Die Wirkung von Motivation hält nicht dauerhaft an. Das Gleiche gilt für Duschen und Zähneputzen. Deshalb empfehle ich es täglich!

Die andere Gruppe regt sich darüber auf, dass nach bestimmten Seminaren nichts in ihrem Leben passierte, obwohl sie sich anstrengten. Auch eine solche Haltung ist absurd. Lassen Sie mich deshalb noch einmal die obigen Beispiele aufgreifen. Sie könnten jedes Wochenende ein Bundesliga-Fußballspiel anschauen. Glauben Sie, dass Sie dadurch eines Tages genauso gut Fußball spielen können wie die Profis auf dem Platz? Oder glauben Sie, je öfter Sie ein Rockkonzert besuchen, desto eher werden Sie selbst einmal eine E-Gitarre spielen? Oder glauben Sie, nur weil Sie regelmäßig in die Oper gehen, dass aus Ihnen ein guter Geiger wird? Sie wissen, dass bloßes Zuschauen oder -hören nichts verändert. Und genau hier liegt das Problem aller Seminare und Bücher. Wer nur Bücher liest, ohne danach ins Handeln zu kommen, wird Tausende Bücher lesen können, es wird sich nichts in seinem Leben verändern. Experten haben mir erzählt, dass ein guter Geiger mindestens 2,5 Millionen Mal über die Saiten der Geige gestrichen haben muss, um seiner Geige die schönsten Töne zu entlocken. 2,5 Millionen Mal. Ich erspare es Ihnen, auszurechnen, wie viele Stunden dafür nötig sind. Auch so wird deutlich, dass permanentes Trainieren einer der wichtigsten Faktoren für den Erfolg ist.

Sicher kennen Sie auch einen der erfolgreichsten Schwimmer aller Zeiten, Michael Groß, wegen seines Schwimmstils Albatros genannt. In den olympischen Disziplinen geht es immer nur darum, auf eine überschaubare Strecke besser zu schwimmen als andere. So gewann Michael Groß 1982 die Weltmeisterschaft über 200 m Freistil und 200 m Schmetterling. Alles in allem also 400 m, um den begehrten Titel zu bekommen. Eine kurze Strecke, die keineswegs darüber hinwegtäuschen darf, wie viel Anstrengung im Vorfeld nötig war. So trainierte Michael Groß jeden Tag und legte etliche tausend Kilometer im

Michael Phelps

Wasser zurück, nur um für den einen Moment bestmöglich aufgestellt zu sein. Der Lohn dieser Anstrengungen ist dann die Goldmedaille.

Niemand soll glauben, dass es im Sport Grenzen gibt. Noch nie zuvor in der Geschichte der Olympischen Spiele gewann ein Mensch mehr Goldmedaillen als der US-Schwimmer Michael Phelps. Der erfolgreichste Schwimmer aller Zeiten ist gleichzeitig auch der erfolgreichste Olympiaathlet aller Zeiten. 14 Goldmedaillen nennt Phelps sein Eigen. Acht gewann er bei den Olympischen Spielen 2008 in Peking. Dort stellte er bei sieben Siegen jeweils einen neuen Weltrekord auf. Damit löst er den bisher besten Schwimmer ab: Marc Spitz. Diese übermenschliche Leistung ist das Ergebnis härtester Arbeit. In einem Interview[1] sagte Phelps, der auch als „Athlet vom anderen Stern" bezeichnet wird:

In meiner Jugend war ich einmal fünf Jahre lang jeden Tag im Wasser.

Wer ihm seine Erfolge neidet, sollte sich fragen, inwieweit er bereit gewesen wäre, diese Strapazen auf sich zu nehmen. Erfolg hat seinen Preis: Phelps beendete Freundschaften, Beziehungen und verzichtete auf Urlaub. Vor den Spielen in Peking trainierte er 300 Tage ohne Pause! Angesprochen auf sein Erfolgsgeheimnis, sagte er im selben Interview:

Ich sage mir, dass es keine Grenzen gibt. Je mehr du träumst, desto mehr erreichst du!

Ohne Fleiß kein Preis! Wie töricht ist dann das Verhalten vieler Menschen, die noch immer glauben, der Besuch eines Seminars oder das Lesen eines Buches reichten aus, das Leben nachhaltig zu verändern.

Doch Motivation und Begeisterung können noch viel mehr als nur das Leben verändern. Sie können es sogar verlängern. Das ist das erstaunliche Ergebnis einer Studie[2], für die 20.000 Menschen zwischen 40 und 80 Jahren befragt wurden. Im Fokus stand die Frage, wie sehr die Menschen mit ihrem Leben zufrieden waren und wie sich dies auf die körperliche Verfassung auswirkt. Das Ergebnis ist eindeutig: Je stärker die Befragten motiviert waren, desto höher war die Lebenserwartung und desto weniger Krankheiten stellten sich ein. Das allein ist schon Grund genug, sich jeden Tag aufs Neue positiv zu motivieren. Der Gesundheit zuliebe.

Dirk Schmidt punktgenau

Optimisten leben „gesünder", weil sie vom Gehirn belohnt werden.

Was wir von Spitzensportlern lernen können

Zuerst wähle eine klare, eine realisierbare Idee – ein Ziel. Als Zweites versehe dich mit den Mitteln, die zur Erreichung dieses Zieles notwendig sind: Wissen, Geld, Rohstoffe und Methoden. Im dritten Schritt setze alle deine Mittel im Hinblick auf das zu erreichende Ziel ein.

Aristoteles

Wer mich kennt, weiß, dass ich ein begeisterter Marathonläufer bin. Dazu kam ich eher durch Zufall. Mein Freund Rainer und ich besuchten 1998 ein Seminar an der Sporthochschule Köln. Spontan wetteten wir, ein Jahr später beim Köln-Marathon mitzulaufen. Während Rainer die Vorbereitungszeit vorbildlich nutzte, strikt nach Laufplan trainierte und auf viele Genüsse verzichtete, kam ich nicht voran: Ich war beruflich zu viel unterwegs, um täglich zu trainieren. Rainer trug nicht gerade zu meiner Motivation bei, als er mir einen Artikel aus „Runner's World" unter die Nase hielt, der mir meine mangelnde Vorbereitung noch bestätigte. Das erinnerte mich an ein Gespräch, das ich vor Jahren mit Reinhold Messner führte und in dem er mir erzählte, wie er sich auf seine Achttausender vorbereitet hat: Er nahm jeden Abend seinen Berg mit ins Bett, bildlich gesprochen, indem er sich seinen Zielzustand täglich vor dem Schlafengehen mit allen Emotionen vorstellte: Er auf dem Gipfel ... erschöpft ... am Rande seiner Ressourcen ... glücklich! Das wollte ich auch ausprobieren, zu verlieren hatte ich ja nichts. Zusätzlich zum körperlichen Training stellte ich mir also vor, wie ich in Köln ins Ziel einlaufe, mich hinknie und den Boden küsse (verrückt!). Der Marathon kam näher, ich bekam am Tag vorher noch leichtes Fieber, bin aber trotzdem gelaufen, irgendetwas trieb mich dazu an. Rainer und ich sind die ersten 40 Kilometer zusammen gelaufen, dann bin ich auf und davon und erreichte das Ziel zwei Minuten vor ihm. Wie in meiner Visualisierung küsste ich den Boden.

Wenn Sie die Biografien erfolgreicher Sportler studieren, dann werden Sie erstaunliche Parallelen erkennen. Ihnen allen ist gemeinsam, dass Sie sich auf ein Ziel konzentrieren und alle Kraft auf dieses eine Ziel ausrichten. Michael Schumacher wurde dadurch siebenfacher Weltmeister in der Formel 1. Boris Becker gewann als jüngster Tennisspieler aller Zeiten Wimbledon und Steffi Graf war jahrelang die Nummer eins. Sie alle trainierten dafür sehr hart und delegierten die Dinge, die andere für sie erledigen konnten. So hatten sie genügend Zeit, sich auf das, was für sie wichtig war, zu konzentrieren, denn

in der Konzentration zeigt sich der wahre Meister,

lehrte schon Goethe.

Im Leben kommt es nie auf die Quantität an, sondern nur auf die Qualität. Was hilft es, tausend Dinge irgendwie erledigen zu können statt eines, das aber besser als alle anderen. In unserer arbeitsgeteilten

Steffi Graf

Welt ist es viel wichtiger, eine Sache richtig gut zu können und zu beherrschen, statt als Alleskönner durch die Lande zu streifen. Schon die Gebrüder Grimm wussten um die Bedeutung, sein Leben nach seinen Talenten auszurichten:

Es trug sich zu, dass die Katze in einem Wald den Fuchs traf. Die Katze begrüßte den Fuchs. Dieser rümpfte verächtlich die Nase und antwortete: „Oh du armseliger Bartputzer, du buntscheckiger Narr, Hungerleider und Mäusejäger, was kommt dir in den Sinn? Du unterstehst dich zu fragen, wie's mir geht? Was hast du gelernt? Welche Künste und vor allen Dingen wie viele Künste kannst du?" Die Katze antwortete voller Bescheidenheit: „Ich kann nur eine einzige. Sind Hunde hinter mir her, kann ich ganz schnell auf den Baum springen und mich retten." Der Fuchs rümpfte die Nase und fragte: „Ist das alles? Ich bin der Herr über hundert Künste und habe darüber hinaus noch einen ganzen Sack voller listiger Sachen." Plötzlich näherte sich ein Jäger mit vier Hunden. Die Katze sprang mit einem Satz auf den nächsten Baum und setzte sich in den höchsten Gipfel. Der Fuchs rannte davon und wurde alsbald von den vier Hunden gestellt. „Herr Fuchs, bindet den Sack auf, bindet den Sack auf", rief die Katze verächtlich. Aber es war zu spät, der Fuchs konnte sich nicht mehr befreien. „Ei, Herr Fuchs, Ihr bleibt mit euren hundert Künsten stecken. Hättet Ihr heraufkriechen können so wie ich, so wärt Ihr noch am Leben", resümierte die Katze.

Die Moral der Geschichte: Nicht die Quantität der Talente entscheidet über Leben oder Niederlage, sondern die Qualität. Die beste Arbeitsqualität, und damit das bessere Einkommen, erreichen Sie in aller Regel, wenn Sie sich auf eine Sache konzentrieren.

Während meiner Vorbereitung auf den Köln-Marathon suchte ich natürlich auch das Gespräch mit Profis, unter anderen, wie schon erwähnt, mit Reinhold Messner. Wer sonst, außer einem Profi, kann erklären, wie etwas richtig funktioniert. Wer wissen will, wie man ein gutes Brot bäckt, fragt einen Bäcker. Wer einen guten Braten servieren möchte, fragt den Koch. Wer gut aussehen will, fragt eine Kosmetikerin. Niemand würde einen Koch danach fragen, welches Styling er heute auftragen soll. Diese Gesetzmäßigkeiten verlieren wir in der Hektik des Tages schnell aus den Augen. Wir orientieren uns an schlechten Vorbildern und wundern uns dann, dass wir nicht vorankommen.

Deshalb ist es so wichtig, dass Sie sich Vorbilder suchen, von denen Sie lernen können. Wenn Sie z. B. ein guter Golfspieler werden wollen, ist es mit Sicherheit ratsam, das Verhalten von Tiger Woods zu studieren. Mit seinem Talent, seinen Techniken und seiner mentalen Einstellung ist es ihm gelungen, zu den Besten seiner Zunft aufzusteigen. Nachahmen und nicht das Rad neu erfinden, ist die Devise erfolgreicher Menschen. Erfolgreiche Sportler orientieren sich immer an den Ergebnissen der Besten. Wenn auch Sie Ungewöhnliches erreichen möchten, sollten Sie sich immer an Menschen orientieren, die schon dort sind, wo Sie hin möchten. Ansonsten erreichen Sie keines Ihrer Ziele und es ergeht Ihnen wie dem Mann in der folgenden Geschichte:

Ein frommer Mann war im Wald unterwegs, als er auf einen Fuchs traf, der seine Beine verloren hatte. Dem frommen Mann war nicht klar, wie ein behindertes Tier überhaupt in der rauen Wildnis überleben konnte. Doch das Rätsel löste sich schnell, denn der Mann sah einen Löwen mit einem gerissenen Wild in der Schnauze. Zunächst tat sich der Löwe selbst an dem Wild gütlich. Als er satt war, überließ er den Rest dem Fuchs. „Herr im Himmel, wie groß bist du in deiner Güte“, schrie der fromme Mann gen Himmel. Am nächsten Tag kam der Mann auf dem Rückweg an dieselbe Stelle und beobachtete wieder dasselbe Schauspiel. Wieder war er erstaunt über die große Güte des Herrn im Himmel. Nun sagte er sich: „Auch ich werde mich in einer Ecke ausruhen und dem Herrn voll vertrauen und er wird mich mit allem Nötigen versorgen.“ Er setzte sich und harrte der Dinge, aber nichts geschah. Inzwischen war der fromme Mann vor Hunger dem Tode nahe, als er eine Stimme hörte: „Alter Mann, du bist auf dem falschen Weg, öffne die Augen vor der Wahrheit! Folge dem Beispiel des Löwen und nimm dir nicht länger den behinderten Fuchs zum Vorbild.“

Genau darum geht es mir in diesem Buch. Sie werden von einigen erfolgreichen Sportlern und anderen Persönlichkeiten lesen, die es von ganz unten nach ganz oben geschafft haben. Leider drängt sich bei einigen Lesern schnell der Verdacht auf, ich wolle ihnen damit sagen, dass eigentlich jeder ein zweiter Jürgen Klinsmann, Boris Becker oder Tiger Woods werden kann. Wer das verspricht, lügt. Ich werde Ihnen niemals versprechen, dass allein das Lesen dieses Buches Sie zu einem erfolgreichen Menschen macht. Wenn ich den Werdegang von erfolgreichen Persönlichkeiten aufzeichne, dann doch nur, um Ihnen zu zeigen, welche Faktoren zu diesem Erfolg geführt haben. Das heißt aber nicht, dass exakt diese Faktoren auch bei Ihnen einen beruflichen Werdegang in ungeahnte Höhen auslösen werden. Wichtig ist mir, dass Sie anhand meiner Aufzeichnungen für sich entdecken, ob und inwieweit Sie einige Elemente aus diesen Erfolgsbiografien übernehmen können, um Ihre eigenen Ziele schneller zu erreichen. Ihre Ziele sind wichtig, und nicht Ziele, die Ihnen die Gesellschaft vorschreibt. Wenn Sie bis heute nie Fußball gespielt haben, dann werden Sie auch nie einen Franz Beckenbauer vom Olymp des Fußballthrons stoßen. Finden Sie mithilfe meiner Aufzeichnungen und Erfahrungen die für Sie wichtigen Lebensziele. Die Erfolgsbiografien der von mir genannten Persönlichkeiten dienen Ihnen dabei als Wegweiser.

Es gibt noch einen zweiten Grund, warum ich immer wieder auf die Biografien erfolgreicher Menschen aus dem öffentlichen Leben zu sprechen komme. Sie sind allgemein zugänglich und in vielen Büchern nachzulesen. Doch darüber hinaus gibt es Tausende, wenn nicht gar Millionen erfolgreicher Menschen, die jeden Tag einen guten Job machen. Die es auch von ganz unten nach ganz oben geschafft haben. Viele von ihnen fingen in einfachen Positionen an und bekleiden heute den Job eines Abteilungsleiters. Das Problem ist nur, dass diese Geschichten eben nicht an die große Glocke gehängt werden. Niemand berichtet über sie. Es sind die kleinen Helden des Alltags, vor denen ich meinen Hut ziehe. In vielen Firmenseminaren und bei Vorträgen lerne ich diese außergewöhnlichen Menschen und ihre Biografien kennen. Die meisten dieser Gespräche enden mit einem Wunsch meines Gesprächspartners: „Nun, Herr Schmidt, kennen Sie mein ganz persönliches Erfolgsgeheimnis, aber bitte sprechen Sie mit niemandem darüber. Ich mag den Rummel um meine Person nicht.“ Das macht es so schwer, über diese „grauen Mäuse“ im Hintergrund zu schreiben. Aber ich versichere Ihnen, dass sie alle etwas gemeinsam haben: Sie wenden die Erfolgsgesetze der bekannten Persönlichkeiten eins zu eins an. Ich bin mir sicher, wenn Sie sich an diesen Gesetzmäßigkeiten orientieren, werden auch Sie schon bald zu den Erfolgreichen gehören.

Dirk Schmidt punktgenau

Um wirklich Frieden mit sich selbst zu finden, muss ein Musiker musizieren, ein Maler malen und ein Dichter schreiben.

Abraham Maslow

Boris Becker

1.1 Talente von Spitzensportlern

1.1.1 Spitzensportler nutzen ihre Fähigkeiten optimal

Nutze die Talente, die du hast. Die Wälder wären sehr still, wenn nur die begabtesten Vögel sängen.

Henry van Dyke

Bitte schauen Sie sich die nachstehenden Rechenaufgaben genau an. Fällt Ihnen etwas auf?

7	+	3	=	10
8	+	9	=	17
5	+	8	=	13
6	+	7	=	10
2	+	9	=	11

Wahrscheinlich werden Sie sofort erkannt haben, dass ein Ergebnis falsch ist. 6 und 7 ergibt 13 und nicht 10! Doch haben Sie damit die Aufgabe wirklich gelöst? Ich hatte Sie gefragt, was Ihnen auffällt, und Sie haben sich genauso verhalten wie 99,9 Prozent aller Menschen. Statt zu sagen, von fünf Aufgaben wurden vier richtig gelöst, legen Sie alle den Finger in die Wunde und konzentrieren sich auf den Fehler. Daraus besteht scheinbar unser Leben. Immer das Schlechte, das Negative zu finden, statt sich dem Guten, Positiven zuzuwenden. Das aber ist für ein sorgenfreies Leben unverzichtbar. Sie haben nur dieses eine Leben. Wie wichtig ist für Sie die Frage, ob es ein Leben nach dem Tod gibt? Solange Sie nicht verstanden haben, Ihr Leben vor dem Tod zu genießen, sollte diese Frage keinen Platz in Ihrem Leben einnehmen.

Mehr denn je kommt es darauf an, sich selbst zu erkennen. „Erkenne dich selbst", wer weiß nicht um diese drei „magischen" Worte? Sie standen als Inschrift über dem Eingang des heute zerstörten Apollotempels in Delphi und gehen zurück auf das 6. Jahrhundert vor unserer Zeitrechnung. Während dieser Zeit gab es in Griechenland eine Reihe von Philosophen, die später als die sieben Weisen in die Geschichte eingegangen sind. So war es auch einer der sieben Weisen, der diesen legendären Aufruf als Ausgangspunkt aller menschlichen Weisheit prägte, der dann als Orakel von Delphi in die Geschichtsbücher einging.

Wenn Sie einmal die Bedeutung dieser Aussage erkannt haben, wird die Welt für Sie eine andere sein. Denn letztlich ist die Welt immer das, was Sie von ihr denken. In dem Augenblick, in dem Sie einen Schuldigen suchen, der für Ihre Situation verantwortlich ist, machen Sie sich zum Opfer. Wer aber Opfer ist, kann niemals Schöpfer sein. Er untergräbt seine Autorität und gibt seine Macht an andere ab. Sie können Ihre Ziele nur erreichen, wenn Sie erkennen, dass Sie der Schöpfer Ihrer Welt sind und niemand, außer Ihnen, für Ihr Leben verantwortlich ist. Was Ihnen bis heute passiert ist, ist das Produkt Ihres bisherigen Denkens. Die Art und Weise, wie Sie denken, hat Ihre Welt geprägt. Sind Sie mit dieser Welt zufrieden, ist alles in Ordnung. Sind Sie es nicht, müssen Sie Ihr Denken ändern. Das aber ist die wohl schwierigste Aufgabe im Leben eines Menschen.

Doch es führt kein Weg daran vorbei. Selbsterkenntnis, also die Einsicht in das eigene Wollen, ist der Schlüssel zur Freiheit. Das erkannte bereits Sokrates vor mehr als 2.000 Jahren:

Der Schlüssel der persönlichen Entwicklung liegt in der Selbsterkenntnis.

Nur dann, wenn Ihre Individualität in Ihren Vorlieben und Talenten transparent wird, haben Sie die Chance, Ihr Leben gezielt zu gestalten.

Dem großen Philosophen Arthur Schopenhauer verdanken wir eine wichtige Erkenntnis:

Ein Mensch muss wissen, was er will, und wissen, was er kann: Erst so wird er Charakter zeigen, und erst dann kann er etwas Rechtes vollbringen.

Eigentlich ganz einfach, und doch fällt es vielen schwer, zu erkennen, was sie tun müssen, was für sie wichtig ist und was ihnen besonders gut gelingt. Das ist deshalb so bitter, weil wir dadurch viel Energie verlieren, indem wir z. B. viele Dinge, die delegiert werden könnten, selbst erledigen. Die Energie, die wir dafür aufwenden, wird aber an anderer Stelle viel dringender benötigt.

Die Energie, die uns zur Verfügung steht, ist nun einmal begrenzt. Jeder Tag hat 24 Stunden, außerdem ist Ihre Zeit auf dieser Erde endlich und absehbar. Insofern ist es an der Zeit, mit der Zeit zu gehen und sich darüber klar zu werden, was Sie wollen. Dieses Wollen ist immer mit Ihrer Persönlichkeit verbunden. Sie können natürlich massenweise Erfolgsbücher lesen, DVDs mit Erfolgstipps anschauen und Erfolgsseminare im Wochentakt besuchen. Das alles nützt nichts, wenn die hier vorgestellten Erfolgsrezepte, Anleitungen und Techniken nicht mit Ihrer Persönlichkeit im Einklang stehen. All diese Dinge sind nicht nutzlos, doch aus ihnen allein entsteht kein Erfolg. Der kommt ausschließlich von innen. Dort und nur dort sitzen Ihre Talente, die Sie vielleicht noch nicht entdeckt haben, und das aus einem einfachen Grund, wie schon der Schriftsteller, Philosoph und Komponist Jean-Jacques Rousseau wusste:

Der Mensch ist frei geboren und liegt doch überall in Ketten.

In der Tat kommen alle Menschen nackt zur Welt, aber eben mit verschiedenen Gefühlen, Instinkten und Talenten. Forscher haben herausgefunden, dass die Entwicklung eines Talents – wenn man es mal so einfach ausdrückt – mit dem 21. Tag nach der Befruchtung beginnt und nach dem dritten Lebensjahr abgeschlossen ist. Das ist bei allen Menschen gleich, doch nicht alle wissen um ihr Talent, weil sie, wie Rousseau sagte, in Ketten gelegt wurden. Natürlich nur symbolisch. Die Ketten stehen für die Umwelt, in der wir aufwachsen. Ein Kind wird nur dann sein Talent ausleben, wenn es in seiner Umwelt die Voraussetzungen dafür findet. Weil aber von frühester Kindheit an Erwachsene uns prägen, ist das alles kein leichtes Unterfangen. Natürlich wollen Eltern für ihre Kinder nur das Beste. Doch die wenigsten „kümmern" sich ernsthaft darum, ein Talent zu entdecken, um es dann zu fördern. Die Eltern von Steffi Graf oder Boris Becker verhielten sich anders. Schon mit drei Jahren hielt Steffi Graf einen Tennisschläger in der Hand. In einem Interview sagte sie: „Tennis war für mich Spiel und Spaß, niemals Arbeit. Deshalb war es für mich nie ein Problem, jeden Tag stundenlang zu trainieren."

Auch ein anderer Sportler verdient mit seinem Talent Millionen Dollar. Wer weiß, wenn seine Eltern sein Talent nicht entdeckt hätten, wo er heute stehen würde. Die Rede ist von dem einzigartigen Golfspieler

Tiger Woods

Tiger Woods. Der Knirps war drei Jahre alt, als seine Eltern mit ihm verschiedene Sportarten durchgingen. Sie ließen ihn Tennis und Fußball spielen, beschäftigten ihn mit Leichtathletik und Rugby. Doch erst als er einen Golfschläger in den Händen hielt, leuchteten seine Augen. Schon die ersten Schläge waren für einen Dreijährigen außergewöhnlich, sodass seine Eltern ihn fortan Golf spielen ließen und ihm hier jede nur denkbare Unterstützung zukommen ließen. Das nenne ich Verantwortung.

Das Gegenteil sind Eltern, die ihre Kinder zu übergroßer Vorsicht erziehen. Eltern mit einem Hang zum Abenteuer nehmen ihre Kleinstkinder mit auf große Seefahrt und erziehen sie so zu echten „Kerlen“. Ein Beamter wird sein Kind mehr auf Sicherheit trainieren als ein Unternehmer, der mutiger und entschlossener in den Tag startet. Die Liste ließe sich unendlich fortführen. Tatsache ist, dass durch diese Erziehung Programme in uns angelegt werden, die wir zunächst als etwas Festes und Endgültiges annehmen. Mit zunehmendem Alter werden diese Programme erweitert, denn es folgen Kindergarten, Schule, Ausbildung und Angestelltenverhältnis. Hier wie dort gibt es immer jemanden, der uns sagt, was aus seiner Sicht für uns richtig ist. Kein Wunder also, dass unsere Talente, über die jeder Mensch zweifelsohne verfügt, verkümmern. An dieser Stelle gilt es nun, den Hebel anzusetzen, um den größten Schatz, über den Sie verfügen, zu heben. Dazu empfehle ich Ihnen, zunächst Bilanz zu ziehen. Jeder Unternehmer setzt sich am Ende eines Monats hin und schaut, ob die Unternehmensziele erreicht und Projekte in die gewünschten Bahnen gelenkt wurden. Natürlich schaut er auf die Finanzen, ohne die eine Firma nicht auskommt. In Analogie dazu finden Sie nachfolgend eine „Lebensbilanz“. Nehmen Sie sich ein wenig Zeit, um zu schauen, ob Ihre Vorstellungen mit der gegenwärtigen Lebenssituation übereinstimmen. Die besten Gedanken kommen beim Schreiben. Deshalb empfehle ich, die folgende Tabelle nicht zu „überdenken“, sondern die Gedanken sofort zu Papier zu bringen. Je mehr Sie schreiben, desto mehr Gedanken machen sich aus den tieferen Schichten Ihres Bewusstseins auf den Weg. Sie werden überrascht sein, was Sie plötzlich niederschreiben können.

In der nun folgenden Tabelle geht es um eine Analyse der derzeitigen Lebenssituation. Wenn Sie aufschreiben, wie Sie zurzeit leben, und parallel dazu notieren, was Sie eigentlich wirklich vom Leben erwarten, ergeben sich interessante Dinge. In dem Moment, in dem sich Ist- und Soll-Zustand gleichen, ist Ihr Leben „im Tritt“, Sie leben so, wie Sie leben wollen. Treten Unterschiede auf, hilft diese Erkenntnis, über das eigene Leben nachzudenken. Veränderungen sind immer nur möglich, wenn einem die Umstände bewusst sind.

Analyse meiner derzeitigen Lebenssituation

Ist-Zustand	Soll-Zustand

Es ist mir ein besonderes Bedürfnis, dass Sie sich wirklich Zeit nehmen, Ihre Bilanz zu erstellen. Lesen Sie nicht einfach weiter, ohne die Tabelle ausgefüllt zu haben. Niemand kann etwas gegen seine Herkunft, aber er hat es allein in der Hand, wie seine Zukunft aussieht. Deshalb ist es extrem wichtig, sich über seine Situation klar zu werden. Wenn ich weiß, wo ich heute stehe, ist es mir möglich, mein Ziel klar abzustecken. Dann finde ich auch Mittel und Wege, dieses Ziel zu erreichen.

Vergangenheit wird vielfach als Belastung empfunden. Zu oft erinnern wir uns an schmerzhafte Begebenheiten, Verluste und Ängste. Ein Teufelskreislauf, denn das, worauf wir uns konzentrieren, verstärkt sich. Ein Mensch, der ständig nur an das Schlechte denkt, wird wie ein Magnet nur negative und schlechte Dinge in sein Leben ziehen. Dass es auch anders geht, ist kein Geheimnis. Erinnern wir uns der guten Dinge, die uns widerfuhren, dann stärken wir positive Energien und wir werden mehr Lebensfreude empfinden. Daraus schöpfen wir neue Kraft, die für zukünftige Aufgaben wichtig ist.

Doch die meisten Menschen neigen dazu, die eigenen Schwächen zu suchen, um dann alle Kraft und Energie in ihre Bekämpfung zu legen. Ein solches Verhalten ist schädlich, es raubt Energie, verdüstert die Gedankenwelt und führt letztlich zu körperlichen Mangelerscheinungen. Wer sich auf Schwächen konzentriert, verstärkt eine Negativspirale, die nach unten offen ist. Mit jedem schlechten Gedanken vergrößert sich die Spirale.

Erfolg hat nur der im Leben, der seine Stärken kennt und ausbaut. Wenn Sie glauben, Sie müssen 100, 200 oder gar 1.000 Prozent besser sein als Ihr Wettbewerber, dann irren Sie gewaltig! Es ist oft nur ein kleines Bisschen mehr Können, das Sie besser macht als andere. Im Grunde genommen ist es wie mit dem Telefonieren. Haben Sie schon einmal versucht, mit 19 Cent von einer öffentlichen Telefonzelle ein Ferngespräch zu führen? Sie wissen, dass es nicht funktioniert. Sie brauchen einen Cent zusätzlich für dieses Telefonat. Nur einen Cent mehr, dann haben Sie Ihre 20 Cent zusammen. Sie benötigen nicht 100 Prozent zusätzlich, sondern nur 5,26 Prozent, um von 19 auf 20 Cent zu kommen und telefonieren zu können.

Diese Gesetzmäßigkeiten gelten ganz besonders im Sport. Vor mehr als 50 Jahren, genauer am 6. Mai 1954, lief ein Student der Medizin in Oxford eine Meile in weniger als vier Minuten. Das hatte vor ihm noch kein Mensch geschafft. Roger Bannister, so hieß der Student, hat als Erster diese „unmögliche Grenze" gesprengt. Was glauben Sie nun, um wie viel schneller lief dieser Student? Er lief nicht 25, 50 oder 75 Prozent schneller, sondern nur zwei Sekunden. Das ist ein Unterschied von 1 Prozent! Der bisherige Rekord lag bei 4,014 Minuten, Bannister lief genau 3,594 Minuten.

Schauen Sie sich die Tiere an, die in der unwirtlichen Steppe leben. Viele der exotischen Tiere, die wir in heimischen Zoos besichtigen können, leben hier in freier Wildbahn und in großen Herden, ständig auf der Suche nach Futter und Wasser. Ob Zebras, Gnus, Antilopen oder Giraffen, sie alle leben so lange friedlich in der Herde, bis der König der Tiere, der ebenfalls in der Steppe sein Unwesen treibt, eines der Tiere reißt. Es zerreißt einem das Herz, wenn man beobachtet, wie diese schönen Tiere durch die wuchtige Pranke eines Löwen sterben müssen. Es ist sicherlich kein schöner Anblick, und doch ist es für das Überleben der Löwen wichtig. Genauso wie die meisten Menschen nicht auf ihr saftiges Steak verzichten möchten, will auch der Löwe nicht auf seine tägliche Portion Fleisch verzichten. Trotz der großen Herden, die zahlenmäßig einem einzigen Löwen überlegen sind, gelingt es ihm, sich ein Tier zu holen. In echtem Manager-Deutsch würde man sagen, dass der Löwe mit einer klaren Strategie vorgeht. Statt sich eines der Tiere auszusuchen, treibt er die Herde so lange vor sich her, bis das schwächste Tier zurückbleibt, während die Herde um ihr Leben rennt. Das schwächste Tier ist nun nicht mehr in der sicheren Obhut der Herde und damit eine leichte Beute für den Löwen. Mit einem gezielten Biss ins Genick wird es getötet.

Alles ist möglich. Doch seinen Platz in dieser Welt zu sichern, erfordert ein großes Maß an:

- Liebe
- Begeisterung
- Hingabe an die Sache

Wenn Sie die für Sie wichtigen Ziele in Ihrem Leben entdecken wollen, sollten Sie sich so lange die Fragen stellen: „Was will ich wirklich?", „Was begeistert mich", bis Ihnen die Antwort gewissermaßen zufällt. Ihr tieferes inneres Selbst gibt Ihnen die Antworten, die Sie benötigen. Achten Sie auf die innere Stimme.

Die Qualität Ihrer Fragen bestimmt die Qualität Ihrer Antworten! Die Qualität Ihrer Antwort bestimmt Ihr Handeln. Wenn Sie im Leben gar nichts erreichen möchten, brauchen Sie buchstäblich Ihren Hintern nicht mehr zu bewegen. Wollen Sie dagegen finanzielle Freiheit erreichen, dann müssen Sie selbigen sofort bewegen, denn von nichts kommt bekanntlich auch nichts. Insofern bewirkt diese Frage einiges in Ihrem Leben. Wichtig ist, dass Sie Ihre Fragen immer in Richtung Zukunft stellen. Es hilft nichts, in der Vergangenheit zu wühlen. Die ist vorbei. Aus, Schluss, vorbei. Was zählt, ist das Heute, das Hier und Jetzt. Nur jetzt sind Sie in der Lage, die Entscheidungen zu treffen, die Sie nach vorne bringen. Fragen wie „Wieso habe ich damals dieses oder jenes so und nicht so gemacht?" bringen nichts. Sie reißen nur alte Wunden auf und beeinflussen Sie negativ. Ihr Unterbewusstsein reagiert sehr sensibel. Solche Fragen führen nur dazu, Ihr Leid zu verstärken. Fügen Sie den alten Geschichten keine neue Energie mehr zu. Beachtung der „alten" Geschichten bringt Verstärkung. Nichtbeachtung bringt Befreiung. Investieren Sie diese Energie lieber in die Gegenwart und in die Zukunft.

Für mich ist das Leben wie eine Türschwelle, auf der wir stehen. Hinter uns liegt die Vergangenheit, vor uns die Zukunft. In der Mitte ist die Türschwelle, die Gegenwart. Hier stehen wir. Von hier aus können wir nie zurückgehen, wohl aber zurückblicken auf gute und schlechte Tage. Wir können aber von hier aus in die Zukunft gehen. Wir allein haben es in der Hand, ob wir von der Türschwelle aus nach vorne, zur

Seite, nach links oder rechts gehen. Was immer Sie tun, nutzen Sie den Tag: Carpe diem, wie die Lateiner sagten.

Welche guten und positiven Erinnerungen habe ich an meine Vergangenheit?

____

____

____

Wenn Sie diese Zeilen ausfüllen, dann erinnern Sie sich bitte auch an die vielen Erfolge, die es zweifelsohne in Ihrem Leben gegeben hat. Allein dass Sie jeden Morgen gesund und frisch aus dem Bett hüpfen können, ist ein Grund zur Freude und Dankbarkeit. Wie vielen Menschen bleibt das verwehrt? Auch wenn die Lebensmittel- und Energiepreise drastisch steigen, müssen wir weder frieren noch Hunger leiden. Einem großen Teil der Weltbevölkerung indes ergeht es anders. Noch immer sterben täglich weltweit rund 30.000 Menschen an Unterernährung und Hunger.

Erinnern Sie sich an Ihre Erfolge und seien Sie dankbar für alles, was Sie als Bürger eines der reichsten Länder dieser Welt erhalten. Nähren Sie mit dieser Dankbarkeit immer wieder das Feuer der Begeisterung in Ihnen, um Kraft zu sammeln.

Das sind meine größten Erfolge:

____

____

____

Der amerikanische Philosoph und Schriftsteller Ralph Waldo Emerson lehrte:

Jeder Mensch hat seine Berufung, die ihn aufwärts weist, sein Talent ist der Ruf, nach seiner Richtung hin stehen ihm alle Wege offen, seine Fähigkeiten sind eine schweigende Aufforderung, sich in deren Richtung immer wieder zu bewähren, er kann sich ihnen nicht entziehen, er gleicht einem Schiff auf einem Fluss, er stößt auf beiden Seiten auf Hindernisse, nur auf einer einzigen nicht, der Richtung seiner Talente, auf dieser ist jedes Hindernis hinweggeräumt und er gleitet ruhig über göttliche Tiefen hinaus ins Meer.

Wenn Sie alle Zeit der Welt hätten, über unbegrenzte Mittel verfügten und frei wählen könnten – was würden Sie dann tun wollen?

____

____

____

Wenn es das Risiko des Fehlschlags nicht geben würde, welche Art von Leben würden Sie führen wollen?

____

____

____

Ich frage Sie: Warum tun Sie es denn nicht? Was hält Sie davon ab, das zu tun, was Sie wirklich wollen? Denken Sie daran, Ihr Leben ist endlich, es währt nicht ewig. Wenn Sie es heute nicht tun, dann doch wohl nie.

Die drei wichtigsten Gründe, die mich bisher davon abhielten, etwas zu verändern:

1. ______________________________

2. ______________________________

3. ______________________________

Diese sieben Dinge werde ich jetzt sofort ändern:

1. ______________________________

2. ______________________________

3. ______________________________

4. ______________________________

5. ______________________________

6. ______________________________

7. ______________________________

Einer der besten Torhüter der Welt, Oliver Kahn, beendete im Sommer 2008 seine 20-jährige Erfolgsgeschichte im Fußball. Mit seinem Geld, die Rede ist von mehreren verdienten Millionen Euro, könnte der „Titan", wie ihn die Presse nannte, ein ruhiges Leben auf den Malediven führen und sich buchstäblich die Sonne auf den Bauch scheinen lassen. Doch sein Ehrgeiz lässt ihn nicht los. In einem Interview[3] sagte er: „Ich werde künftig viel Zeit in Schulen – zunächst in Bayern – verbringen und versuchen, den Schülern zu vermitteln, dass man nicht nur mit Talent allein, sondern vor allem mit Ausdauer, harter Arbeit und Leistung Erfolg im Leben hat. Ich denke, ich stehe für diese Tugenden und habe ja auch immer danach gelebt."

Es klingt interessant, was der „Titan“ Kahn zu seiner Karriere sagt. Nur das Wissen um seinen Weg macht aus Ihnen keinen zweiten Kahn, Klinsmann oder Beckenbauer. Das muss ja auch nicht sein. Viel wichtiger ist doch die Frage, was passieren würde, wenn Sie diese Menschen „kopieren“, also ihre Erfolgsgesetze anwenden. Dann haben Sie aus meiner Sicht eine hervorragende Chance, leichter Erfolge (die Sie für sich ganz alleine definieren) zu verbuchen.

Aus der Welt des NLP, des sogenannten Neurolinguistischen Programmierens, kommt der Begriff des „Moment of Excellence“. Dieser Begriff steht für eine Situation, in der wir uns supergut fühlen, weil uns viele Ressourcen uneingeschränkt zur Verfügung stehen. Vereinfacht ausgedrückt lässt sich hier die Redewendung „Ich bin im Vollbesitz meiner (geistigen) Kräfte“ anwenden. Unabhängig von einer Situation ist es möglich, diesen „Moment of Excellence“ bei Bedarf einfach abzurufen. Näheres hierzu finden Sie im Kapitel 3.2.

Dirk Schmidt punktgenau

Do what you love – only! That's the secret of success.

1.1.2 Spitzensportler gehen ihrer Berufung kompromisslos nach

Ich habe die Gefahr zu meinem Beruf gemacht, aus der Natur meine Religion abgeleitet und aus Träumen mein Haus gebaut.

Reinhold Messner

Wer den falschen Beruf wählt und damit die „falsche Saat“ legt, darf sich dann auch nicht wundern, wenn die Ernte nicht wie gewünscht ausfällt. Zur inneren Zufriedenheit ist es unbedingt notwendig, einer erfüllenden Arbeit nachzugehen, in der man voll und ganz seine Talente zum Ausdruck bringen kann. Denn wir sind auf der Welt, um uns zu verwirklichen, und nicht, um anderen zu gefallen.

Die meisten Menschen würden auf die Frage „Warum arbeiten Sie?“ unisono antworten: „Ich muss Geld verdienen.“ Daran gibt es in der Tat auch nicht viel auszusetzen, schließlich ist ein Leben ohne

Geld in unserer Zivilisation nicht möglich. Dennoch darf Geld nie im Mittelpunkt stehen. Was ist das für ein Leben, wenn man im Schweiße seines Angesichts nur deshalb arbeitet, um Geld zu verdienen, getreu dem Motto: „Besser ein paar Schweißperlen auf der Stirn als gar keinen Schmuck." Leben ist Freude, und zwar immer und zu allen Zeiten. Es kann und darf nicht sein, dass sich die Lebensfreude nur auf die Abendstunden zu Hause beschränkt, während sie morgens quasi an der Stechuhr abgegeben wird, um Dienst nach Vorschrift zu leisten. Wer nicht motiviert ist, schafft nicht nur weniger, sondern trägt auch dazu bei, dass das Gesamtbild nicht stimmt. Nach einer Umfrage[4] der Zeitung „Bild" gaben 30 Prozent der befragten Männer zu, dass sie „ausgebrannt" sind, weil sie ihren Job nur machen, um „irgendwie" Geld zu verdienen. Jeder dritte Arbeitnehmer geht also einer Arbeit nach, die ihm alles andere als Freude bereitet. Arbeit ist nur noch Mittel zum Zweck, weil man ja irgendwie über die Runden kommen muss. Wer so denkt, kann unmöglich glücklich sein. Wer mit diesen und anderen Botschaften wie

- Erst die Arbeit, dann das Vergnügen
- Arbeit ist kein Zuckerschlecken
- Lehrjahre sind keine Herrenjahre
- Sei dankbar, dass du in diesen unsicheren Zeiten überhaupt einen Arbeitsplatz hast
- Man muss die Kollegen so nehmen, wie sie sind

aufwächst, kann unmöglich ein gutes Verhältnis zu seiner Arbeit entwickeln. Anders ausgedrückt: Mehr als 40 Stunden in der Woche, und das oft mehr als 40 Jahre lang, verbringen viele an ihrem Arbeitsplatz in grauer, trister, nervtötender Atmosphäre. Kein Wunder, dass sie dann am Wochenende ausrasten und „Flat-Rate-Partys" besuchen, um den angestauten Frust der vergangenen Arbeitswoche mit Alkohol hinunterzuspülen. Andere öffnen ihr Ventil, indem sie sich ein Gummiseil um die Hüfte binden und kopfüber Hunderte von Metern in die Tiefe springen. Bungee-Jumping ist ja so befreiend.

Motivierte Menschen stehen dieser Entwicklung nur kopfschüttelnd gegenüber. Für sie ist ihr Beruf Berufung und nicht nur Mittel zum Gelderdienen. Ihnen ist ihre Gesundheit viel mehr wert als das viele Geld, das sich verdienen lässt, wenn man „seine Seele verkauft". Motivierte

Menschen wissen, dass wir in einer sich immer schneller verändernden Welt leben. Schon lange sind die „guten alten Zeiten“ vorbei, in denen der einmal gewählte Beruf bis zum Rentenalter ausgeübt werden kann. Die wichtigste Frage erfolgreicher Menschen lautet daher:

Welchem (Be-)RUF soll ich JETZT folgen?

Es ist relativ einfach, herauszufinden, wo Ihre Berufung in diesem Leben liegt. Immer dann, wenn Sie glauben, dass Sie Ihre Arbeit auch dann noch tun möchten, wenn Sie dafür kein Geld bekommen würden, immer dann haben Sie Ihre Berufung entdeckt. Denn merke: Eine Aufgabe, die Sie erfüllt, wird auch dazu führen, dass Sie Geld verdienen. Doch wir Menschen werden täglich mit so vielen äußeren Einflüssen zugedeckt, dass wir gar nicht mehr wissen, was wir eigentlich wollen, geschweige denn, dass wir wissen, wer wir sind und was wir zu leisten imstande sind. Wie oft nehmen Eltern ihren Kindern die Berufsentscheidung ab. Da ist der Vater Arzt, der Sohn soll auch Arzt werden, kein Gedanke daran, dass er vielleicht lieber Architekt geworden wäre. Die Folgen sind fatal. Noch nie gab es in Europa so viele Menschen mit Psychosen, Depressionen und sonstigen seelischen Krankheiten.

Nur wenn Sie Ihren Beruf nach Ihrer Berufung ausleben, sind Sie immer in der Lage, das Beste zu geben. Dann ist Ihnen kein Ziel zu groß, keine Aufgabe zu schwer. Dem Schwimmer Christian Keller (35-facher Deutscher Meister, Welt- und Europameister) stellte ich die Frage:

„Wie überwindest du deinen inneren Schweinehund, um jeden Tag mehrere Stunden zu trainieren? Im Wasser bist du doch mit dir allein, hörst keine Musik, hast immer den Chlorgeschmack auf der Zunge, zählst die Kacheln im Wasserbecken. Tagein, tagaus immer das Gleiche.“

Christian Keller: „Ich liebe es! Mein Tiger im Herzen ist größer, als mein Schweinehund je sein kann!“

Folgen Sie dem Ruf Ihres Herzens und tun Sie genau das, was Ihnen Spaß macht. Dann fällt es Ihnen auch nicht schwer, sich auf Ihrem Fachgebiet weiterzubilden, Fachzeitschriften zu lesen und sich mit Gleichgesinnten auszutauschen.

Wenn Sie ein Arbeitsgebiet beherrschen und dort immer die neuesten Erkenntnisse einbringen, entwickeln Sie sich automatisch zu einem echten Spezialisten und Experten. Je spezialisierter Sie auf Ihrem Gebiet sind, desto größer ist Ihr Marktwert. Nirgends wird diese Aussage eindrucksvoller bestätigt als in der Welt des Fußballs. Nur beispielhaft hier einige der Top-Verdiener[5]:

- Der brasilianische Fußballstar Ronaldinho verdient jährlich rund 23,5 Millionen Euro.
- Der englische Fußballer David Beckham kassiert jährlich rund 23,2 Millionen Euro.
- Der zweite brasilianische Superstar Ronaldo geht jährlich mit 18,6 Millionen Euro nach Hause.
- Wayne Rooney, britischer Nationalkicker, erhält rund 13,7 Millionen Euro jährlich.
- Michael Ballack, Deutschlands Superstar, der die Deutschen mit einem grandiosen Freistoßtreffer ins Halbfinale der EM 2008 schoss, begnügt sich mit 9,4 Millionen Euro jährlich, das entspricht einem Wochengehalt von 180.000 Euro.

Diese Herren verdienen dieses Geld, weil sie sich auf eines konzentriert haben: Fußball spielen, und zwar besser als der Rest der Welt.

Es ist völlig unmöglich, in unserer arbeitsgeteilten Welt alles zu können und alles zu wollen. Das funktioniert nicht mehr. Nehmen Sie ein Beispiel aus dem Einzelhandel. Wohin würden Sie eher gehen, wenn Sie eine besondere Schraube benötigen? Zum Krämer um die Ecke, der fast alles hat, oder zu einer Eisenwarenhandlung? Der Krämer hat vieles, dieses aber unvollständig. Der Eisenwarenhändler hat nur Schrauben, Werkzeuge und Beschläge, dafür aber in allen erdenklichen Ausführungen.

Daher gilt: Je breiter Sie sich orientieren, desto oberflächlicher wird Ihr Wissen. Das mag zwar für den ersten Eindruck beim Chef noch reichen, doch wenn es wirklich hart auf hart kommt, gewinnt letzten Endes der Angestellte mit dem tieferen Fachwissen, weil er die Nuancen besser kennt. Das gilt auch für Ihren Arbeitgeber. Wenn ein Kunde eine bestimmte Lösung wünscht, dann ist nicht nur der Preis entscheidend, sondern vor allem, wie gut jemand die gestellte Aufgabe lösen kann. Dafür sind Kunden gern bereit, einen fairen Preis zu zahlen.

Wenn Sie sich bisher zu sehr in die Breite entwickelt haben, dann sollten Sie beginnen herauszufinden, auf welchem Fachgebiet Sie heute schon gut sind. Stellen Sie ferner fest, ob Sie das Fachgebiet auch wirklich mögen. Danach sollten Sie beginnen, sich auf diesem Feld weiterzuentwickeln. Es erfordert eine gehörige Portion Mut, plötzlich die angeblich so sichere Entwicklung in die Breite (nach allen Seiten für alles offen) aufzugeben, um nur noch in eine Richtung zu marschieren. Aber es geht nicht anders. Sie müssen sich entscheiden. In der Tat ist mit jeder Ent-Scheidung eine Scheidung verbunden, und das schmerzt. Man muss sich trennen (scheiden) von etwas, das nichts mehr einbringt oder das belastet, um Neues, auch Unbekanntes, zu wagen. Ein Ticket zurück gibt es in der Regel nicht. Genau deshalb wollen und können sich die meisten gar nicht entscheiden. Aber Sie müssen sich entscheiden, niemand kann Ihnen die Entscheidung abnehmen. Sie allein haben es in der Hand.

Wobei ich dringend davor warne, jetzt in Hektik zu verfallen. Sie brauchen Geld, um zu überleben. Deshalb dürfen Sie zunächst nicht Ihre Einkommensquelle aufs Spiel setzen. Von heute auf morgen etwas verändern zu wollen, was in den letzten 30 Jahren nicht in Angriff genommen wurde, ist töricht. Nur wenn Sie Schritt für Schritt Neues aufbauen, schaffen Sie den Übergang von der „gehassten" in die „geliebte" Arbeit. Sollten Sie keine entsprechenden Angebote finden, dann schaffen Sie sich ein Ventil, um Ihren Frust zu verarbeiten. Bleiben Sie auch hier wieder zunächst in Ihrem „Brotberuf" und engagieren Sie sich zusätzlich in einem Ehrenamt, in dem Sie zum einen Ihr Talent ausleben können und zum anderen einen Sinn in Ihrer Tätigkeit sehen. Das wirkt sich positiv auf Ihre Gesundheit aus.

Achten Sie besonders auf Ihre innere Stimme. Je genauer Sie das tun, desto schneller erhalten Sie wichtige Botschaften aus den Tiefen Ihres Inneren. Das fällt Männern naturbedingt schwerer als Frauen. Gefühle äußern sich über das X-Chromosom. Davon haben Männer nur eines, während Frauen zwei besitzen. Man weiß heute, dass dieses zusätzliche X-Chromosom bei Frauen etwas mit ihrer Geburtsfähigkeit zu tun hat. Es ist erwiesen, dass Mutter und Säugling nonverbal kommunizieren, auch nachts, wenn vermeintlich alles schläft. Diese intuitive Gabe ist im zusätzlichen X-Chromosom hinterlegt. Es behält diese Fähigkeit ein Leben lang, vorausgesetzt, die Mutter fordert die Intuition laufend heraus. Wenn nicht, dann verkümmert diese Fähigkeit mit zunehmendem Alter.

Die innere Stimme meldet sich in Form von Eingebungen, verbunden mit einem sehr guten körperlichen Gefühl, dem sogenannten Schmetterlinge-im-Bauch-Syndrom. Die Antworten, die Sie so erhalten, sind immer richtig. Ihre innere Stimme irrt nie, wie neueste wissenschaftliche Studien beweisen. Danach treffen wir die besten Entscheidungen durch das Zusammenspiel von Verstand und Emotionen. Dabei sind unsere Gefühle intelligenter als der Verstand. Denn die Verarbeitungskapazität des bewussten Denkens beträgt nur 40 bis 60 Bit pro Sekunde. Das reicht gerade, um sieben Aspekte einer Sache gleichzeitig zu bedenken. Unser Bewusstsein ist zu einfach strukturiert, um komplexere Sachverhalte zu analysieren. Unser „Bauchgehirn" – die innere Stimme – ist da weitaus komplexer. Es speichert unsere Lebenserfahrung in Form von Gefühlen. Diese können in Bruchteilen von Sekunden abgerufen werden. Das Kribbeln im Bauch oder der Kloß im Hals sind sogenannte somatische Marker. Diese Marker senden uns ein „Go" oder ein „Stopp"! Vertrauen Sie Ihrer inneren Stimme und stellen Sie sich taub, wenn andere Sie von Ihrem Vorhaben abbringen wollen, weil sie „es ja nur gut mit Ihnen meinen". Schon der Begründer der Bach-Therapie, Dr. Edward Bach, mahnte:

Wenn wir zulassen, dass sich andere Menschen (= Stimmen) in unser Leben einmischen, können wir die Befehle unserer Seele nicht mehr hören. Dies führt zwangsläufig zu Disharmonie und Krankheit.

Verblüffende Experimente zeigen, dass es klug ist, auf diese „inneren" Signale zu hören. US-Psychologen ließen Versuchsteilnehmer aus fünf verschiedenen Kunst-Postern das auswählen und mitnehmen, das ihnen am besten gefiel. Die Hälfte der Teilnehmer musste sich nach wenigen Sekunden entscheiden, die anderen sollten die Bilder erst schriftlich bewerten. Einige Wochen später wurden alle telefonisch befragt, ob sie das Poster zu Hause aufgehängt hätten. Die Studenten, die sich spontan entschieden hatten, bejahten überwiegend. Die Nachdenker dagegen waren mit ihrer Wahl nicht glücklich: Keiner hatte das Poster an die Wand gepinnt. Diese Studie bestätigt meine Meinung, dass es wichtig ist, sich sofort, spätestens innerhalb von 72 Stunden, zu entscheiden. Wer sich in dieser Zeit nicht entschieden hat, wird es nie mehr tun! Motivierte Menschen entscheiden sich immer sofort, weil sie auf ihr Bauchgefühl „hören". Albert Einstein sagte schon:

3 Tage

Alles, was wirklich zählt, ist Intuition.

Gefühle sind deshalb kein Störfaktor für klares Denken, sondern wichtiger Bestandteil jeder klugen Entscheidung. Wichtig für die zielgenauen Entscheidungen und unser psychisches Wohlbefinden ist also, Verstand und Emotionen unter einen Hut zu bringen.

Michael Ballack

Fragen Sie sich immer wieder, was Sie wirklich wollen. Privat wie beruflich. Fragen Sie sich auch, was Ihnen wichtig und wertvoll ist. Die Antworten auf diese Fragen bestimmen nachhaltig Ihr Leben. Wenn Sie lieber ein guter Familienvater sein wollen, der viel Zeit mit seinen Kindern verbringt, brauchen Sie einen geregelten Job mit festen Arbeitszeiten. Wenn es darum geht, dass Sie beruflich erfolgreich sein möchten, Karriere machen wollen, benötigen Sie mehr Zeit hierfür und haben dann natürlich weniger Zeit für die Familie. Es hat also keinen Sinn, sich beruflich stärker zu engagieren, wenn Sie lieber mehr zu Hause bei der Familie sein wollen.

Erfolg im Beruf ist wichtig und entscheidend. Es ist zwar nicht alles, aber weil wir immerhin mehr als 30 Prozent unseres Lebens mit dem Beruf zubringen, haben wir ein Recht darauf, uns in dieser Zeit wohlzufühlen. Ihre berufliche Aufgabe, die Sie erfüllen, muss Sie deshalb motivieren, Sie anspornen, und vor allem muss sie Ihnen Spaß machen. Kein Spitzensportler ist erfolgreich, weil er das tut, was er nicht tun mag. Michael Ballack ist einer der besten Fußballspieler. Das ist das Ergebnis seiner Leidenschaft, Fußball zu spielen. Der beste Fußballer zu werden, wenn das Herz aber am Schwimmsport hängt, wäre niemals möglich.

Nur dann, wenn Sie tun, was Sie wirklich aus tiefster innerer Überzeugung tun wollen, haben Sie eine realistische Chance, immer das Beste zu geben. Nur wer sich spezialisiert, kann sich in heutiger Zeit, dem sogenannten Informationszeitalter, behaupten. Noch nie in der Geschichte der Menschheit wurden wir mit Informationen so zugeschüttet. Gottfried Wilhelm Leibniz (1646–1716) war der Letzte, der tatsächlich über das gesamte Wissen seiner Zeit verfügte. Inzwischen hat sich das Wissen der Menschheit exponentiell entwickelt. So verdoppelte es sich von 1800 bis 1900 in 100 Jahren, von 1900 bis 1950 in 50 Jahren und von 1950 bis 1960 in nur zehn Jahren. Danach verdoppelte es sich von 1960 bis 1966 in nur sechs Jahren. Ein Student, der 1960 sein Studium aufnahm, stand nach Studienabschluss im Jahre 1966 vor der doppelten Wissensmenge wie zu Beginn seines Studiums. Heute wissen wir, dass diese Wissensexplosion für den Normalbürger nicht mehr zu bewältigen ist, denn alle drei Jahre, so die Wissenschaft, verdoppelt sich derzeit das Wissen der Menschheit. Sich in diesem Dschungel zurechtzufinden, ist nicht einfach. Deshalb ist es so wichtig, sich zu spezialisieren.

Nachfolgendes Formular bieten wir als Arbeitsformular mit dem Titel „Meine BeRUFung“ zum Download auf www.dirkschmidt.com an.

Meine BeRUFung:

Arbeiten, die ich in meinem Beruf ausführe:	Bereitschaft hierzu:		
	sehr ungern	gern	mag ich besonders

Was kann ich jetzt tun, um mich zu verwirklichen?

Wissen und Fähigkeiten, die mir noch fehlen, um mein Ziel zu erreichen:	Analyse:	
	Woher erhalte ich diese Fähigkeiten?	Wann kann ich es tun?

„Je älter man wird, desto näher kommen die Einschläge“, hörte ich dieser Tage einen Seminarteilnehmer seufzen. In der Tat werden mit zunehmendem Alter auch unsere Erfahrungen immer größer, im negativen wie im positiven Sinne. Besonders in der Lebensmitte beginnen wir Bilanz zu ziehen. In den meisten Fällen ist das Ergebnis dieser Analyse ernüchternd, um nicht zu sagen frustrierend.

Die jugendlichen Träume sind wie Seifenblasen geplatzt, das Ferienhaus in der Normandie haben andere gekauft, am „stählernen", braun gebrannten, intelligenten und gut aussehenden Ehemann oder an der braun gebrannten Ehefrau mit Wespentaille sind die Jahre ebenfalls nicht spurlos vorbeigezogen. Überdies verbringt er seine freie Zeit lieber mit Freunden auf dem Golfplatz, Urlaubsreisen in ferne Länder endeten auf heimischen Campingplätzen an Badeseen im Vier-Mann-Zelt. Das geplante Eigenheim existiert nur noch auf dem Papier angesichts dürftiger Einnahmen, weil ein Kollege den begehrten Chefposten ergatterte und damit um ein Vielfaches mehr verdient. Und der Blick in die Rentenkasse macht deutlich, dass auch im Rentenalter nicht mehr viel zu erwarten ist.

Allerdings lehrt eine alte Redensart: „Jeder ist seines Glückes Schmied." Kluge Menschen können das bestätigen. Sie wissen, dass nie die anderen am eigenen Schicksal schuld sind. Eine solche selbstkritische Analyse fällt den meisten allerdings sehr schwer. Zu leicht ist es, mit dem Finger auf andere zu zeigen und ihnen für diese Entwicklungen die Schuld in die Schuhe zu schieben. Wer sich mit dieser Einstellung mehr recht als schlecht durchs Leben „mogelt", darf sich nicht wundern, wenn die Umwelt entsprechend reagiert und es nur noch Vorwürfe hagelt:

Ich habe dir ja gleich gesagt, dass du dich mehr anstrengen musst.

Warum musstest du dich so früh verlieben, heiraten und Kinder kriegen? Jetzt bekommst du die Quittung dafür.

Das war doch klar, dass dein Kollege den neuen Job bekommt. Der hat nicht faul daheim auf dem Sofa gesessen, sondern eine Weiterbildung nach der anderen durchgezogen.

Warum hast du dich nicht mehr angestrengt? Ist doch kein Wunder, dass unser Geld vorne und hinten nicht reicht.

Warum kommst du mit dem Haushaltsgeld nicht aus? Du hast dich und damit auch deine Finanzen nicht im Griff. Deshalb wird nichts mehr aus dir. Du kannst froh sein, dass du mich/uns hast.

Solche und andere negative Botschaften verschlimmern die Situation. Es entsteht eine Art Teufelskreis und der Eindruck, man sei nur noch auf der Welt, um anderen zu gefallen! Das sind für mich selbst gewählte Leiden. Niemand hat das Recht, über Sie zu verfügen. Sie sind Sie, und ich bin ich! Wir alle haben nur dieses eine Leben und damit ein Recht darauf, es zu l(i)eben. Deshalb gilt:

Sie sind nicht auf der Welt, um anderen zu gefallen!

Sie sind auf der Welt, um zu leben, und zwar so, wie Sie es möchten. Natürlich im Rahmen vertretbarer Gesetzmäßigkeiten und Ihrer Möglichkeiten.

Die Mehrheit indes kann sich nicht vorstellen, „im Rahmen ihrer Möglichkeiten" zu leben. Zu fest sind die Gedankenstrukturen und Gewohnheiten, die in der Regel auf Befehl und Gehorsam konditioniert sind. Verantwortliche aus Politik und Wirtschaft nutzen dies teilweise für ihre eigenen Zwecke schamlos aus. Doch die Zeiten ändern sich. Immer mehr Menschen erwachen aus ihrem Dornröschenschlaf und wehren sich, auch oder gerade gegen soziale Ungerechtigkeit. So geschehen im Sommer 2008, als sich die deutschen Politiker wieder einmal einen ordentlichen Griff in die Staatskasse genehmigen und ihre Diäten zweistellig erhöhen wollten. Was die Menschen über Jahrzehnte nur für den Augenblick empörte und bald darauf vergessen war, löste diesmal eine einmalige Protestwelle aus. Tausende Bürger ließen ihrer Wut freien Lauf und „bombardierten" die Verantwortlichen im Bundestag mit E-Mails. Dieser tagelange „Terror" hatte Erfolg. Erstmals in der Geschichte zogen die Politiker ihre gierigen Forderungen zurück, weil man derzeit „dem Volk die Notwendigkeit dieser Bezüge" nicht vermitteln könne, so die zynische Stellungnahme der Verantwortlichen.

Damit waren die Damen und Herren Volksvertreter einmal mehr vorgeführt. Auch in einer anderen Sache erlitten sie Schiffbruch. So beschloss der Bundestag eine Kürzung der sogenannten Pendlerpauschale. Außerdem erhöhte er die Mehrwertsteuer von 16 auf 19 Prozent. Dadurch werden die Autofahrer über Gebühr belastet, zumal viele auf das Auto angewiesen sind, um zur Arbeit zu kommen. Ein Ehepaar aus Oldenburg wollte diese Entscheidung des Bundestages nicht hinnehmen und klagte gegen die Kürzung. Ein aus meiner Sicht mutiger, aber doch aussichtsloser Schritt. Zwei Bürger gegen mehr als 600 Abgeordnete. Ich wurde eines Besseren belehrt. Mit ihrer Klage brachten sie die ganze Angelegenheit bis zum höchsten deutschen Gericht und erzielten ein sensationelles Ergebnis. Die Richter des Bundesfinanzhofs halten die Kürzung der Pendlerpauschale für verfassungswidrig! Der Bundestag muss das Gesetz ändern. Sie sehen, nur weil einige wenige den Schneid hatten, die Regierung herauszufordern, erhalten womöglich Zigtausende Autofahrer zukünftig wieder mehr Geld. Schade nur, dass die Öffentlichkeit diese heroische Leistung einzelner Bürger wenig bis gar nicht zur Kenntnis genommen hat. Für mich indes hat das Oldenburger Ehepaar einen Orden verdient. Aber wenn der prominente, in Oldenburg geborene Musikproduzent und Jury-Mitglied einer Casting-Show Dieter Bohlen wieder einen jungen, mutigen Menschen mit einem dummen, hämischen, erniedrigenden Spruch denunziert, schauen Millionen Menschen zu und applaudieren.

Ein anderes Beispiel aus der gleichen Zeit. Während einige Lebensmitteldiscounter Milliardengewinne einfahren, stöhnen die Milchbauern über den aus ihrer Sicht ruinösen Preis, den sie für einen Liter Milch erhalten. Dieser Protest dauert schon Jahre, doch Discounter und Kunden scherten sich keinen Deut um die Sorgen der Produzenten. Also taten die Bauern sich zusammen, boykottierten Lieferverträge, schütteten die frische Milch in den Gully und errichteten Straßensperren zu den Milchwerken. Nach tagelangem Protest endlich die erlösende Nachricht: Die Bauern bekommen mehr Geld für ihre Milch. Damit können sie ab sofort kostendeckend produzieren. Eine Umfrage auf der Straße ergab zudem, dass durch diese Aktion die Sorgen und Nöte der Bauern einer breiten Öffentlichkeit erstmals bekannt wurden. Wer denkt schon an die Bauern, wenn er die Milch bequem aus dem Regal nehmen kann? Durch die bundesweite Aktion der Landwirte wurde den Verbrauchern bewusst, welche Probleme mit der „Herstellung“ von Milch verbunden sind. Deshalb reagierten die meisten der Befragten mit einer erstaunlichen Haltung. Sie waren bereit, zehn Cent für den Liter mehr zu zahlen, und damit die Bauern fair zu entlohenen. Billige Preise um jeden Preis lehnten sie ab, stattdessen forderten sie: Leben und leben lassen. Auch das zeigt, was wir Menschen bewegen können, wenn wir den Mut aufbringen, zu handeln, und endlich unsere Komfortzone zu verlassen.

Wenn man wirklich etwas verändern will, dann ist alles möglich. Dabei braucht es nicht immer ein großes Publikum. Jeder Einzelne kann etwas verändern, wie ein Beispiel aus Hessen zeigt. Die Wahl zum neuen hessischen Landtag im Januar 2008 brachte keinen klaren Sieger hervor. Deshalb mussten sich andere Koalitionen bilden. Die SPD-Vorsitzende Andrea Ypsilanti handelte dabei nach dem Motto „Was interessiert mich mein Geschwätz von gestern?" und deutete eine Koalition mit den „Linken" an, die sie vor der Wahl kategorisch ausgeschlossen hatte. Nach der Wahl wurde jedoch schnell klar, dass sie nur mit den Stimmen der „Linken" in Amt und Würden gehoben werden konnte. Aber sie hatte die Rechnung ohne ihre Parteikollegin Dagmar Metzger gemacht, die als Einzige dieses Bündnis ablehnte. Glaubt man der Presse, dann hatte sie es nach dieser Entscheidung nicht ganz einfach. Von Drohungen jeglicher Art bis hin zum Mobbing durch Parteikollegen war die Rede. Doch Frau Metzger blieb unbeugsam. Sie stand zu dem, was sie ihren Wählern vor der Wahl versprochen hatte. Das Bündnis aus SPD und „Linken" war in diesem Moment gescheitert, und zwar allein durch eine aufrechte, ehrliche Politikerin, die durch ihre Haltung Politikgeschichte schrieb. Dabei nahm sie sogar in Kauf, aus der Partei ausgeschlossen zu werden. Das, verehrte Leser, ist Zivilcourage.

Nur wer wagt, gewinnt! Schnell kommen diese Worte über die Lippen. Doch oft bleibt es bei solchen Lippenbekenntnissen. Es ist halt bequemer, nichts zu tun, als sich anzustrengen. Besonders hart wird es aber, wenn man kurz vor dem Ziel noch einmal richtig Gas geben muss. Das ist Anstrengung pur und führt nicht selten bis an die Grenzen der eigenen Belastungsfähigkeit, wie z. B. beim Triathleten Jan Frodeno, der bei Olympia 2008 eine erste Goldmedaille verdiente (nicht gewann – denn dafür hat er hart gearbeitet). Dabei sah es kurz vor dem Ziel nicht danach aus. Doch etwa 150 Meter vor der Ziellinie setzte der Saarbrücker zu einem unglaublichen Spurt an und ließ Sydney-Olympiasieger Simon Whitfield aus Kanada um fünf Sekunden hinter sich. Sein Kommentar:

Es war ein sehr weiter, ein sehr langer Weg. Ich bin durch dick und dünn mit meinen Freunden und meiner Familie gegangen.

Interessant ist auch, was er in einem Interview[6] auf folgende Fragen antwortete:

Was gefällt Ihnen an sich besonders?
Meine Zielstrebigkeit.

Was treibt Sie an?
Die Motivation, jeden Tag das Maximum aus meinem Körper herauszuholen.

Schenken Sie uns eine Lebensweisheit ...
Es gibt keinen Plan B. Plan A muss funktionieren.

Mit dieser Einstellung gewann Jan Frodeno Gold in Peking. Eine andere bemerkenswerte Persönlichkeit aus „einfachem Hause" erhielt ebenfalls eine hohe Auszeichnung für ihre Zivilcourage. Die Rede ist von Betty Williams, die im August 1976 in ihrer Küche werkelte, als sie ein ohrenbetäubender Krach aus ihren Gedanken riss. Sie schaute aus dem Fenster ihres Hauses am Rande Belfasts und wurde Zeuge einer Katastrophe. Britische Soldaten hatten zwei Mitglieder der IRA verfolgt und dem Fahrer des Fluchtwagens eine Kugel in den Kopf geschossen. Führerlos raste das Auto auf den Bürgersteig und erfasste eine Mutter und ihre drei Kinder. Während die Mutter den Unfall schwer verletzt überlebte, verstarben alle Kinder. Es hätten auch die Kinder von Betty Williams sein können. Diese schreckliche Vorstellung machte aus der Hausfrau und Kellnerin eine Friedensaktivistin. Sie zögerte keine Sekunde und lief noch am selben Tag von Haustür zu Haustür, um die Menschen aufzufordern, etwas gegen diesen sinnlosen „Krieg" zwischen Katholiken und Protestanten zu unternehmen. Betty Williams gründete die Gruppe „Women for Peace". Immer mehr Menschen schlossen sich ihrer Organisation an. Sie waren erleichtert, dass sich endlich jemand fand, der aktiv gegen diesen Wahnsinn vorging. Bald darauf waren Belfasts Straßen fast täglich verstopft von Zehntausenden Demonstranten beider Konfessionen. Die unpolitische Hausfrau Betty Williams legte mit ihrer Bewegung den Grundstein für den späteren Friedensprozess in Nordirland. Dafür erhielt sie im Dezember 1977 den Friedensnobelpreis.

Die Liste von Menschen, die mutig und entschlossen Herausforderungen annahmen, ließe sich endlos weiterführen. Doch auch so wird klar, worauf es im Leben wirklich ankommt:

Jan Frodeno

Nie warten – starten!

Egal aus welchem Elternhaus Sie kommen, ob Sie Schulbildung haben oder nicht, ob Sie auf der Straße leben oder in einer vornehmen Villa. Einzig Ihre Bereitschaft, etwas anzupacken und entschlossen voranzuschreiten, ist von Bedeutung. Wenn Sie ein klares Ziel vor Augen haben, wird Sie nichts und niemand davon abhalten, es zu erreichen. Boris Becker wurde der jüngste Wimbledon-Sieger aller Zeiten. Dafür erhielt er zwei Jahre lang schulfrei, denn Tennis ging vor. Mit 17 ging er endgültig von der Schule – ohne Abschluss. Heute beherrscht er noch immer die Medien, im positiven wie – mit Verlaub – auch im negativen Sinne. Doch die fehlende Schulbildung hält niemanden davon ab, ihn immer wieder zu verpflichten.

Der von mir so geschätzte Extrembergsteiger Reinhold Messner wollte eigentlich Architekt werden – deshalb studierte er Hoch- und Tiefbau. Einen Abschluss machte er allerdings nicht, und er unterrichtete zunächst als Mathematiklehrer an einer Mittelschule, bevor er Europas berühmtester Extremsportler wurde. Früh ließ er das enge Tal seiner Südtiroler Kindheit hinter sich, bezwang als Erster den Mount Everest ohne Sauerstoffmaske, bestieg alle 14 Achttausender und entwickelte nebenbei neuartige wasserfeste Bergstiefel. Später durchquerte er zu Fuß die größten Eiswüsten der Erde. Auch als EU-Parlamentarier machte er sich einen Namen. Darüber hinaus treibt er in Eigenregie sein ehrgeiziges Bergmuseumsprojekt voran.[7]

Ihre Bereitschaft, Veränderungen zuzulassen, ist die wesentliche Grundlage für ein besseres Leben. Dabei spielt es keine Rolle, wie alt Sie sind. Sie können zu jeder Zeit ein neues Leben führen. Aus der Motivationspsychologie weiß man, dass 80 Prozent der Motivation auf die Vision zurückgehen. Wer weiß, warum er etwas tun möchte, und darin einen Sinn sieht, bringt auch die notwendige Energie auf.

Je stärker Ihr Warum, umso einfacher ist das Wie!

Wie wir dieses Ziel erreichen, darüber entscheiden letztlich nur die restlichen 20 Prozent.

Finden Sie mindestens 25 Antworten auf die Frage „Warum werde ich mein Ziel erreichen?“

1. ______________________________

2. ______________________________

3. ______________________________

4. ______________________________

5. ______________________________

6. ______________________________

7. ______________________________

8. ______________________________

9. ______________________________

10. ______________________________

11. ______________________________

12. ______________________________

13. ______________________________

14. ______________________________

15. ______________________________

16. ______________________________

17. ______________________________

18. ______________________________

19. ______________________________

20. ______________________________

21. ______________________________

22. ______________________________

23. ______________________________

24. ______________________________

25. ______________________________

Dirk Schmidt punktgenau

Um in Kontakt mit Ihrer inneren Stimme zu kommen, sollten Sie mindestens zehn Minuten am Tag (jeweils morgens und abends) nur für sich reservieren und sich dabei ganz auf Ihre innere Mitte konzentrieren.

1.1.3 Spitzensportler sind glücklich

Im Entwurf, da zeigt sich das Talent, in der Ausführung die Kunst.
Marie von Ebner-Eschenbach

Aus dem Buddhismus ist folgende Geschichte überliefert. Zum alten Meister kamen ein paar Suchende, um eine Antwort auf die Frage zu erhalten, wie der Meister es schaffe, glücklich und zufrieden zu sein. Gern wären sie auch so glücklich wie er. Der Meister stand auf, blickte in die Runde der Fragenden und erklärte mit kräftiger Stimme: „Wenn ich liege, dann liege ich. Wenn ich aufstehe, dann stehe ich auf. Wenn ich gehe, dann gehe ich, und wenn ich esse, dann esse ich." Die Fragenden schauten irritiert in die Runde, bis einer den Mut hatte zu antworten: „Meister, was du sagst, tun wir doch auch. Wir schlafen, essen und gehen. Doch glücklich sind wir nicht. Was also ist das wirkliche Geheimnis?" Der Meister blieb bei seiner Antwort: „Wenn ich liege, dann liege ich. Wenn ich aufstehe, dann stehe ich auf. Wenn ich gehe, dann gehe ich, und wenn ich esse, dann esse ich." Als der Meister bemerkte, dass die Fragenden mit dieser Antwort wieder nichts anfangen konnten, sagte er: „Sicher liegt auch ihr, und ihr geht auch, und ihr esst. Aber während ihr liegt, denkt ihr schon ans Aufstehen. Während ihr aufsteht, überlegt ihr, wohin ihr geht, und während ihr geht, fragt ihr euch, was ihr essen werdet. So sind eure Gedanken ständig woanders und nicht da, wo ihr gerade seid. Das Leben findet immer nur im Jetzt statt. Lasst euch auf diesen Augenblick ganz ein, und ihr habt die Chance, wirklich glücklich und zufrieden zu sein."

Sportler leben im Hier und Jetzt. Sie sind glücklich, weil sie das tun, was sie wirklich aus tiefster Überzeugung auch tun möchten. In meinen Einzelcoachings habe ich noch nie erlebt, dass mich ein Sportler bat, ihn zu motivieren. Das ist ein zentraler Unterschied zu Angestellten. Sie suchen nach Mitteln und Wegen, wie sie sich motivieren können. Niemand, auch ich nicht, kann einen Menschen motivieren, wenn die innere Bereitschaft dafür nicht vorhanden ist. Sportler brauchen keine Motivation. Sie leben Motivation, indem sie ganz genau wissen, was sie wollen. Sie suchen das Gespräch mit mir, weil sie von mir Techniken vermittelt bekommen wollen, wie sie ihre Ziele noch schneller erreichen können. Erkennen Sie den Unterschied? Wer nicht motiviert ist, hat auch keine Ziele. Es würde also nichts bringen, jemanden zu motivieren, wenn er noch nicht einmal selbst weiß, welches Ziel ihm wichtig ist.

Wer nicht weiß wohin er will, darf sich nicht wundern, wenn er woanders ankommt!

Mark Twain

„Eigene Wege entstehen erst beim Gehen", sang Herbert Grönemeyer. Kafka fand das schon früher heraus: „Wege entstehen dadurch, dass man sie geht." In der Tat hat Motivation etwas mit Bewegung zu tun, dieser Begriff kommt nämlich aus dem Lateinischen und heißt übersetzt *Bewegung*. Was Bewegung tatsächlich bedeutet, erleben wir jeden Tag. Noch vor hundert Jahren glaubte kein Mensch, dass eine Maschine fliegen kann, die schwerer als Luft ist. Heute heben Tausende von Flugzeugen mit mehreren hundert Tonnen Startgewicht ab, um immer mehr Menschen zu immer mehr Metropolen dieser Welt zu fliegen. Fliegen ist heute wie Bus fahren. Der Flugzeughersteller Airbus baut inzwischen das größte Passagierflugzeug der Welt. Je nach Ausstattung können damit gleichzeitig mehr als 800 Passagiere rund um die Welt geflogen werden.

Alles ist möglich! Das sagte sich auch Cliff Young, der 1982 den sogenannten Ultramarathon gewann. Dieser Wettkampf wird in Australien ausgetragen, die Teilnehmer laufen dabei von Melbourne nach Sydney, also rund 2.000 Meilen. Um dieses ehrgeizige Ziel (in nur zehn Tagen!) zu schaffen, laufen sie getreu der alten VW-Käfer-Werbung: Er läuft und läuft und läuft.

Sportveranstaltungen dieser Art sind immer für Überraschungen gut, so eben auch im Jahre 1982. Vor dem Start stellten sich die Teilnehmer in Reih und Glied auf, um den Auftakt dieses Spektakels in einem Bild festzuhalten. Alle Athleten traten im sportlichen, auf das Klima abgestimmten Outfit an, bis auf einen älteren Herrn: Cliff Young, ein Schaffarmer, der sich anschickte mitzulaufen. Allerdings nicht im normalen Sportdress, sondern in Uniform und schweren Springerstiefeln. Die Reporter baten ihn, aus dem Bild zu gehen, weil sie nur die Teilnehmer fotografieren wollten. Doch er blieb stehen und erklärte den verwunderten Zuschauern, dass er dazugehöre. Er wolle mitlaufen. Jedes Jahr habe er die Athleten beobachtet, weil die Route an seiner Farm vorbeiführt. Jetzt, mit 61 Jahren, wolle er die große Herausforderung annehmen und es ebenfalls probieren. Vom Zuschauer zum Teilnehmer mit festen Gewinnabsichten, das war seine Motivation. Die Organisatoren entschieden sich, ihn mitlaufen zu lassen. Schon kurz nach dem Startschuss löste sich das Feld auf. Erwartungsgemäß blieb der Farmer deutlich zurück. Die anderen Läufer waren bereits außer Sichtweite, und der Stadionsprecher hatte für den ehrgeizigen Mann nur Hohn und Spott übrig: „Hier sehen Sie den Traum eines alten Mannes, der vermutlich seine Mitläufer das letzte Mal gesehen hat."

Der Abstand vergrößerte sich, und am Ende des ersten Tages lag der Farmer etliche Meilen zurück. Nun ließen sich die Athleten im Camp nieder. Ihre Teams versorgten sie mit Essen, Trinken und Massagen. Danach legten sie sich für fünf Stunden schlafen. Als die Läufer am nächsten Morgen aufbrachen, stellten sie erstaunt fest, dass Cliff Young vor ihnen lag. Der Mann war die gesamte Nacht durchgelaufen, ohne eine Pause einzulegen! Doch statt einer Würdigung dieser Leistung überschlugen sie sich mit bissigen Kommentaren: „So etwas Verrücktes kann nicht gut gehen, der wird bald schlapp machen."

Der Abstand der Läufer zu Cliff Young schmolz erwartungsgemäß, das Feld rückte auf. Doch schon am nächsten Tag lagen sie alle wieder deutlich hinter ihm. Durch Massage und Schlaf verloren sie mehr als sechs Stunden. Cliff Young reichte eine Stunde Kurzschlaf und er lief weiter. Tatsächlich erfüllte sich die Prophezeiung des Stadionsprechers:

„… der vermutlich seine Mitläufer das letzte Mal gesehen hat." Aber im umgekehrten Sinne. Cliff Young gewann den Ultramarathon mit einem sagenhaften Vorsprung von eineinhalb Tagen!

Die Profis glaubten zu wissen, dass sie diese Herausforderung nur meistern konnten, wenn sie sich einem bestimmten Ritual unterwarfen. Dazu gehörten eine Stunde Massage und fünf Stunden Schlaf. Der Farmer aus Australien wusste davon nichts. Er wusste nur, dass er laufen musste, um ans Ziel zu kommen, und genau das tat er.

Das Beispiel zeigt, dass die Begrenzung einzig in unserer Vorstellung liegt. Wer ein klares Ziel vor Augen hat und selbiges mit Leidenschaft, Begeisterung und Liebe in Angriff nimmt, ist so gut wie am Ziel. Niemand kann einen solchen Menschen aufhalten. Außer er selbst.

Ist alles möglich? Alles ist möglich!

Flugzeuge fliegen, weil es Menschen gegeben hat, die davon überzeugt waren, Maschinen entwickeln zu können, die, obwohl schwerer als Luft, fliegen können. Sie haben mit Sicherheit eine Vorstellung davon, wie die Umwelt auf diese Ankündigung einst reagierte. An Spott und Häme herrschte kein Mangel. Die Protagonisten ließen sich davon nicht unterkriegen. Sie wussten, was sie taten, denn schließlich hatten sie den entscheidenden Wettkampf ihres Lebens eindrucksvoll gewonnen. Wer also sollte sie noch daran hindern, eine Maschine in die Luft zu bringen? Auch Sie, verehrte Leser, haben den wichtigsten Wettbewerb Ihres Lebens bereits hinter sich und natürlich eindrucksvoll gewonnen. Sie haben Millionen andere Teilnehmer dieses Wettbewerbs hinter sich gelassen. Herzlichen Glückwunsch. Nun gut, das Datum dieses einzigartigen Tages liegt schon etwas länger zurück, genau genommen neun Monate vor Ihrer Geburt. Als eine Samenzelle von Millionen machten Sie sich auf den Weg, die kostbare Eizelle zu erreichen. Sie haben es geschafft! Das ist eine großartige Leistung. Als schnellste Samenzelle erreichten Sie das Ziel, das um ein Vielfaches kleiner ist als eine Nadelspitze. Und Sie? Nun, Sie waren in diesem Augenblick die Größte, obwohl Sie so klein waren, dass es eines starken Mikroskops bedurft hätte, um Sie überhaupt sehen zu können.

Die Welt ist voller Gewinner. Während das Gros der Menschen sich eher als Verlierer sieht, sind die, die ihre Einzigartigkeit erkannt haben, erfolgreich. So wie z. B. die Gebrüder Wright, die als Erste mit einer von

Menschenhand gebauten Maschine vom Boden abhoben. Ihr erster Flug dauerte nur zwölf Sekunden, dann war alles vorbei. Diese zwölf Sekunden reichten aus, den Wrights einen weiteren Motivationsschub zu verpassen, um ihre ehrgeizigen Ziele zu erreichen. Stellen Sie sich einmal vor, die beiden hätten anders reagiert, sich wegen ihres Misserfolges gegrämt und das Projekt aufgegeben, weil sie nur zwölf Sekunden und nicht länger in der Luft waren. Aber sie reagierten richtig, investierten ihre gesamte Kraft in ihr Projekt. Millionen Menschen sind ihnen dafür heute dankbar.

Heute weiß jeder Pilot, wie er sein Flugzeug steuern muss, damit es zum einen sicher abhebt und zum anderen in der Luft bleibt. Sobald er den Schub wegnimmt, droht ein Absturz. Kein Pilot würde auf die Idee kommen, das Flugzeug zur Startbahn zu steuern und dann den Gashebel auf halbe Kraft zu stellen. Jedes Kind weiß, dass dieses Flugzeug nicht abheben wird, weil es mit halber Kraft nicht abheben kann. Es braucht die volle Kraft, den ganzen Schub, um den Boden zu verlassen. Dieses Beispiel verdeutlicht, wie wichtig der richtige Schub ist. Ohne Schub keine Bewegung, ohne Bewegung kein Fortschritt. So verhält es sich mit allem. Auch wenn ich uns Menschen nicht mit einem Flugzeug vergleichen möchte, aber auch wir brauchen den richtigen Schub, um zu starten. Das allein reicht natürlich bei weitem nicht aus. Wir müssen auch oben bleiben. Wir müssen auch auf der Höhe unseres Erfolges volle Leistung bringen, den Gashebel immer auf volle Power stellen.

Ich möchte Sie an dieser Stelle fragen, ob Sie meinen bisherigen Ausführungen folgen konnten und ob Sie die Dinge ähnlich sehen. Wie fühlen Sie sich, wenn ich Ihnen etwas von Schub erzähle und Sie gleichzeitig auffordere, Gas zu geben, um endlich abzuheben? Nehmen Sie diese Empfehlung an oder haben Sie eher das Gefühl, ich würde Ihnen etwas befehlen? Das wäre schlecht. Viele Menschen hassen nichts mehr als Anordnungen und Befehle. Das ist eng mit unserer Entwicklung verbunden. Die Eltern befehlen, in der Schule wird uns befohlen, am Arbeitsplatz gibt es Vorgesetzte, die uns Befehle erteilen. Ob wir wollen oder nicht, wir sind den ganzen Tag irgendwelchen Befehlen ausgesetzt. Der Staat ordnet an, die Behörden ordnen etwas an, und schlussendlich ordnet auch der Partner an, was wir zu tun haben. Den ganzen Tag werden wir fremdbestimmt. Doch das ist nur eine Seite der Medaille. Die andere Seite steht aus meiner Sicht für die Wahlfreiheit, die jeder Mensch hat. Sie können entweder weiterhin fremdbestimmt leben und

Bill Gates

sich jeden Tag aufs Neue sagen lassen, was gut für Sie und was weniger gut für Sie ist. Oder aber Sie entscheiden sich für einen eigenen Weg und machen sich frei von allen Zwängen, Ängsten und Ratschlägen anderer. Ratschläge sind aus meiner Sicht ohnehin nur Schläge, die einen immer dann treffen, wenn man sie nicht braucht. Ratschläge braucht niemand wirklich. Sowie Sie bereit sind, Ihr Leben in die Hand zu nehmen, werden Veränderungen eintreten, die Sie bis dahin nicht für möglich hielten. Das setzt jedoch voraus, dass Sie bereit sind, alles zu geben und etwas Neues dazuzulernen.

Das ist der Zeitgeist oder wie Bill Gates, einer der reichsten Männer der Welt, sagt:

Entweder
***du gehst* mit der Zeit**
oder
du gehst ***mit der Zeit.***

Veränderungen sind möglich für den, der bereit ist, sich darauf einzulassen und geduldig durchzuhalten. Wer ein Leben lang hört, dass er noch zu klein ist, zu unwissend, zu dämlich etc., muss viel Geduld aufwenden, um diese alten und vor allem falschen Botschaften zu löschen. Um wie viel leichter könnte das Leben sein, wenn Erwachsene ihren Nachwuchs viel mehr bestärken in dem, was sie tun und wollen. Das erkannte schon der spanische Musiker Pablo Casals (1876–1973):

Jede Sekunde, die wir leben, ist ein neuer und einzigartiger Augenblick im Universum, ein Augenblick, der nie wieder sein wird. Was aber lehren wir unsere Kinder? Wir lehren sie, dass zwei und zwei vier ergibt und dass Paris die Hauptstadt von Frankreich ist. Wann werden wir sie lehren, was sie wirklich sind? Wir sollten zu jedem von ihnen sagen: Weißt du, was du bist? Du bist ein Wunder. Du bist einzigartig. In all den Jahren, die vergangen sind, hat es nie ein Kind wie dich gegeben. Deine Beine, deine Arme, deine geschickten Finger, die Art, wie du dich bewegst. Aus dir könnte ein Shakespeare werden, ein Michelangelo, ein Beethoven. Du hast die Fähigkeit zu allem. Ja, du bist ein Wunder. Und wenn du aufwächst, kannst du dann jemandem Schaden zufügen, der wie du ein Wunder ist? Du musst daran arbeiten, wir alle müssen daran arbeiten, damit die Welt ihrer Kinder würdig wird.

Als Erwachsene haben wir die Leichtigkeit des Kindseins vergessen und uns in Abhängigkeiten geflüchtet. Mehr denn je gilt, so wie die Kinder durch spielerische Aktivitäten herauszufinden, was uns wirklich wichtig ist und Spaß macht. Denn Spaß ist das Tor zum Freisein und damit zu vielen Glücksmomenten. Das wird Ihnen jeder Spitzensportler bestätigen. Sie lieben das, was sie tun. Dabei nehmen sie gern Stress in Kauf, dem sie sich jeden Tag aussetzen. Stress ist allerdings nicht gleich Stress. In unserer dualen Welt hat nämlich auch der Stress zwei Seiten. Wenn Sie so wollen, eine gute und eine schlechte. Der medizinische Ausdruck für positiven Stress ist „Eu-Stress“, der für negativen „Dys-Stress“. Worin liegt nun der Unterschied? Der Eu-Stress beflügelt uns, trotz der angespannten Situation gute Ergebnisse zu erzielen, ohne dass unser Körper darunter leidet. Wissenschaftlich bewiesen ist, wann immer wir vor interessanten, großen Aufgaben und Herausforderungen stehen, produziert unser Körper Glückshormone, sogenannte Endorphine (im Volksmund auch körpereigenes Rauschgift genannt). Dadurch werden wir leistungsfähiger und fühlen uns *sauwohl!* Sie befinden sich immer dann im Eu-Stress, wenn Sie auch anstrengende Aufgaben gerne und mit Freude ausführen. Das ist immer dann der Fall, wenn Sie Ihren Beruf lieben und die damit verbundenen Arbeiten gerne verrichten. Etwas Besseres können Sie für sich und Ihren Körper gar nicht tun.

Dys-Stress ist das absolute Gegenteil davon und bewirkt immer negative Gefühle. Dys-Stress haben wir dann, wenn wir zum Beispiel einer Arbeit nachgehen, die uns gar keinen Spaß macht. Dann ist der Körper auf Abwehrhaltung eingestellt. Er produziert negative Energien. Die Schlinge zieht sich immer weiter zu und sorgt so dafür, dass wir nicht mehr aus diesem Teufelskreis herauskommen. Vielleicht merken Sie es zunächst nicht. Aber über die Jahre leidet Ihr Körper zunehmend. Sie fühlen sich abgespannt, sind immer öfter müde, obwohl Sie die Nacht gut geschlafen haben, sind nervös und gereizt. Nehmen Sie diese körperlichen Botschaften nicht ernst, stellen sich mittelfristig irreparable körperliche Schäden ein. Wissenschaftler glauben immer öfter, dass auch Krebs eine Folge falscher Lebensgewohnheiten sein kann. Neben schlechtem, fettreichem Essen können gerade negative Stresssituationen dieser Krankheit Vorschub leisten. Einig ist man sich darin, dass Menschen, die weniger Freude im Leben haben, viel öfter an Krebs erkranken als jene, die mehrmals am Tag lachen und fröhlich sind. Oft sind es gerade die Menschen, die auch über sich selbst lachen können!

Lächeln hebt tatsächlich die Laune, selbst wenn es sich hierbei um ein künstliches Lächeln handelt. Unserem Gehirn ist es nämlich egal, ob wir aus Freude oder grundlos lächeln. Die beteiligten Muskeln signalisieren den grauen Zellen so oder so, dass gegrinst wird, worauf diese Glückshormone freisetzen, die motivieren und Angst lösen. Eine Studie[8] der Universität Düsseldorf fand heraus, dass Lachen noch eine halbe Stunde nach dem Betrachten eines lustigen Films zu einer höheren Schmerztoleranz führt. Der Psychologe David Myers vom Hope College in Michigan wiederum findet eine eigentümliche Erklärung, warum viele Deutsche miesepetrig sind: Die Umlaute Ä, Ö, Ü zwängen die Sprecher zu Gesichtsausdrücken, die negative Stimmungen verstärken. Mal ehrlich: Darüber kann ich nun allerdings herzhaft lachen!

Lachen macht glücklich, das ist die zentrale Botschaft. *Glück* hat die gleiche Sprachwurzel wie *gelingen*. Mit anderen Worten: Nur dann, wenn Sie etwas mit Freude und Leichtigkeit (also spielerisch mit kindlicher Naivität) tun, können Sie zum einen Ihr Leben dauerhaft zum Positiven verändern und zum anderen Ihre Lebensziele erreichen. Der Glücksforscher Prof. Mihaly Csikszentmihalyi, Direktor des Quality of Life Research Center, hat eine der wichtigsten aktuellen Theorien über das Erlangen von Glück entwickelt: die Flow-Therapie. Seinen jahrzehntelangen Beobachtungen zufolge erleben Menschen am zuverlässigsten Glück, wenn sie in einer Tätigkeit sprichwörtlich „aufgehen". Er nannte diesen Zustand selbstvergessener Aktivität „Flow" (= Fluss). Wenn wir im Flow sind, kommen Fühlen, Wollen und Denken in Harmonie. Typisch für den Zustand ist: Wir vergessen die Zeit; wir hinterfragen nicht, was wir tun; wir fühlen uns nicht unter Zwang oder Druck; wir grübeln nicht, sondern vergessen alles um uns herum; die Tätigkeit erfordert Konzentration, ist aber mit einem Gefühl von Mühelosigkeit verbunden. Natürlich erleben Menschen den Flow auch im Beruf, wenn sie ihre Arbeit lieben, besonders leicht aber kommen sie in diesen Glückszustand, wenn sie spielen, sporteln, im Garten arbeiten, einem Hobby nachgehen, kochen oder im Haus werkeln.

Die Erkenntnisse von Prof. Csikszentmihalyi sind deshalb so wichtig, weil viele Menschen heute das Glück weniger im Tun als im passiven Konsumieren suchen, und da ist es schwer zu finden. Die Empfehlung des Wissenschaftlers lautet daher: spielerische Aktivitäten wiederentdecken und herausfinden, welche davon wirklich Spaß machen. Denn Spaß ist das Tor zum Flow und damit zu vielen Glücksmomenten. Sehr wichtig ist auch, sich nicht einzureden, man sei zu unbegabt oder zu alt, um noch neue Hobbys, Spiele, Aktivitäten zu lernen.

Der Psychologe Prof. Martin Seligman von der University of Pennsylvania gilt als einer der bedeutendsten Glücksexperten der Welt. Jahrzehntelang beschäftigte ihn die Frage, warum manche Menschen mehr Leichtigkeit und Lebensfreude empfinden, während andere das Leben stets von der schweren Seite nehmen und sich deshalb oft unglücklich fühlen. Seine Erkenntnis: Alle Menschen entwickeln Gefühlsmuster und Denkstrukturen, mit denen sie permanent ihr Leben bewerten. Diesem inneren „Webmuster" gilt es auf die Schliche zu kommen, denn dort liegen die vermuteten Wurzeln von Glück und Unglück. Prof. Seligman nennt verschiedene Beispiele für diese Erkenntnis. Erstes Beispiel: Unglückliche Menschen betrachten schwierige Phasen im Leben grundsätzlich als endgültig (ich schaffe es einfach nicht; ich bin am Ende; ich gebe auf), glückliche halten sie spontan für vorübergehend (ich habe heute einen schlechten Tag erwischt, deshalb will mir nicht alles so recht gelingen). Umgekehrt fällt die Reaktion auf angenehme Ereignisse aus. Pessimisten betrachten diese bestenfalls als glückliche Zufälle (ich hatte heute einen guten Tag), Optimisten fühlen sich durch sie in ihrem positiven Grundgefühl bestätigt (ich bin ein Gewinner; ich habe viel Glück in meinem Leben).

Unglückliche Menschen verallgemeinern Fehlschläge (ich habe kein Glück im Beruf, bei Frauen, beim Fußballspiel – ich bin ein Pechvogel), glückliche reagieren differenziert (bei dieser Frau hatte ich kein Glück). Pessimisten geben grundsätzlich sich selbst die Schuld, wenn etwas schiefläuft (ich bin kein Redetalent); Optimisten suchen die Gründe für Fehlschläge erst einmal in den Umständen, die zum Misserfolg geführt haben (unser Team war nicht gut genug vorbereitet). Laut Prof. Seligman können Sie sich solche (und viele andere) unglücklich machende Denk- und Gefühlsweisen gezielt abgewöhnen, vorausgesetzt, Sie benutzen alle Sinne, die Ihnen das Leben „geschenkt" hat, insbesondere Ihren Tastsinn. Der ist viel wichtiger als gemeinhin angenommen. Es gibt Menschen, die können nicht hören, nicht sehen, nicht riechen oder nicht schmecken, und dennoch entwickeln sie sich vollkommen „normal" und bringen es zu wunderbaren Fähigkeiten. Es ist ihr Tastsinn, der sie ein normales Leben leben lässt.

Die Haptik (griech. haptikos = greifbar) wird in unserer Wissensgesellschaft zwangsläufig an Bedeutung gewinnen. Nur das, was wir beGREIFEN, können wir auch dauerhaft in unserem Gehirn speichern! Die Gesamtheit der haptischen Wahrnehmungen erlaubt es unserem Gehirn, unterschiedliche Reize zu lokalisieren und zu bewerten. Deshalb ist es so wichtig, dass Sie z. B. während des Lesens Passagen dieses Buches unterstreichen und am Seitenrand Ihre Gedanken notieren. Somit werden aus Worten Taten in HANDschriftlicher Form. In diesem Fall sind fast alle Sinne angesprochen, selbst das Hören. Ich gehe davon aus, dass Sie beim Lesen innerlich mitsprechen. All diese Maßnahmen werden dafür sorgen, dass Sie das Erlernte leichter und dauerhafter abspeichern. Nach diesem Konzept sind meine Seminare aufgebaut. Teilnehmer erLEBEN und beGREIFEN dadurch die Seminarinhalte viel leichter und entspannter. Deshalb verpuffen die Lerninhalte nicht. Durch den Alltags- und Praxisbezug in Verbindung mit dem TUN erzielen meine Seminare eine sehr hohe Nachhaltigkeit.

Was immer Sie tun möchten, greifen Sie zu Papier und Stift und schreiben Sie exakt auf, was genau Sie ändern bzw. verbessern wollen. Experten sind sich einig, dass eine Tätigkeit zur Gewohnheit wird, wenn man sie 21 Tage lang wiederholt. Dadurch wird auch das Unterbewusstsein an dem Schöpfungsprozess beteiligt. Sie ändern also Ihr Verhalten am einfachsten, wenn Sie eine Art Gewohnheits-Tagebuch führen. Zur Erinnerung: Es reicht nicht, anzufangen, man muss auch durchhalten. Es ist wichtig, dass Sie Ihr Verhalten so lange trainieren, bis es Ihnen gewissermaßen ins Blut übergegangen ist. Deshalb sollten Sie Ihre Fortschritte und Ihre Gefühle täglich niederschreiben, mindestens 21 Tage lang. Dann haben Sie eine realistische Chance, dass auch Ihr Unterbewusstsein an diesem Schöpfungsprozess beteiligt ist, und je mehr Sie Ihr Unterbewusstsein in Ihre Vorhaben einbinden, desto stärker wird es sich mit Ihnen verbünden und Ihnen hilfreich zur Seite stehen.

Neben einem „Gewohnheits-Tagebuch" führen viele Sportler auch ein „normales" Tagebuch. Tagebücher sind unentbehrliche Lebenshelfer, sie machen es möglich, seinen Gefühlen Ausdruck zu verleihen, sich vieles von der Seele zu schreiben. Nach einer Studie der North Dakota State University werden sogar Krankheiten geheilt, wenn Menschen mit Papier und Feder gegen chronische Leiden ankämpfen und ihre Pläne, Befürchtungen, Ängste und Sorgen aufschreiben. Die Wissenschaftler wissen nicht, warum das *Sich-etwas-von-der-Seele-Schreiben* so zuverlässig funktioniert. Doch wenn selbst Kranke von chronischen Leiden durch Schreiben geheilt werden, um wie viel stärker muss dann ein gesunder Mensch von seinen schriftlichen Aufzeichnungen profitieren?

Motivierte Menschen schreiben daher per Hand in ein Tagebuch und verzichten auf den Gebrauch eines Textverarbeitungsprogramms am PC. Denn die Gesamtheit der haptischen Wahrnehmungen erlaubt es unserem Gehirn, unterschiedliche Reize zu lokalisieren und zu bewerten. Wer zu Stift und Papier greift, nutzt neben den klassischen Sinnen auch seinen Tastsinn. Durch die handschriftliche Eintragung in ein Tagebuch werden fast alle wichtigen Sinne aktiviert. Handschriftliches stimuliert das Unterbewusstsein derart, dass schon beim Schreiben viele Probleme gelöst werden. Wohl dem, der diese Erkenntnisse beGREIFEN kann.

Dass Sportler gern über ihre Gefühle schreiben, ist bekannt. Weniger bekannt ist, was Olympioniken passieren kann, wenn sie öffentlich über ihre Eindrücke und Gefühle schreiben, indem sie sie ins Internet stellen und nicht ihrem persönlichen Tagebuch anvertrauen. Das musste der deutsche Kugelstoßer Peter Sack, der an den Olympischen Spielen 2004 in Athen teilnahm, bitter erfahren. Weil er von den Spielen so ergriffen war, vertraute er vieles seinem Tagebuch an. Dieses Tagebuch war für jedermann einzusehen, denn es befand sich auf seiner Website. Als das Internationale Olympische Komitee davon Kenntnis erhielt, teilte man ihm mit, dass er in zwei Tagen abzureisen habe. Die Olympische Charta verbietet Athleten während der Spiele jegliche kommerzielle und journalistische Tätigkeit.

1.1.4 Spitzensportler sind „Gehirnbenutzer"

Die Weisheit des Lebens besteht im Ausschalten der unwesentlichen Dinge.

Chinesisches Sprichwort

Das menschliche Gehirn besteht aus rund 1.300 Gramm Gewebe, verfügt aber über 100 Milliarden Nervenzellen. Von allen Organen hat es den größten Energiehunger. Obwohl es so klein ist, verbraucht es immerhin 20 Prozent des gesamten Energievolumens. Das mag auf den ersten Blick extrem erscheinen, doch bei der Leistung, die unser Gehirn vollbringt, ist es eher angemessen. So rasen z. B. die elektrischen Signale mit über 300 Stundenkilometern durch ein Labyrinth von Nervenzellen und finden doch ihren Weg. Forscher der Harvard Medical School fanden überdies heraus, dass sich bis zum Tag unseres Todes immer weitere neue Hirnzellen bilden, dank eines geheimen Reparaturprogramms des Nervenzentrums. Es vernetzt das Hirn unter Umgehung beschädigter Strukturen. Deshalb sind wir bis ins hohe Alter lernfähig. Anders ausgedrückt: Unser Gehirn lässt uns nie im Stich, vorausgesetzt, wir sind bereit, diese Veränderungen zuzulassen, indem wir ständig Neues hinzulernen.

Hirnforscher haben erkannt, dass in unserem Kopf ein immerwährender Kampf tobt: Alt gegen Neu, Bewährtes gegen Revolutionäres. Ein Teil des Gehirns sorgt dafür, dass wir Gewohnheitstiere sind, während der andere Teil unterfordert ist. Das Kampfgewicht neuer und alter Hirnzellen entscheidet, welches Leben wir führen – ein ängstlich reduziertes oder ein mutig offenes. Dieser Zustand ist keineswegs statisch. Durch gezieltes Training ist es möglich, unser Gehirn in unserem Sinne zu programmieren. Je mehr wir uns neuen Erfahrungen zuwenden, desto stärker beeinflussen wir unser Gehirn. Dadurch fällt uns das Lernen immer leichter, wir werden klüger, selbstbewusster und sogar gesünder.

Diese bahnbrechenden Erkenntnisse sind eigentlich nichts Neues. Schon vor mehr als 3.000 Jahren galt in der chinesischen Weisheitslehre:

Deine Persönlichkeit gewinnt ihren Wert durch deine Leitsätze. Deine Leitsätze prägen deine Vorstellungen. Deine Vorstellungen prägen dein Denken. Dein Denken prägt deine Worte. Deine Worte prägen deine Gefühle. Deine Gefühle prägen deine Taten. Deine Taten prägen deine Gewohnheiten. Deine Gewohnheiten prägen deine Persönlichkeit.

Ihre Gedanken haben Sie zu dem gemacht, was Sie heute sind. Nur weil Sie diese Gedanken hatten, sind Sie so, wie Sie sind im Hier und Jetzt. Sie werden nie ein anderes Leben führen können, wenn Sie es mit denselben Gedanken versuchen, die Sie bis hierher gebracht haben. Deshalb ist es so wichtig, so lange neues Verhalten einzustudieren, bis es gewissermaßen ins Blut übergegangen ist. Auch hier können wir von Sportlern lernen. Ein Sportler agiert im Grunde genommen wie ein Filmschauspieler. Der spielt eine Rolle, die ihm vom Regisseur zugeteilt wurde. Im Drehbuch liest er, wie er sich in diesem Film zu verhalten hat. Dann spielt er diese Szene, vielleicht dauert sie fünf Minuten, vielleicht zehn. Sobald die Szene „im Kasten" ist, konzentriert sich der Schauspieler auf die nächste. Laut Drehbuch wird er hier vielleicht auf Befehl weinen oder wegrennen oder von einer Brücke springen. Was immer es ist, es ist der Augenblick. Der Spitzensportler spielt auch eine Rolle! Nicht wie der Filmschauspieler mehrere hundert Rollen. Der Spitzensportler trainiert genauso wie ein Filmschauspieler, indem er sich auf den alles entscheidenden Moment vorbereitet. Im Unterschied zum Filmschauspieler hat er aber nur eine einzige Chance, seine Leistung im Wettkampf punktgenau zu erbringen. Der Filmschauspieler kann seine Szene so lange wiederholen, bis der Regisseur zufrieden ist. Deshalb muss der Sportler anders trainieren, um zu den Besten zu gehören. Er muss im richtigen Augenblick punktgenau seine mentale Stärke umsetzen. In diesem einzigartigen Moment gilt es, das gesamte Potenzial, das Talent und die Technik abzurufen. Es versteht sich von selbst, dass Sportler in jedem Moment eine optimale innere Einstellung haben müssen.

Diese Einstellung hat nichts mit einem „Du-schaffst-es-Getue" zu tun. Der Philosophie vom positiven Denken liegt das Prinzip der kleinen Schritte zugrunde. Positives Denken ist, was es immer war: eine Geisteshaltung, eine Einstellung zum Leben. Das hat so gar nichts mit dem „Heute gewinne ich eine Million im Lotto" zu tun. Positives Denken bedeutet vielmehr, an sein Talent, seine Fähigkeiten, seine Einflussmöglichkeiten und an die Zukunft zu glauben. Oft genügt nur die Veränderung der Sichtweise, um ans Ziel seiner Träume zu gelangen. Davon ist z. B. das Huhn Kristina weit entfernt. Eines Tages lief es aufgeregt gackernd an einem Zaun entlang. Es wollte auf die andere Seite des Zauns, um ans bekömmliche Futter zu kommen. Es versuchte alles Mögliche: Es probierte über den Zaun zu fliegen, aber der war zu hoch. Es suchte eine Lücke, aber es gab keine. Es rannte gegen den Zaun, aber er gab nicht nach. Das Einzige, was das Huhn Kristina nicht tat, war, sich so weit von dem Zaun zu entfernen, dass es hätte entdecken können, dass er nach zehn Metern aufhörte. Viele Menschen verhalten sich so wie das Huhn. Sie gackern den ganzen Tag über verpasste Chancen, statt einmal die Sichtweise zu wechseln, damit sich ihr Leben endlich zum Positiven verändert.

Fälschlicherweise unterstellen viele Menschen noch immer, dass Positivdenker ein Leben in einer Art Wunschwelt leben. Das ist falsch! Optimisten, also Menschen mit einer positiven Grundeinstellung, leben deshalb „gesünder", weil sie vom Gehirn belohnt werden. Unser Gehirn spielt uns nämlich in manchen Dingen einen kleinen Streich, zwar unbeabsichtigt, doch mit weitreichenden Folgen. Deshalb ist es so wichtig, das Gehirn richtig zu nutzen. Vermittler zwischen Emotionen und Immunabwehr ist der sogenannte präfrontale Kortex unseres Gehirns. Bei negativen Gefühlen wird dessen rechter Teil aktiviert. Dieser Teil wird auch mit Depressionen in Verbindung gebracht. Positive Emotionen dagegen aktivieren den linken Teil. „Bei guter Laune ist unser Gehirn in der Lage, Stoffe zu produzieren, die sonst nur in hochpotenten Medikamenten vorkommen", sagt Prof. Manfred Schreblowski. Gemeint sind Serotonin und Endorphine. Diese Glückshormone beeinflussen unseren gesamten Organismus positiv, sodass sogar Heilungsprozesse beeinflusst werden. Experten gehen davon aus, dass Medikamente nur zu einem Viertel am Heilungsprozess des Körpers beteiligt sind. Den Rest schafft der Körper von allein. Forscher konnten sogar nachweisen, dass die Form der Tablette den Heilungsprozess beeinflusst. Große Tabletten, z. B. in Form von Kapseln, tragen schneller zur Heilung bei als kleinere Tabletten, obwohl die Größe der Tablette nur selten etwas mit der Dosierung zu tun hat. Aber allein die Vorstellung, große Tabletten helfen besser als kleine, scheint das Immunsystem der Kranken derart positiv zu beeinflussen, dass sie schneller gesunden.

Dabei muss es gar nicht erst so weit kommen, dass wir einen Arzt aufsuchen, um unsere Leiden mit Tabletten zu kurieren. Oft hilft eine andere Lebenseinstellung, um gesünder zu leben. Optimismus und Lebenslust können sogar vor Schlaganfall schützen. Das ist das Ergebnis der John-Hopkins-Studie, bei der zwölf Jahre lang 600 Teilnehmer beobachtet wurden. Das Ergebnis überraschte selbst die Forscher. Denn Menschen mit einer positiven Einstellung hatten ein deutlich verringertes Schlaganfall- und Herzinfarkt-Risiko und eine um 20 Prozent höhere Lebenserwartung. Eine Studie aus Israel mit 10.000 Teilnehmern kam zu ähnlichen Ergebnissen. Sie stellte fest, je höher die Produktion von Glückshormonen ist, desto geringer ist der Anteil schädlicher Stresszellen im Blut. Dadurch sinkt das Risiko von Herzinfarkt und Angina pectoris um bis zu 75 Prozent.

Wie gut Gehirn und Abwehr kooperieren, zeigt auch eine Untersuchung des Center for Neuroscience in Colorado. Jedes Virus, das in den Körper eindringt, löst die Produktion von Cytokinen aus. Diese Moleküle signalisieren dem Gehirn: Achtung, Feind im Anmarsch. Daraufhin regt der Hypothalamus Entzündungsreaktionen an. Die US-Forscher haben festgestellt, dass auch negative Gefühle die Ausschüttung von Cytokinen stimulieren können und so entzündliche Prozesse wie z. B. Rheuma anregen. Sind wir jedoch glücklich, produziert unser Gehirn umgekehrt jede Menge Abwehrzellen und schützt uns vor Infekten. Darüber hinaus altern Optimisten langsamer, wie US-Wissenschaftler in einer Studie an 1.500 Senioren nachweisen konnten. Probanden, die das Leben genossen und positiv in die Zukunft blickten, bauten demnach langsamer ab als ihre weniger zuversichtlichen Altersgenossen.

Nun wissen Sie, warum ich ein unverbesserlicher Optimist bin – meiner Gesundheit zuliebe. Das Leben ist viel zu kurz, um es mit trübsinnigen Gedanken zu verbringen. Deshalb bin ich dankbar für jeden Tag, der mir geschenkt wird.

Durch Umprogrammieren, Suggerieren und Beeinflussen (Gedankensteuerung) ist es möglich, sich vom Pessimisten zum Optimisten zu wandeln. Beim Umprogrammieren werden negative Denkmuster durch positive ersetzt. Meldet sich z. B. der Verstand und sagt: „Diese Aufgabe schaffst du nicht. Dazu fehlt dir die Erfahrung", dann sollten Sie diesem Gedanken innerlich sofort durch positive Formulierungen widersprechen: „Ich schaffe es, weil ich es kann." Ich weiß, was Sie jetzt denken. Das ist doch viel zu einfach, das kann gar nicht funktionieren. Ich sehe Ihnen Ihre Gedanken nach. Schließlich haben Sie in der Schule gelernt, dass alles schwer sein muss. Das ist falsch. Schon Goethe sagte: „Wahre Genialität liegt in der Einfachheit." Alle Dinge im Leben sind wirklich einfach. Der Haken ist nur, dass viele es nicht glauben können und daher erst gar nicht versuchen, es einfacher zu machen. Sie bleiben lieber stehen und bejammern ihr Schicksal. Also: Sagen ist nicht tun. Machen Sie sich sprichwörtlich auf die Socken und sehen Sie jeder Situation entschlossen ins Gesicht. Dann werden die Probleme von Ihnen abfallen wie Schuppen von den Haaren.

Authentisch handeln heißt, so zu handeln, dass es im Einklang mit den eigenen Überzeugungen steht.

Oliver Kahn

Einen Schritt weiter geht die Methode der Gedankensteuerung, die ihre Wurzeln im Unterbewusstsein hat. Mit Hilfe des Unterbewusstseins gelingt Ihnen fast alles. Dazu müssen Sie Ihren „Helfer" direkt ansprechen. Der kann Sie aber nicht so einfach verstehen, deshalb ist es wichtig, mit einem kleinen Trick an ihn heranzukommen. Legen Sie sich auf den Rücken, schließen Sie die Augen und holen Sie sich die zu lösende Situation vor Ihr geistiges Auge. Nun sind Sie der Regisseur. Sie suggerieren Ihrem Unterbewusstsein, wie Ihre Welt auszusehen hat. Übernehmen Sie also das Zepter und stellen Sie sich die Situation so vor, wie Sie sie gern hätten. Durch diese Steuerung der geistigen Ereignisse werden aufgrund der kosmischen Gesetze – wie innen so außen – die Dinge in Ihrer realen Welt eintreffen. Wichtig ist, dass Sie am Ende Ihres Traumes die Dinge loslassen und geschehen lassen. Ständige Prüfung, ob das Gewünschte bereits bei Ihnen eingetreten ist, bringt gar nichts. Es raubt Ihnen nur Energien. Schließlich sät auch kein Bauer Pflanzenkeime, um sie jeden Tag aufs Neue auszugraben und zu sehen, wie weit sie bereits gewachsen sind. Mit Ihren Gedanken ist es genauso. Lassen Sie es geschehen. Grübeln Sie nicht. Sie haben alles getan, und Ihr Unterbewusstsein wird sich melden. So wie Sie es sich gewünscht haben. Die Welt ist voller Beispiele interessanter Persönlichkeiten, die es mit dieser Methode zu beträchtlichen Erfolgen gebracht haben.

Albert Einstein entwickelte die Relativitätstheorie, als er in der Fantasie auf einem Lichtstrahl reiste. Der Chemiker August Kekulé erträumte vor dem Kamin die chemische Struktur des Benzols, einen Ring. Archimedes entdeckte das Prinzip der Wasserverdrängung, als er entspannt in die Badewanne stieg. Aber man muss gar nicht so weit zurückgehen in die Geschichte. Auch in unserer Zeit gibt es Menschen, die diese Methode der geistigen Vorwegnahme perfekt anwendeten. Dabei ist es nicht wichtig, ob jemand in aller Ruhe sein „Kopfkino" einschaltet oder, wie z. B. Oliver Kahn, Bewegung und mentales Training kombiniert. In seinem Buch „Ich. Erfolg kommt von innen"[9] beschreibt er eindrucksvoll sein mentales Trainingsprogramm vom kleinen Steppke zu einem der besten Torhüter der Welt. Während die „großen Fußballspieler" des KSC spielten und von rund 40.000 Zuschauern angefeuert wurden, nahm Kahn einen Ball, marschierte auf einen Nebenplatz und begann „sein großes Spiel". Dieser Ort gab ihm das erhebende Gefühl, „auf einem Niveau" mit den Profis von nebenan zu spielen. Seine

Oliver Kahn

Stimmung und Gefühle erreichten einen Höhepunkt, wenn auf dem Spielfeld nebenan das Publikum jubelte und frenetisch klatschte. Dann kassierte Kahn den Beifall für sich: „Ich liebte es, mir vorzustellen, das Jubeln gelte mir."

Im Januar 2008 qualifizierte sich Rainer Schmidt für die Olympischen Spiele in China. In einem Interview[10] mit der Zeitschrift „Neues Leben" sprach der Weltklasse-Tischtennisspieler über diesen Erfolg.

Die Motivation war China. Ich wollte doch einmal in meinem Leben in China Tischtennis spielen. Das Land ist wirklich „Tischtennis-verrückt". Und ich fand, das wäre ein perfekter Abschluss meiner sportlichen Laufbahn: 25 Jahre lang international Tischtennis gespielt, in Deutschland angefangen – in China aufgehört. Und es macht einfach immer noch Spaß.

Wenn Sie noch nie von Rainer Schmidt gehört haben, dann mag Sie dieses Zitat nicht sonderlich überraschen. Doch sein Lebensweg ist alles andere als normal. Als Rainer Schmidt 1965 das Licht der Welt erblickte, sagten die Ärzte: Er wird nie allein leben und nie einen Beruf ausüben können. Denn es fehlten beide Unterarme und sein rechtes Bein war stark verkürzt. Dieses Handicap sollte ihn aber nicht daran hindern, einen Beruf zu ergreifen. Mit 26 Jahren studierte er Theologie und arbeitet seither als Referent am Pädagogisch-Theologischen Institut sowie als Pastor der Evangelischen Kirchen im Rheinland. Seine sportliche Karriere begann bereits mit zwölf Jahren. Damals sah er in den Ferien auf dem Bauernhof anderen Kindern beim Tischtennis zu, bis ein Gast auf die Idee kam, ihm den Tischtennisschläger an den Arm zu binden. Das war quasi der Startschuss zu einer beispiellosen Karriere. Seit 1983 spielt Rainer Schmidt auf internationalem Niveau und ist heute Weltranglisten-Sechster im Behinderten-Tischtennis. 1992 holte er bei den Paralympics Gold, 2004 in Athen Silber im Einzel und Gold im Team. 2008 durfte er Deutschland bei den Paralympischen Spielen in China vertreten.

Es ist noch kein Meister vom Himmel gefallen. Üben Sie sich daher in Geduld. „Nur Geduld, mit der Zeit wird aus Heu Milch", lehrt ein chinesisches Sprichwort. Oliver Kahn war ein „kleiner Steppke", und es sollte Jahre dauern, bis er seine Ziele erreichte. Aber mit Geduld, Talent und Ehrgeiz schaffte er es letztlich.

Doch gerade mit der Geduld hapert es bei vielen. Sie wollen von gleich auf jetzt Veränderungen. Das ist der Zeitgeist, wie Sie allerorts sehen können. „Heute kaufen, morgen bezahlen", „Credit to go", das sind Werbeaussagen, die uns eine neue Welt versprechen. Wozu Geld sparen? Jetzt ist das Leben, und wer dafür ein neues Auto braucht, soll es jetzt haben und nicht Jahre warten. Dass er dafür über Jahre in Form hoher Kredit- und Leasingraten gegängelt wird, scheint ihn zunächst nicht zu interessieren. Erst später, wenn die Freude über die Anschaffung verflogen ist, herrscht Katerstimmung. Wer vorher kein Geld zum Sparen hatte, wird später erst recht kein Geld haben, um die Raten zu bezahlen. Geld vermehrt sich doch nicht auf wunderbare Weise, wenn man sich auf Kredit Wünsche erfüllt. Insofern betrachte ich die Entwicklung der Verschuldung in den Haushalten mit großer Sorge.

Glück findet sich nie im materiellen Besitz. Glück ist eine Geisteshaltung. Dem griechischen Denker Bias von Priene wird ein Satz zugeschrieben, der heute von größter Bedeutung ist: „Omnia mea mecum porto", was übersetzt heißt:

All meinen Besitz trage ich bei mir.

Daraus lässt sich eine zentrale Botschaft ableiten: Der wahre Besitz, das eigentliche Vermögen, liegt in den Fähigkeiten und Fertigkeiten, im Wissen seines Trägers. Goethe sah es wohl ähnlich, als er seine neun Dinge, die für ein zufriedenes Leben erforderlich sind, zu Papier brachte:

genügend Gesundheit, um sich mit Freude der Arbeit widmen zu können

genügend Wohlstand, um seine Bedürfnisse zu befriedigen

genügend Kraft, um mit seinen Schwierigkeiten zu kämpfen und sie zu besiegen

genügend Gnade, um seine Sünden zu bekennen und zu überwinden

genügend Geduld, um sich zu bemühen, bis etwas Gutes zustande gekommen ist

genügend Nächstenliebe, um in seinem Nachbarn etwas Gutes zu entdecken

genügend Liebe, um sich zu entschließen, anderen zu helfen

genügend Glaube, um die wahren Werke Gottes zu tun

genügend Hoffnung, dass all die angstvollen Zukunftsgedanken schwinden

Wenn eine Fee Sie heute vor die Wahl stellte, Ihnen entweder sofort 10.000 Euro zu schenken oder Ihnen 100.000 Euro zukommen zu lassen, sofern Sie bereit wären, auf diese Ausschüttung zehn Jahre zu warten – wofür würden Sie sich entscheiden? Vermutlich für Ersteres, ganz im Sinne des alten Sprichworts „Lieber den Spatz in der Hand als die Taube auf dem Dach". Nach der Devise, dass die kleinere Belohnung der größeren vorzuziehen ist, wenn die Wartezeit auf die größere Belohnung zu lange dauert, handeln sowohl Tiere als auch Menschen.

Warum dies so ist, haben Biopsychologen der Ruhr-Universität Bochum in Zusammenarbeit mit Forschern der neuseeländischen University of Otago herausgefunden. Aus Experimenten mit Tauben folgern sie, dass die Nervenzellen des Frontalhirns sowohl auf die Größe als auch auf den Zeitpunkt der Belohnung reagieren. Diese Erkenntnis lässt sich auch auf Menschen übertragen. Die Menschen meinen, sowie es ums Geld geht, rational zu entscheiden: Gewinne sollen möglichst maximiert, Kosten minimiert werden. Tatsächlich geht diese kühle Rechnerei nur selten auf. Menschen entscheiden sich impulsiv, lehnen z. B. ein für sie gewinnträchtiges, aber trotzdem unfaires Angebot ab, wenn sie mit ihrer Ablehnung den Anbieter für seine Ungerechtigkeit bestrafen können, oder sie wählen einen schnellen kleinen Gewinn, anstatt auf einen großen länger zu warten. Fazit: In vielfacher Hinsicht verhalten sich die Menschen nicht rational, sondern impulsiv. Sportler indes handeln alles andere als impulsiv. Sie haben klare Ziele, und die verfolgen sie, gleichgültig, wie schwer sie mitunter zu erreichen sein mögen.

Sportler haben quasi eine Art Navigationssystem in ihrem Kopf. In der Tat ist dieser Vergleich gestattet. Wenn Sie sich in Ihr Auto setzen und das Navigationssystem einstellen, wissen Sie bereits, wohin sie wollen. Nehmen wir an, Sie wollen von Hamburg nach München fahren. Dazu geben Sie München als Ziel ein und drücken die Starttaste. Nun fordert Sie das System auf, eine von ihm ausgewählte Route zu fahren. Das Navigationssystem würde nie eigenmächtig auf die Idee kommen, das Ziel zu ändern. Sie haben sich für München entschieden, es wird sie also zielgerichtet nach München leiten. Die Begleitumstände auf dem Weg dorthin kann aber auch das Navigationssystem nicht beeinflussen. So könnte z. B. ein sintflutartiger Regenschauer Sie zwingen, eine Umleitung zu fahren, weil ein Teil der Autobahn gesperrt wurde. Das kostet Zeit und Geld, doch das Navigationssystem wird das Ziel auch an dieser Stelle nicht aus den Augen verlieren. Es wird Ihnen eine Ausweichroute berechnen, damit Sie auf dem schnellsten Weg zurückkommen auf die Autobahn.

Sportler arbeiten nach dem gleichen Prinzip. Sie wissen, dass das Erreichen eines Zieles nie geradlinig verläuft. Verschiedene Einflussfaktoren zwingen zur ständigen Achtsamkeit. Sportler haben deshalb immer einen „Notfall-Plan" in der Tasche. Sie halten an dem großen Ziel fest, auch wenn sie gezwungen werden, auf dem Weg dorthin mehrere Umwege in Kauf zu nehmen. Das klare Ziel vor Augen, verfolgen sie ihren Weg, ohne sich dabei zu verzetteln. Schließlich sind Zeit und Energiereserven begrenzt und nicht beliebig vermehrbar.

Dirk Schmidt punktgenau

„Wer heute einen Gedanken sät, erntet morgen die Tat, übermorgen die Gewohnheit, danach den Charakter und endlich sein Schicksal", mahnt Gottfried Keller. Welche Gedanken säen Sie den ganzen Tag? Denken Sie immer daran: Wie die Saat, so die Ernte!

1.2 Die Techniken der Spitzensportler

Wer über Nacht berühmt werden will, muss am Tag viel arbeiten.
Howard Carpendale

Jeder, der wirklich ehrgeizig und zielstrebig arbeitet, kann erfolgreich werden. Doch bei genauer Betrachtung fällt auf, dass nur ganz wenige Menschen wirklich sehr viel Geld verdienen. Schauen Sie sich die Fußballer von Bayern München und Real Madrid an. Diese Mannschaften standen sich vor einigen Jahren in der Champions League gegenüber, als ein Reporter sagte, dass auf dem Rasen Spieler im Wert von mehr als 300 Millionen Euro gegeneinander kicken. Aus dem Motorsport kennt jeder Michael Schumacher, auch wenn er schon längst in (Früh-) Rente gegangen ist. Experten haben ausgerechnet, dass er während seiner Karriere umgerechnet mehr als 11.000 Euro pro gefahrenem Kilometer verdiente. Da kommt schnell viel Geld zusammen, wenn man bedenkt, dass ein Grand-Prix-Rennen mehr als 300 Kilometer zählt. Sie erkennen hier schon deutlich, dass echte Profis am Werk sind. Die meisten Fußballer spielen als Amateure und verdienen, wenn überhaupt, nur einige Euro. Von Rennfahrerromantik will ich erst gar nicht sprechen. Hier bleiben dem Durchschnittsbürger nur einige Runden auf einem motorisierten Gokart. Ich will Ihnen nichts vormachen. Es ist sehr, sehr schwer, in die Liga des Geldadels aufzusteigen. Dieses Ziel erreichen wirklich nur ganz wenige Menschen. Es erhebt sich zu Recht die Frage, ob man wirklich ganz oben mitspielen will oder ob es nicht besser ist, sich an den ganz großen Idolen zu orientieren, um ihnen zumindest auf halbem Weg entgegenzukommen. Denn wenn Sie einen Profi fragen bzw. verschiedene Biografien erfolgreicher Menschen lesen, werden Sie immer wieder auf eines stoßen: Diese Menschen haben einen sehr hohen Preis für ihren Erfolg gezahlt. Sie haben auf ihre Kinder- und Jugendzeit verzichtet. Während wir abends in der Disco abrockten, trainierten die Eiskunstläufer, die Skispringer und die Fußballer bis spät in die Nacht, um ihre Technik zu verfeinern. Von Michael Schumacher weiß man, dass er schon im zarten Kindesalter Rennen auf Gokarts fuhr. Weil das in Deutschland aber verboten war, musste er sich einem ausländischen Rennstall anschließen. Ich meine gehört zu haben, dass er gerade einmal zehn Jahre alt war, als er die ersten wichtigen Rennen gefahren ist. Wenn Sie Kinder in diesem Alter haben, würden Sie denen eine Rennmaschine anvertrauen, die schneller als 100 km/h fährt? Sehen Sie, meine Eltern haben vielleicht auch so gedacht und dann darauf verzichtet, während die Eltern der Schumacher-Brüder eine andere Einstellung dazu hatten. Hier wird deutlich, dass der Erfolg einzelner Menschen auch schon von den Eltern gesteuert wird. Denken Sie nur an Boris Becker und Steffi Graf, die beide noch im Kindergartenalter waren, als ihre Eltern ihnen den Tennisschläger in die Hand gedrückt haben. Während Sie und ich uns im Kindergarten erfreuten, spielten diese beiden schon Tennis. Wer mag heute beurteilen, ob es ihnen dabei besser oder schlechter gegangen ist als dem Durchschnittsbürger? Was bleibt, ist die Erkenntnis, dass erfolgreiche Menschen damals wie heute Dinge tun, vor denen sich Versager drücken.

Erfolgreiche Menschen haben gelernt, ihre Grenzen immer wieder neu zu definieren. Wie Reinhold Messner, der alle Achttausender bestiegen hat. Auch er fing nicht mit dem Mount Everest an, sondern tastete sich von einem Berg zum nächsten vor. Wer aber meinte, dass er sich danach zur Ruhe setzen würde, irrte. Auch das ist typisch für erfolgreiche Menschen. Sie sind nie zufrieden, stellen ihre Leistung immer wieder in Frage und suchen eine neue Herausforderung. Für Reinhold Messner war es die Besteigung des Mount Everest ohne Sauerstoffflasche, was ihm als erstem Menschen überhaupt gelang. Die Devise dieser erfolgreichen Menschen lautet: „Hinfallen ist keine Schande, das kann jedem passieren. Liegen bleiben und nicht wieder aufstehen, das ist eine Schande."

Ob Sport, Beruf, Familie oder Hobby, man muss jeden Tag neu trainieren, um seine Kondition zu verbessern und oben zu bleiben. Michael Schumacher fuhr mit seinem Formel-1-Wagen jeden Tag mehrere Stunden im Kreis, um noch besser zu werden. Dabei sollte man doch meinen, dass er es gar nicht mehr nötig hatte. Schließlich hat er mehr Grand-Prix-Titel gewonnen als jeder andere Rennfahrer vor ihm, und trotzdem trainierte er weiter. Stunde für Stunde, Tag für Tag. Daran mögen Sie erkennen, dass nichts zufällig geschieht. Alles im Leben ist das Ergebnis beständiger und konzentrierter Arbeit, verbunden mit dem Ehrgeiz der Konkurrenz um die sprichwörtliche Nasenlänge voraus zu sein.

Das aber wollen nur wenige Menschen wirklich glauben. Gerade die Versager und Dilettanten sehen das anders. Sie führen tausend Gründe an, warum es bei den Erfolgreichen besser klappt als bei ihnen. Im Falle Michael Schumachers sagen die Miesepeter, dass er ja nur deshalb so erfolgreich wurde, weil sein Vater eine Gokart-Bahn sein Eigen nannte und Schumacher somit jeden Tag fahren durfte. Herr Käfer ist nur deshalb ein erfolgreicher Delikatessenhändler, weil sein Vater ihm das Münchener Feinkost-Geschäft übertragen hat. Florian Langenscheidt verkauft nur deshalb so viele Bücher, weil sein Vater den Grundstein für das Unternehmen legte. Diese Beispiele ließen sich endlos ausdehnen. Natürlich ist es für alle Beteiligten einfacher, sich ins gemachte Nest zu setzen. Doch es ist gleichzeitig auch eine hohe Verantwortung. Die Söhne standen mit Sicherheit mehr unter der Knute ihrer Väter, als ihnen lieb war. Freiheit dürfte für diese Generation Kinder ein Fremdwort gewesen sein.

Ein echter Profi gibt auf dieses dumme Geschwätz nichts. Er weiß, dass das billige Ausreden fauler Menschen sind, die immer nur die Schuld bei anderen suchen. Sie sind Opfer ihrer eigenen Haltung und leiden mehr, als ihnen lieb ist. Sie könnten diesem Teufelskreis entrinnen, wenn sie bereit wären, die Erfolgsprinzipien der Profis zu übernehmen. Das ist harte Arbeit. Man muss an sich selbst arbeiten und die Verantwortung für sein Verhalten übernehmen. Was so einfach klingt, ist aber verdammt schwer. Es ist immer einfacher, mit ausgestrecktem Zeigefinger auf den bösen anderen zu zeigen. Doch merke: Wenn Sie mit einem Finger auf andere zeigen, zeigen drei Ihrer Finger auf Sie.

Um ein Profi zu werden, ist es natürlich erforderlich, mehr zu wissen als andere. Auch hier versagen viele Menschen. Sie sitzen viel lieber vor dem Fernseher, eine Flasche Bier neben sich und die Tüte Chips auf dem Bauch. Bis um ein Uhr nachts wird gezappt. Glauben Sie mir, es gibt auf dieser Welt keinen unproduktiveren Platz als den vor dem Fernseher. Der Profi schaut nur das, was wirklich wichtig ist, und sucht den Kontakt zu den Menschen, mit denen er ins Geschäft kommen möchte. Er beherrscht die gesamte Klaviatur der Kommunikation. Man könnte ihn tatsächlich als Klavierspieler bezeichnen. Der sitzt ja auch vor dem Klavier und spielt alle Tasten und beschränkt sich bei keinem Musikstück nur auf die schwarzen Tasten. Nur wenn alle Noten richtig gespielt werden, klingt ein Lied gut. Kein Musiker würde auf die Idee kommen, eine Note mehr oder weniger zu spielen.

Spitzensportler sind Herren der Lage, auch deshalb, weil sie nach der AIDA-Methode arbeiten:

A	=	Aufmerksamkeit
I	=	Interesse
D	=	Drang
A	=	Aktion

Sportler sind zu 100 Prozent bei der Sache. Ihre Aufmerksamkeit (A) richtet sich immer auf das Hier und Jetzt. Sie konzentrieren sich punktgenau und lassen sich durch nichts ablenken. Was Sportler tun, tun sie mit großem Interesse (I). Sie achten dabei im Besonderen auf ihr Gefühl. Sobald sie merken, dass das Interesse für etwas nachlässt, hinterfragen sie lösungsorientiert die Ursachen dafür. Sportler richten ihr Leben auf ihr Ziel aus. Wenn es erforderlich ist, dafür mehr zu laufen und weniger

Reinhold Messner

zu essen, dann werden sie genau das auch tun. Es ist ihr Drang (D), das selbst gesteckte Ziel zu erreichen. Jede Faser ihres Körpers ist von diesem Gedanken beseelt. Sportler kennen auch keine festen Zeiten, in denen sie sich ihrem Ziel widmen. Sie sind immer in Aktion (A) und richten zu jeder Zeit ihre Antennen nach der ZDF-Formel aus:

Z	=	Zahlen
D	=	Daten
F	=	Fakten

Denn Spitzensport ist heute Hightech pur. Es gewinnt nicht nur der schnellste und beste Sportler, sondern der, der zudem zur richtigen Zeit über die richtigen Daten verfügt. Ob Schiedsrichter beim Fußballspiel oder Rennfahrer während der Fahrt, gemeinsam ist ihnen eine Funkverbindung, über die sie permanent wichtige aktuelle Daten von ihrem Team erhalten. Diese Informationen nutzen sie als Motivationsschub, um im entscheidenden Moment das Letzte zu geben, um zu gewinnen.

Dirk Schmidt punktgenau

Der Zweite ist der erste Verlierer!

1.2.1 Spitzensportler haben einen konkreten Plan

Es genügt nicht, zu wissen, man muss es auch anwenden. Es genügt nicht, zu wollen, man muss es auch tun.

Goethe

Der deutsche Dichter Heinrich Heine stellte fest: „Das Schaffen selbst ist eitel Bewegung, das stümpert sich leicht in kurzer Frist. Jedoch der Plan, die Überlegung, das zeigt erst, wer ein Meister ist." Planen und anfangen ist die Devise. Jedes Ziel lässt sich erreichen, vorausgesetzt man weiß, wohin man will. Kein Architekt würde auf die Idee kommen, ein Haus ohne Zeichnung bauen zu wollen. Selbst wenn er sich die größte Mühe gäbe und tagtäglich auf dem Bau stünde, wie sollten die Handwerker wissen, wie das Haus aussehen soll? „Also, Kurt, Sie nehmen jetzt Ihren

Bagger und heben hier eine Grube von acht mal zehn Meter aus. Dann füllen Sie das Ganze mit Füllsand und gießen eine Betonplatte. Danach ziehen Ihre Jungs eine Außenwand auf. Wenn Sie sich dann in die Mitte der Fläche stellen und zwei Meter nach rechts und einen Meter nach links marschieren, haben Sie die Fläche für die Küche. Von da aus laufen Sie drei Schritte nach rechts und wieder zwei Schritte nach links. Dort wird die Wand für das Badezimmer gemauert. Dann nehmen Sie drei Armlängen, gemessen vom Außenfenster, und stemmen an dieser Stelle ein Loch, damit die Heizungsbauer dorthin eine Leitung verlegen können." Solche Anweisungen mögen sich noch präzise anhören, in der Realität werden sie, in Ermangelung schriftlicher Unterlagen, wohl kaum funktionieren. Ich finde es daher immer wieder erstaunlich, dass viele Menschen genau so vorgehen, wenn sie ihr Leben planen. Sie machen drei Schritte nach vor und beginnen eine Ausbildung, dann wollen sie sich spezialisieren und laufen drei Schritte nach links. Sie stellen fest, dass es so nicht funktioniert, also zwei Schritte zurück und vier nach vor. Irgendwann sind sie dann 40 Jahre alt und wundern sich, dass sie noch immer als Sachbearbeiter arbeiten. So geht es nicht! Wer es zu etwas bringen will, braucht klare Ziele und einen Plan.

Das sagt auch Prof. Dr. Ulrich Lehner, ehemaliger Vorsitzender der Geschäftsführung der Henkel KGaA. In einem Interview stellte ich ihm die Frage: „Wie wichtig sind Ziele fürs Leben?"

Ziele sind unverzichtbar. Die Einhaltung des Trainingsplans diszipliniert ungemein, auch hier gilt: Der Weg macht das Ziel.

Das komplette Interview finden Sie auf meiner Homepage unter www.dirkschmidt.com (Menüpunkt: Marathongespräche).

Ohne Plan gleicht der Mensch einem Schiff ohne Kompass. Ich gehe natürlich davon aus, dass Sie bereits einen solchen Plan mit Ihren Zielen ausgearbeitet haben. Nun wählen Sie daraus zunächst nur ein Ziel. Es macht keinen Sinn, alle Ziele gleichzeitig anzusteuern, Sie würden sich nur verzetteln. Sobald Sie das wichtigste Ziel definiert haben, geht es darum, sofort die ersten Schritte einzuleiten. Viele neigen dazu, einen Plan zu erstellen und morgen mit der Umsetzung beginnen zu wollen. Wenn Sie heute nicht beginnen, wann denn dann? Morgen ist nie. Morgen ist eine Illusion. Sie werden morgen wieder tausend Gründe finden, abermals erst am nächsten Morgen starten zu wollen. Nur wer sofort anfängt, hat jetzt die besten Chancen.

Oliver Kahn stellt in seinem neuesten Buch seine Zielsetzungskette vor, die er in jungen Jahren definierte. Hier ein kleiner Auszug:

die Nummer eins beim Karlsruher Sport-Club werden
zum FC Bayern München wechseln und Deutscher Meister werden
Torwart der deutschen Nationalmannschaft werden
bester Torwart der Welt werden

Erkennen Sie die klare Struktur seiner Vision? Sein großes Ziel war, der beste Torwart der Welt zu werden. Er wusste, dass Hunderte, wenn nicht Tausende Torhüter rund um den Globus dieses Ziel verfolgten. Aber der kleine Steppke aus Karlsruhe schickte sich an, diesen Thron zu besteigen, und er sollte recht bekommen. Doch bis dahin setzte er sich kleinere Ziele, wie z. B. erst einmal im regionalen Club die Nummer eins zu werden. Er wusste, wenn er hier einen guten Job machte, dann würden die Manager vom Rekordmeister FC Bayern München schon auf ihn aufmerksam werden. Er wusste auch, dass die Luft immer dünner wurde, je mehr der Erfolg wuchs. Schließlich stieg er auf in die Welt der ganz Großen. In dieser Welt zählen Nano-Sekunden und nicht Minuten, die die Besten von den Besten trennen. Aber Oliver Kahn nahm es in Kauf, ansonsten wäre er nie der weltbeste Torwart geworden. Geehrt und ausgezeichnet wurde er zigfach. Doch eine Auszeichnung wurde ihm zuteil, die wohl einmalig bleiben wird in der deutschen Fußballgeschichte. Während der Fußball-Weltmeisterschaft 2006 in Deutschland überspannte ein 65 Meter großer Oliver Kahn die Zufahrtstraße zum Flughafen München. Die Gäste aus aller Welt sahen den „einzigartigen" Oliver Kahn in bekannter Pose: nach dem Ball hechtend. Ein einzigartiges Bild und mit Sicherheit eine verdiente Anerkennung seiner Leistung.

Es wird Ihnen viel leichter fallen, anzufangen, wenn Sie wissen, warum Sie dieses und kein anderes Ziel erreichen möchten. Klingt logisch, doch nur die wenigsten Menschen wissen, warum sie ein Ziel erreichen wollen. Sie alle wünschen sich Erfolg, aber was für sie Erfolg ist und warum sie ihn sich wünschen, das wissen sie oft gar nicht. Oft antworten sie ausschweifend: „Ich kann dann meine Rechnungen leichter bezahlen" oder „Ich kann mir dann alles leisten, wovon ich immer geträumt habe." Diese Aussagen erinnern mich an die Bauernregel: „Kräht der

Hahn auf dem Mist, ändert sich das Wetter oder es bleibt, wie es ist." Wenn Ihr Ziel z. B. Ihre finanzielle Freiheit ist, dann sollten Sie eine klare Vorstellung davon haben, wofür Sie dieses viele Geld nutzen wollen. Möchten Sie sich eine Finca auf Mallorca kaufen oder doch lieber den neuen Mercedes? Was immer Sie wollen, es ist Ihr Wunsch, und Sie haben alle Chancen, dieses Ziel zu erreichen. Vorausgesetzt, Sie wollen es wirklich. In diesem Zusammenhang ist es wichtig, zu erkennen, dass Sie nicht allein auf diesem Planeten sind. Wir alle leben in einer Welt von Netzwerken, die sich in der Regel aus Freunden, Bekannten, Verwandten, Kollegen etc. zusammensetzen. Nehmen Sie diese Freunde buchstäblich mit in Ihr Lebensschiff und machen Sie kein Hehl aus Ihren Absichten. Je mehr Freunde Sie unterstützen, desto schneller und leichter werden Sie Ihre Ziele erreichen. Sie werden darüber hinaus auch erkennen, wer wirklich Ihre Freunde sind. Menschen aus Ihrem „Dunstkreis", die mit negativen Sprüchen kundtun, dass Sie Ihre Ziele nicht erreichen werden, weil Sie dazu zu klein, zu unerfahren sind, zu wenig Geld haben, zu wenig Zeit finden etc., sollten Sie meiden wie die Pest. Diese „Energiesauger" können Ihnen das Leben zur Hölle machen. Energiespender bereiten Ihnen dagegen den Himmel auf Erden. Das sind Menschen, die von Ihnen und Ihren Projekten begeistert sind. Sie freuen sich für Sie, wenn Sie Ihre Ziele erreicht haben, und wollen daran teilhaben.

Doch in allem, was Sie tun, bleiben Sie auf dem Teppich. „Übermut tut selten gut", lehrt ein deutsches Sprichwort. Ob Mensch oder Tier, wer über die Stränge schlägt, ist oft der Verlierer. Wer z. B. Löwen beobachtet (natürlich nur im Fernsehen), der wird sehen, dass „der König der Tiere" nicht nur über die schwächeren Tierarten herfällt. Ich habe Filmszenen gesehen, wo ein Löwe am Wasserloch mit einem riesigen Büffel kämpfte und am Ende als Sieger hervorging. Wieso schaffte er das? Nun, es gibt Büffel, die halten sich für die Größten, Stärksten und Besten. Diese „überheblichen" Büffel verlassen den sicheren Hort der Herde und marschieren allein an die Wasserstelle, weil sie fest davon überzeugt sind, dass sie den Angriffen jedes noch so starken Tieres standhalten werden. Schließlich sind sie die Größten, Stärksten und Besten. So lange, bis ein Löwe zum alles entscheidenden Sprung ansetzt und sie mit einem gezielten Biss erledigt.

Es ist durchaus verständlich, sich, wenn sich der Erfolg einstellt, zu belohnen für all die Strapazen, die dann hinter einem liegen. Doch von der Belohnung zum Übermut ist es nicht weit. Nicht selten sind erfolgreiche, gut verdienende Fußballer Jahre später pleite, weil sie sich „zu oft belohnten“, wie z. B. George Best. Der 37-malige nordirische Nationalspieler, den Pelé einst als den „besten Fußballer der Welt“ bezeichnete, hängte mit nur 26 Jahren die Fußballschuhe an den Nagel, um sich mit den verdienten Millionen einem Jetset-Leben auf der Überholspur hinzugeben. Das rächte sich nicht nur finanziell, auch gesundheitlich musste Best schlimme Niederlagen einstecken. So bekam er als 56-Jähriger eine neue Leber. Drei Jahre später verstarb Europas bester Fußballer des Jahres 1968. George Best lebte und liebte Fußball. Er war ein Genie auf dem Platz. Er wusste genau, was er wollte. Im Spiel gegen die Niederlande 1976 stellte er einmal mehr seine Genialität unter Beweis. Kurz vor dem Spiel wurde er gefragt, ob der Kapitän der holländischen Nationalmannschaft besser sei als er. Daraufhin fing Best lautstark an zu lachen und kündigte an, dass er Johan Cruyff bei der ersten sich bietenden Gelegenheit tunneln würde. Nach nur fünf Minuten wurde George Best auf dem linken Flügel angespielt. Er „bezwang“ drei Holländer, die sich ihm in den Weg zu Cruyff stellten. Der stand auf der anderen Seite des Feldes. Best tunnelte den holländischen Spielmacher und reckte die Faust in den Himmel. Das war Best. Aber auch das war Best: „Ich habe mein Geld für Autos, Frauen und Alkohol ausgegeben. Den Rest habe ich verprasst.“

Dirk Schmidt punktgenau

Erfahrungen haben heißt gar nichts. Man kann auch 20 Jahre eine Sache schlecht machen! Fragen Sie sich regelmäßig, ob das, was Sie gerade TUN, Sie Ihrem Ziel näher bringt.

1.2.2 Spitzensportler übernehmen die volle Verantwortung

Freiheit bedeutet Verantwortung. Deshalb wird sie von den meisten Menschen gefürchtet.

George Bernard Shaw

Der Chef schnauzt seinen Angestellten an. Der fährt frustriert nach Hause und schimpft grundlos als Erstes mit seiner Frau, die sich daraufhin in die Küche zurückzieht. Als das Kind der Mutter eine Frage stellt, wird es ebenfalls beschimpft, weil es sein Zimmer noch immer nicht aufgeräumt hat (dieser Grund ist natürlich nur vorgeschoben, weil die Mutter dadurch ihrem Ärger Luft macht). Auf dem Weg ins Kinderzimmer kreuzt der Hund den Weg des Kindes. Vor lauter Wut über den soeben eingefangenen Rüffel tritt das Kind dem armen Hund in den Allerwertesten. Als Hund und Herrchen später Gassi gehen, kommen sie auch am Haus des Chefs vorbei. Direkt vor dem Gartenzaun bleibt der Hund stehen und verrichtet seine Notdurft auf dem Gehweg. Als der Chef am nächsten Morgen seine Morgenzeitung aus dem Briefkasten holt, tritt er mit seinen Hausschuhen in den Haufen.

Ich denke, Sie erkennen den tieferen Sinn dieser Geschichte. Sie verdeutlicht, dass wir nie etwas aussenden können, ohne dafür die Quittung zu bekommen. Mit anderen Worten: Wenn Sie böse, missmutig und pessimistisch durch die Welt gehen, dann wird alles, was auf Sie zukommt, genauso sein. Sie werden auf Menschen treffen, die genauso böse, missmutig und pessimistisch sind wie Sie. Wenn Sie Ihre Einstellung ändern und positiv durchs Leben gehen und mit der Sonne um die Wette strahlen, dann werden das Leben und die Menschen zurückstrahlen. Der Chef schnauzt seinen Mitarbeiter an. Das ist bitter, denn der „kleine" Angestellte kann sich gegen den „großen" Chef nicht durchsetzen, weil er Angst um seinen Arbeitsplatz hat. Also frisst er den Frust in sich hinein. Aber am Ende bekommt der Chef die Quittung in Form eines dicken Haufens. Ich möchte nicht weiter auf die Symbolik eingehen, weil jeder versteht, was damit gemeint ist.

Für den neuen Trainer Jürgen Klinsmann hat der FC Bayern München tief in die Tasche gegriffen, nicht nur was das Gehalt dieses Ausnahmesportlers angeht. Das Management ließ zudem ein feudales Leistungszentrum für seine Spieler bauen. In dieser Anlage fehlt es an nichts. Dachterrasse, Wellness-Bereich, Kantine, Videoraum etc. pp., alles ist vorhanden, damit sich Spieler und Trainer „sauwohl" fühlen. Dadurch, so die simple Rechnung der verantwortlichen Manager, werden sie bessere Leistungen erbringen und die ehrgeizigen Vereinsziele erreichen.

Jürgen Klinsmann weiß um die Bedeutung des Wortes

VerANTWORTung.

Alles, was Menschen ausstrahlen, bekommen sie hundertfach zurück. Wer sich im Rahmen seiner Möglichkeiten um andere Menschen kümmert, egal ob um Ehepartner, Arbeits- oder Vereinskollegen, wird sehr schnell merken, dass sich diese Menschen auch um andere kümmern. Wer dagegen nur Druck verteilt, erzeugt Gegendruck. Dafür steht jeder Krieg. Kein Krieg führt zu mehr Frieden. Letztendlich tritt das Gegenteil ein. Wer Gewalt sät, wird Hass ernten. Diese biblischen Weisheiten gelten noch heute. Entscheidend ist dabei nicht, was man sagt, sondern wie man es sagt. Achten Sie einmal auf die Sprache erfolgreicher Sportler. Sie sprechen selten negativ, selbst dann, wenn sie verloren haben. Verschiedene Worte drücken dasselbe aus, doch die Wirkung ist höchst unterschiedlich:

Suboptimale Worte	Ergebnis	Richtige Worte	Ergebnis
Vorschriften	Ablehnung	Vorbild	Engagement
Anordnen	Widerwillen	Vorangehen	Nachahmen
Kontrollieren	Angst	Interesse zeigen	Motivation
Kritisieren	Frust	Trainieren	Begeisterung

Anordnungen kennen wir von den Eltern, aus der Schulzeit, von Behörden und natürlich vom Chef. Kein Wunder also, dass wir auf dieses Wort allergisch reagieren. Niemand lässt sich gern etwas verordnen. Dennoch braucht ein Team klare Vorgaben und Aufgaben, um die Unternehmensziele zu erreichen. Doch die Art und Weise, wie diese vermittelt werden, hat einen erheblichen Einfluss auf den Erfolg eines Unternehmens. Bekanntlich stinkt der Fisch zuerst am Kopf. Wer als überhebliche Führungskraft von oben herab befiehlt und austeilt, darf sich nicht wundern, wenn die Motivation der Belegschaft gegen null tendiert. In einem Zeitungsinterview[11] sagte der Benediktinermönch, Bestseller-Autor (über 14 Millionen verkaufte Exemplare) und Manager einer Benediktinerabtei Anselm Grün:

Zu einer guten Führung gehört erst einmal, dass der, der führt, an sich selber gearbeitet hat. Alle ethischen Forderungen nutzen überhaupt nichts, wenn der Mensch nicht im Einklang ist mit sich selber. Dann moralisiert er nur und drängt dem anderen die Werte auf, und selber lebt er sie nicht. Der erste Aspekt der Ethik ist, dass der Mensch im Einklang ist mit sich selber und mit seinen Ursprüngen. Ethik heißt ja, dem Wesen des Menschen gerecht zu werden.

Es gibt Führungskräfte, die sehen ihre Mitarbeiter nur als Kostenstelle. Also achten sie peinlich darauf, dass ihre Angestellten nur das tun, wofür sie bezahlt werden. Wehe ihnen, wenn sie sich während der Arbeitszeit fortbilden möchten, zu oft mit den Kollegen tratschen oder zu viel Kaffee trinken. Das alles ist Zeit, die für die Arbeit im Unternehmen verloren geht. So sehen es autoritäre Führungskräfte. Ihr wichtigstes Instrument ist deshalb die Kontrolle. Dadurch, so glauben sie, haben sie alles im Griff. Doch ihr Führungsverhalten löst bei den Mitarbeitern das Gefühl von Untergebenheit aus. Ein Klima, in dem Angst und Frust gedeihen, ist alles andere als förderlich. Das Gegenteil tritt ein. So machen sich die Mitarbeiter gegenüber dem Chef immer kleiner, weil er ihnen das Gefühl gibt, von seiner Gnade abhängig zu sein. Es verwundert nicht, dass in solchen Unternehmen die Fluktuationsrate deutlich über dem Durchschnitt liegt.

Werteorientierte Führungskräfte glauben an den guten Kern der Menschen. Sie „verbuchen“ ihre Mitarbeiter auf der Ertragsseite ihrer Bilanz. Sie wissen, dass gutes Personal den Wert eines Unternehmens ausmacht. Das beste Produkt taugt nichts, wenn die Mitarbeiter nicht in der Lage sind, beste Qualität und herausragenden Service abzuliefern. Das erkennen immer mehr Unternehmen. So auch die Traditionsfirma Steiff. Aus Kostengründen verlagerte sie 2004 einen Teil ihrer Stofftierproduktion nach China. Der Stundenlohn eines chinesischen Arbeiters liegt deutlich unter dem eines deutschen Arbeiters. Nur vier Jahre später wurde das Unternehmen eines Besseren belehrt. Die Qualität der aus China angelieferten Stofftiere war so miserabel, dass sich die Führung des Hauses entschied, die Produktion nach Deutschland zurückzuholen.

Immer mehr Führungskräfte wissen, dass jeder Mitarbeiter zum Erfolg des Unternehmens beiträgt und nicht nur ein Kostenfaktor ist. Werteorientierte Führungskräfte sorgen dafür, dass niemand eine Arbeit verrichten muss, die seinen Fähigkeiten nicht entspricht oder die ihn daran hindert, zum Erfolg des Unternehmens beizutragen. Es liegt doch klar auf der Hand: Je mehr Freude und Spaß ein Mitarbeiter in seiner Arbeit findet, desto schneller wird das Unternehmen Gewinne erwirtschaften. Wer dagegen seine Mitarbeiter nur als Mittel zum Zweck sieht und ihre Leistungsbereitschaft jeden Tag auf eine harte Probe stellt, darf sich nicht wundern, wenn diese immer öfter krank werden, ungenau arbeiten und keine Chance auslassen, einen neuen Arbeitsplatz zu finden. Besonders dumm sind Chefs, die glauben, man könne jeden Mitarbeiter an jeder Stelle im Unternehmen platzieren. Man müsse ihn nur ausreichend motivieren. Doch wie will man einen Mitarbeiter dauerhaft motivieren, wenn dieser das Gefühl hat, nur als Lückenbüßer eingesetzt zu werden? Diese Rechnung mit vielen Unbekannten wird zu nichts führen. Mitarbeiter anzutreiben, sie hin- und herzuschieben oder gar unter Druck zu setzen, hat nichts mit Führung zu tun. Das ist Ausbeutung und grenzt an moderne Sklaverei.

Führungskräfte, die diesen Namen auch verdienen, schauen zuerst auf den Mitarbeiter und dann auf den Posten, den sie zu vergeben haben. Sie richten die Aufgaben nach den Menschen aus und nicht umgekehrt. Das mag auf den ersten Blick sehr schwer sein, weil der Eindruck entsteht, Mitarbeiter seien nur für einen Posten geschaffen. An anderer Stelle habe ich bereits mehrfach ausgeführt, dass Talent entscheidend zum Erfolg beiträgt. Talent ist eine Fähigkeit, und diese Fähigkeit kann man durchaus mehrfach einsetzen. Ein kreativer Kopf mit handwerklichem Geschick kann in der hauseigenen Tischlerei genauso eingesetzt werden wie am Computer, um Modelle zu kreieren.

Heiner Brand, der Trainer, mit dem die deutsche Handballmannschaft Weltmeister wurde, arbeitet nach dem gleichen Prinzip. In einem Interview[12] erklärte er seine Strategie:

Gemeinsam erarbeiten wir mit dem Reiss-Profil die Persönlichkeitsmerkmale der einzelnen Spieler. Die Aussagen zur Persönlichkeit, die wir mit dem Reiss-Profil erhalten, geben mir wichtige Informationen, wie man mit den einzelnen Spielern umgehen muss. Mit sehr aufschlussreichen Ergebnissen! Es ist schon interessant, auf diese Weise zu erfahren, welche Spieler sich für Führungspositionen eignen, welche teamfähig sind oder welche Einzelgänger sind.

Werteorientierte Führungskräfte leben zum einen das vor, was sie von anderen erwarten, und zum anderen kommunizieren sie mit ihnen. Der erfolgreiche US-Manager Lee Iacocca lehrte seine „Jünger“:

Der einzige Weg, Menschen zu motivieren, ist, mit ihnen zu kommunizieren.

Der Psychologie-Professor Albert Bandura von der Stanford University hat herausgefunden[13], dass Mitarbeiter, die von ihren Vorgesetzten

Heiner Brand

gelobt werden, motivierter sind, sich höhere Ziele stecken, sich stärker verpflichtet fühlen, teilweise sogar bessere Fähigkeiten entwickeln, was sich wiederum auf ihre Leistung positiv auswirkt.

Werteorientierte Führungskräfte wissen, wie sie ihre Mitarbeiter ermutigen und damit indirekt auch motivieren. Dafür haben sie einen 6-Punkte-Plan:

- **Sie interessieren sich für die Arbeit ihrer Mitarbeiter**
  Deshalb suchen sie von Zeit zu Zeit das Gespräch mit den Mitarbeitern, stellen Fragen, bestätigen sie in ihrer Haltung, bieten Hilfe an, wenn etwas „out of line" laufen sollte.

- **Sie mögen ihre Mitarbeiter**
  Menschen suchen Anerkennung. Wer das Gefühl hat, nur einer unter vielen zu sein, fühlt sich am Arbeitsplatz selten wohl. Führungskräfte stärken das Selbstbewusstsein ihrer Angestellten, indem sie ihnen Wertschätzung entgegenbringen. Hat sich der Mitarbeiter in einer Sache besonders engagiert, wird diese Leistung herausgestellt. Über den normalen Händedruck hinaus gibt es z. B. eine Prämie oder Auszeichnung.

- **Sie sind dankbar**
  Wer als Führungskraft alles gedankenlos als normal hinnimmt, verliert schnell die Sympathie seiner Mitarbeiter. Ein Wort des Dankes wirkt oft Wunder. Vieles, was als selbstverständlich angesehen wird, ist heute nicht mehr selbstverständlich. Wenn sich Mitarbeiter dennoch engagieren, haben sie ein Wort des Dankes verdient. Oft ist ein freundliches, anerkennendes Wort oder das Lächeln des Chefs mehr wert als eine Geldprämie.

- **Sie loben ihre Mitarbeiter**
  Ein Lob ist für viele Mitarbeiter Balsam für ihre Seele, wenn es sich um ein echtes Lob handelt und nicht um ein oberflächliches, nach dem Motto: „Das haben Sie gut gemacht. Weiter so." Führungskräfte loben nicht nur Ergebnisse, sondern auch das Engagement des Mitarbeiters, und das in aller Öffentlichkeit.

- **Sie lieben Überraschungen**
  Für gute Mitarbeiter sind Führungskräfte gern bereit, Geld auszugeben. Sie überraschen sie mit dem Außergewöhnlichen. Ob Gutschein, Candle-Light-Dinner für die Familie des Mitarbeiters oder ein Tag Sonderurlaub, für gute Mitarbeiter ist ihnen nichts zu teuer.

- **Sie fördern den Teamgeist**
  Führungskräfte arbeiten nach der Methode des Handballtrainers Heiner Brand[14]: „Um Teamgeist zu erzeugen, braucht es Persönlichkeiten, die zusammenpassen. Denen müssen Sie dann vermitteln, warum jeder Einzelne für das Gelingen des Gesamtprojekts so wichtig ist." Auf die Frage, wie er das konkret erreicht, sagte Brand: „Ich sorge zum Beispiel für Gemeinschaftserlebnisse im Trainingslager, die nichts mit Handball zu tun haben. Einmal sind wir sogar über glühende Kohlen gelaufen. Das war ein bisschen bizarr, aber am Ende waren alle sehr stolz aufeinander."

Menschen tun immer nur das, was ich tue, aber niemals das, was ich ihnen sage. Ein Spruch, den ich einmal auf einer Toilettenwand las, bringt es auf den Punkt:

Höre endlich auf, deine Kinder zu erziehen, sie tun eh nur das, was du tust!

Das heißt, dass Sie Ihren Kindern nicht erzählen können, dass sie mit dem Rauchen gar nicht erst anfangen sollen, wenn Sie selber tagtäglich mit der Zigarette vor ihnen herumlaufen!

Wenn Sie als Führungskraft etwas anzuordnen haben – was in jedem Unternehmen völlig normal ist –, sollten Sie vorangehen. Ihre Mitarbeiter werden dann automatisch dieses Verhalten übernehmen. Nehmen wir an, Sie „verordnen" Ihren Innendienstmitarbeitern, dass zukünftig nur noch draußen geraucht werden darf, dann sollten Sie mit gutem Beispiel vorangehen und sich ebenfalls draußen mit Ihren Mitarbeitern hinstellen und rauchen. Wenn Sie Ihren Verkäufern anordnen, mindestens fünf Telefonate in der Stunde zu führen, müssen auch Sie per Telefon erreichbar sein oder sich ggf. verbinden lassen. In dem Augenblick, in dem Sie telefonische Präsenz einfordern, dürfen Sie sich nicht ausklinken. Eine Studie der Harvard University belegt, dass jemand, dessen erster Chef souverän und positiv mit anderen umging, später selbst dieses Verhalten zeigte. War der Chef dagegen verstimmt, missmutig und nörgelte herum, dann zeigte sich dieser Angestellte später als Führungskraft sehr ähnlich. Das gilt auch für das Selbstvertrauen. Auch hier assoziiert der Begriff schon, worum es wirklich geht, nämlich ob man sich *selbst* etwas *traut*. Je geringer das Selbstvertrauen einer Führungskraft, desto weniger kann sie das Vertrauen bei den Mitarbeitern stärken. Am Ende werden sich die Mitarbeiter kaum noch etwas trauen! Ich will Sie mit diesen Wortspielereien nicht verunsichern, aber tatsächlich drücken sie aus, worum es wirklich geht. Sie als Führungskraft sind Vorbild für Ihre Mitarbeiter. Dabei kommt es nicht nur darauf an, was Sie sagen, sondern wie Sie es sagen, und vor allem, was Sie tun. Mitarbeiter sehen nämlich alles. Jede Führungskraft steht im Zentrum des allgemeinen Interesses. Wer sich ständig damit brüstet, wieder einmal auf Kosten des Hauses einen über den Durst getrunken zu haben, darf sich nicht wundern, wenn zukünftig die Spesenabrechnungen seiner Mitarbeiter höher ausfallen. Eine Führungskraft, die nur in Spitzenhotels absteigt, wird wohl kaum auf Zustimmung stoßen, wenn sie ihren Abteilungsleitern nur ein Bahnhofshotel zugesteht. Wer geringschätzig über seine Angestellten und Verkäufer spricht, wird bald genauer hinhören müssen. Denn diese werden schon sehr bald sehr schlecht über die Kunden sprechen. Wer in Meetings die Verkäufer anhält, endlich mehr zu arbeiten, und dann eine Stunde später mit dem Tennisschläger unterm Arm das Büro verlässt, wird schon sehr bald die Quittung für sein Benehmen bekommen.

Was auch immer Sie tun, es wird kopiert, oft schneller, als Ihnen lieb ist. Vor einigen Jahren machte Boris Becker Werbung für Nutella. In dem Spot schmierte er sich ein Nutella-Brot und leckte danach das Messer mit der Zunge ab. Die Botschaft war klar. Nutella ist so wertvoll, dass es schade ist, auch nur einen Klecks davon zu verschwenden, also wird selbst das Messer mit der Zunge abgeleckt. Doch diese Botschaft verstanden die wenigsten. Das Gegenteil trat ein. Zahllose Kindern leckten fortan am Messer. Das große Vorbild, das Idol einer ganzen Generation, machte es ja auch. Viele Kinder, so war zu lesen, fügten sich Schnittwunden zu. Der Hersteller von Nutella reagierte und brachte ein eigenes Nutella-Messer auf den Markt, glatt und rund. Ich weiß nicht, wie viele dieser Messer verkauft wurden, sicherlich einige. Aber hier sehen

Sie, wie schnell Verhaltensweisen angenommen werden. Auch wenn Sie kein zweiter Boris Becker sind, so sind Sie aber in Ihrer Firma eine Persönlichkeit und haben die gleiche Vorbildfunktion mit einem hohen Grad an Verantwortung. Wenn Sie also wollen, dass Sie schlagkräftige und erfolgreiche Mitarbeiter haben, dann müssen Sie mit bestem Beispiel vorangehen. Sie sind das Vorbild. Das Bild, das die Mitarbeiter von Ihnen haben, wird sich in Ihrer gesamten Unternehmenskultur widerspiegeln. Es ist die direkte Antwort auf Ihr Verhalten. Sie verdienen nur, wenn Sie richtig dienen, und zwar jeden Tag aufs Neue. Das ist es, was ich mit Verantwortung meine. Sie dürfen von niemandem etwas verlangen, das Sie selbst nicht bereit wären zu tun bzw. zu geben.

Eine der ersten Amtshandlungen von Jürgen Klinsmann beim 1. FC Bayern München war schon eine kleine Sensation: Während der gesamten Saisonvorbereitung werden die Spieler verpflichtet, von 9.30 Uhr bis 17.30 Uhr im neuen Leistungszentrum anwesend zu sein. Klinsmanns Philosophie und die seines gesamten Trainerteams ist[15]:

... jeden Spieler jeden Tag einen Schritt besser machen zu wollen.

Gute Führungskräfte sind Vorbilder, Vorbilder in vielen Situationen. Was glauben Sie, wie es bei den Verantwortlichen und Spielern ankommen würde, wenn der Trainer erst um elf Uhr erscheint, dafür dann aber auch eher nach Hause geht als die Spieler? Glauben Sie, dass ihre Motivation dadurch gesteigert würde? Ich bin nicht in den Plan des Trainers eingeweiht, doch kann ich mir sehr gut vorstellen, dass Herr Klinsmann morgens der Erste ist und wahrscheinlich abends als Letzter den Schlüssel umdreht. Ob Trainer oder Spitzensportler (viele Trainer waren davor selbst Spitze im Sport), sie verfügen über besondere Eigenschaften. Sie sind

- positiver als andere
- begeisterter als andere
- fleißiger als andere
- pünktlicher als andere
- strebsamer als andere
- willensstärker als andere
- zielorientierter als andere und
- denken größer als andere

Wenn Sie diese Tugenden einmal an sich selbst ausprobieren, dann werden Sie Erstaunliches feststellen. Sie werden

- mehr Spaß haben als andere
- mehr Geld haben als andere
- glücklicher sein als andere
- mehr Anerkennung erfahren als andere
- freier leben als andere

„Unerfahrene“ Führungskräfte fragen mich häufig, wie sie es denn schaffen könnten, ein großes Team auf ein Ziel einzuschwören. Sie schauen begeistert auf den Fußball und hier auf Jürgen Klinsmann, der es seinerzeit geschafft hat, aus einer desolaten Mannschaftssituation heraus ein Team mit WM-Charakter zu formen. Wer Fußballer kennt, weiß, wie schwer das ist.

Einen Esel kennen Sie. Dann wissen Sie auch, dass Sie einen störrischen Esel mit einer Möhre, die Sie ihm direkt unter die Nase halten, bewegen können. Was aber passiert, wenn dieser Esel satt ist? Gar nichts. Er wird sich nicht bewegen. Sein Hunger ist gestillt, also ist seine Motivation, sich zu bewegen, gleich null. So sieht es für einen Außenstehenden aus. Die Wahrheit ist aber, dass sich der Esel nicht bewegt, weil es Ihre Möhre ist. Sie versuchen mit dieser Möhre, einen Esel zu bewegen, der Esel will es aber nicht. Ich will Ihre Mitarbeiter keineswegs mit Eseln vergleichen. Sie verhalten sich aber genauso. Wenn Sie ein Ziel verfolgen, für das Sie Ihre Mitarbeiter nicht begeistern können, dann können Sie ihnen tausend Möhren vor die Nase halten, sie werden sich genauso wenig bewegen wie der Esel. Ihre Ziele sind nicht die Ziele der Mitarbeiter, und genau da liegt Ihr Problem. Was also tun? Nun, Ihre Ziele und die Ziele Ihrer Mitarbeiter mögen zwar unterschiedlich sein, doch es gibt Schnittpunkte, wo sich die Ziele überkreuzen. Wenn es Ihnen gelingt, diese Punkte zu finden, z. B. den Punkt der Gemeinsamkeit, dann haben Sie eine große Chance auf ein folgsames, begeistertes und zielorientiertes Team.

Die Schnittstelle ist der Punkt, der Ihre Mannschaft von innen – und nie von außen – motiviert. Im übertragenen Sinne teilen Sie und Ihre Mitarbeiter sich die besagte Möhre.

Dirk Schmidt punktgenau

Der Pessimist sieht Schwierigkeiten bei jeder Gelegenheit. Der Optimist erkennt die Gelegenheiten bei jeder Schwierigkeit.

Jürgen Klinsmann

1.2.3 Spitzensportler nutzen die vier Stufen des Lernens

Der Mensch ist kein Produkt der Umstände, die Umstände sind ein Produkt des Menschen.

Benjamin Disraeli

Wir Menschen, sagte mir einmal ein Seminarteilnehmer, der schon mehr als 60 Lebensjahre auf seinen Schultern trug, lernen so lange, bis unsere Finger gleich lang sind. Also bis ins hohe Alter? Er belehrte mich eines Besseren: In dem Moment, in dem wir unsere Hände falten, sind alle Finger fast gleich lang. „Und wann ist das?", fragte er mich. Nun, Hände werden gefaltet, bevor der Sargdeckel geschlossen wird. Da war mir klar, wir lernen so lange, bis nichts mehr geht. Das meint auch Heiner Brand[16], Trainer der deutschen Handballer:

Wichtig ist, dass man die Bereitschaft zeigt, sich als Trainer und im fachsportlichen Bereich weiterzubilden. Im großen Feld der Sportmedizin zum Beispiel tut sich so viel, da muss man als Trainer schon am Ball bleiben. Auch in Fragen des richtigen Umgangs mit den Spielern, in Fragen der Kommunikation und Führung lernt man einfach nie aus. Am Anfang einer Trainerkarriere glaubt man noch, es müsse alles so laufen wie bei einem selbst. Man versucht gewisse Dinge auf die zu trainierende Mannschaft zu projizieren und folgt einem fixen Weg. Doch im Laufe der Zeit merkt man, dass man mit Kompromissen arbeiten und leben muss. Und dass Kompromisse schließen nicht schlecht sein muss. Eine gewisse Flexibilität sichert das Überleben.

Dabei ist lernen nicht gleich lernen. Es vollzieht sich in vier Stufen:

- Stufe: unbewusste Inkompetenz
- Stufe: bewusste Inkompetenz
- Stufe: bewusste Kompetenz
- Stufe: unbewusste Kompetenz

1. Stufe: unbewusste Inkompetenz

In diesem Stadium unseres Wissens wissen wir nicht, was wir alles nicht wissen. Stellen Sie sich ein Rollenspiel vor, das mit einer Videokamera aufgezeichnet wird. Für Sie ist es das erste Mal, dass Sie vor solch einer Kamera stehen. Nachdem die Szene „im Kasten" ist, werfen Sie einen Blick auf das Geschehen und sind überrascht über Ihr Verhalten und Ihre Gestik. So erkennen Sie z. B., dass Sie Ihre Hände beim Sprechen viel zu unruhig halten. Das wirkt auf die Zuschauer hektisch. Jetzt wissen Sie, was Sie vorher nicht wussten.

2. Stufe: bewusste Inkompetenz
Das Spiel wird wiederholt. Alle Spieler werden auf die Bühne gebeten. Weil Sie wissen, was auf Sie zukommt, steigt Ihr Puls, denn Sie müssen nun auf die Dinge achten, die Sie verbessern wollen. Dinge also, die Ihnen in der ersten Stufe des Lernens noch nicht bekannt waren. Hier konnten Sie völlig unverkrampft an die Sache herangehen, jetzt aber verkrampfen Sie innerlich, weil es gilt, Fehler zu vermeiden und eine bessere Performance zu bieten.

3. Stufe: bewusste Kompetenz
In dieser Phase des Lernens haben Sie Ihre Stärken und Schwächen erkannt und daran gearbeitet. Ihre Schwächen werden weniger, Ihre Stärken haben Sie nun noch stärker eingesetzt. Sie wissen einfach mehr als auf Stufe 1. Doch mit dieser Kenntnis allein werden Sie es nicht bis zum Experten schaffen. Die meisten Zeitgenossen hören jedoch auf dieser Stufe auf und streben nicht mehr Stufe 4 an.

4. Stufe: unbewusste Kompetenz
Auf dieser Ebene leben Sportler. Unbewusst erledigen sie Dutzende Aufgaben gleichzeitig, ohne den roten Faden aus den Augen zu verlieren. Dass so etwas möglich ist, verdeutlicht ein simples Beispiel aus dem Alltag. Mit Sicherheit besitzen Sie einen Führerschein und haben somit auch schon mal ein Auto gefahren. Erinnern Sie sich noch an die erste Fahrstunde? Schrecklich, oder? Was da alles auf Sie zugekommen ist. Blinken, Schalten, Gas geben, in den Rückspiegel und nach vorne schauen. Losfahren. Das Ganze gleichzeitig. Seien wir ehrlich, wie fühlten Sie sich? Sie waren mit Sicherheit ein wenig überfordert. Und heute?

Heute fahren Sie ein Auto mit einer Hand am Steuer. Fahren, sehen, Gas geben, bremsen, kuppeln, Radio hören und den Kopfhörer vom Handy im Ohr, alles das sind Dinge, die Sie „locker" ausführen. Darüber hinaus sind Sie in der Lage, während der Fahrt an andere Dinge zu denken (zum Beispiel den nächsten Geburtstagstermin planen etc.). Nicht selten ertappen Sie sich sogar dabei, über eine Ampelkreuzung gefahren zu sein, ohne sich daran zu erinnern, ob diese Ampel denn auch wirklich Grün gezeigt hat. In aller Regel dürfen Sie aber davon ausgehen, dass Sie bei Grün gefahren sind. Denn Sie haben die unbewusste Kontrolle darüber übernommen, nur bei Grün zu fahren und bei Rot abzubremsen. Wäre die Ampel auf Rot gesprungen, dann hätten Sie mit Sicherheit den Impuls zum Anhalten bekommen.

So verläuft die Lernkurve:

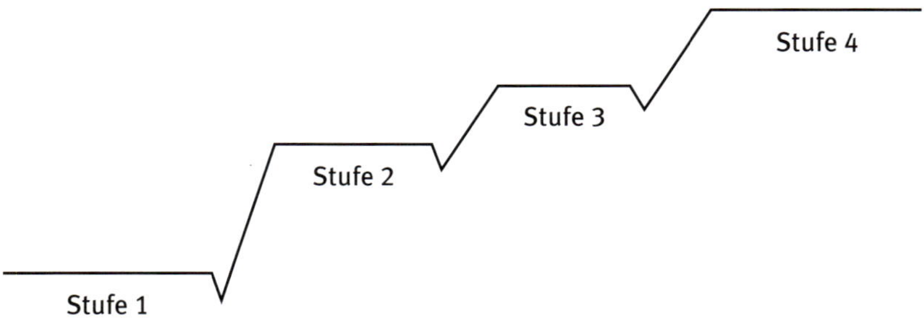

Vor jeder Stufe gibt es ein „Rückschritt-Problem", bis wir das nächsthöhere Plateau erreichen. Im Übergang von 1 auf 2, von 2 auf 3, von 3 auf 4! Stufe 1 und 2 verlaufen degressiv, ab Stufe 3 gibt es einen Einbruch, weil ein Großteil der Zeitgenossen an diesem Punkt aufhört zu lernen. Sie halten sich für so schlau, dass ihnen weiteres Lernen nicht mehr notwendig erscheint. Nur eine Minderheit findet den Aufstieg von Stufe 3 auf Stufe 4. Sie sind die wahren Experten, egal ob beim Sport, in der Wirtschaft oder in der Politik.

Dirk Schmidt punktgenau

„Ich glaube nicht an Zufall. Die Menschen, die in der Welt vorwärtskommen, sind die Menschen, die aufstehen und nach dem von ihnen benötigten Zufall Ausschau halten", erkannte George B. Shaw. Nach was halten Sie Ausschau?

1.3 Mentale Power der Spitzensportler

Vorstellungskraft ist wichtiger als Wissen.

Albert Einstein

Der Vater des extremen Langstreckenlaufs, der griechische Soldat Diomedon, würde vor Neid erblassen angesichts der sportlichen Ausstattung der heutigen Marathonläufer. Unter den damaligen Bedingungen war sein Lauf von Marathon nach Athen einzigartig. Es ist nicht überliefert, ob er Sandalen trug oder die gesamten 40 Kilometer barfuß lief. In jedem Fall ist er an Erschöpfung gestorben, nicht zuletzt, weil er niemanden an seiner Seite hatte, der auf seinen körperlichen Zustand achtete. Inzwischen haben sich verschiedenste Firmen und Institutionen im Laufsport etabliert und Schuhe entwickelt, die einem das Gefühl des Laufens auf Wolken vermitteln. Das mag auch einer der Gründe sein, warum sich in der Welt des Laufens ein Superlativ an den anderen reiht. Eine Person ragt hier besonders heraus: der Grieche Yiannis Kouros. Der Ultramarathon- und Extremläufer, der seit 1990 in Australien lebt, hält unzählige Weltrekorde im Bereich des Ultramarathons auf Strecken von 100 bis 1.000 Meilen (160 bis 1.601 km) und ist vom 24-Stunden-Lauf bis zum Zehn-Tage-Lauf aufgestellt. Seine Marathon-Bestzeit liegt bei 2:25 (1982). Den Spartathlon über 246 km gewann er viermal (1983, 1984, 1986, 1990), und bislang konnte kein anderer Läufer eine seiner Siegerzeiten unterbieten. 1997 lief er bei einem 24-Stunden-Lauf 303,506 km. 2005 stellte er im australischen Colac mit 1.036,85 km einen neuen Rekord im Sechs-Tage-Lauf auf.

Ich will diese Erfolge mitnichten in Abrede stellen, doch ohne richtiges Schuhwerk und Kleidung wären solche extremen Leistungen kaum zu realisieren. Genau genommen kommt heute kein Sportler darum herum, sich mit den aktuellsten Methoden und den neuesten Entwicklungen auseinanderzusetzen. Für Schwimmer werden Badeanzüge entwickelt, die besser durchs Wasser gleiten, im Formel-1-Rennsport sind Fahrer, Ingenieure und Techniker ständig in Funkkontakt, um die Bestleistung aus dem Auto herauszuholen. Ölverschmierte Mechaniker mit Brecheisen, Hammer und Schraubenzieher sucht man in der Box vergebens. Hightech hat Einzug gehalten.

All diese Errungenschaften sind zu begrüßen, weil sie Höchstleistungen möglich machen. Doch die beste Technik, das beste Team in einem optimalen Arbeitsumfeld nützt niemandem, wenn der Sportler, auf den es schlussendlich ankommt, versagt. Damit genau das nicht passiert, etablierte sich vor Jahren im Spitzensport eine neue Technik, die dort ansetzt, wo Siege entschieden werden: im Kopf. Die Rede ist natürlich vom Mentaltraining, das heute im Sport so selbstverständlich ist wie die richtige Ausrüstung. Einige Themenschwerpunkte des Mentaltrainings sind:

- Vorbereitung
- Ziele
- Konzentration
- Visualisierung
- Angstmanagement
- Selbstvertrauen
- Entspannung
- Motivation

Die Basis jedes Mentaltrainings ist die Imagination, also die Visualisierung innerer Bilder vor dem geistigen Auge. Je intensiver es gelingt, sich ein Bild vom Ergebnis zu machen, desto eher wird es erreicht. Die Verhaltensforschung hat nachgewiesen, dass 80 Prozent unseres Verhaltens aus Nachahmung bestehen. Deshalb ist es nur eine Frage der Zeit, bis aus dem inneren Bild ein äußeres Bild wird. Allerdings steht die Person vor einer großen Herausforderung. Sie muss fest davon überzeugt sein, das vorgestellte Ziel auch erreichen zu können. Fehlt es ihr an Glauben, dann wird sie nichts erreichen. Nur was in der eigenen Glaubensdimension vorkommt, kann auch erreicht werden. Sportler üben sich daher immer wieder in einer klaren Vorstellung. Wer glaubt, Talent allein reiche aus, um große Erfolge zu feiern, wird eines Besseren belehrt, wie z. B. der Tennisprofi Andreas Beck. Oft genug hatte er zu hören bekommen, es fehle ihm an der richtigen Einstellung zum Beruf, aber er dachte[17]:

Ich habe gute Schläge, ich schaff das auch so. Wie das halt so ist, wenn das Talent die Bereitschaft übertrifft, alles für den Job zu tun.

Heute sagt er, es sei ein Fehler gewesen, so zu denken!

Die Schwimmerin Britta Steffen, die in Peking zweimal Gold für Deutschland gewann, machte ähnliche Erfahrungen:

Früher hatte ich Kopfprobleme, das war schon richtig, was die Leute gesagt haben. Ich konnte meine Leistung in den entscheidenden Momenten nicht abrufen. Und das lag nicht an meinem Körper, das lag an meinem Kopf.

Auf die Frage, wie sie ihre Kopfprobleme in den Griff bekam, sagte sie:

Ich arbeite seit längerer Zeit mit einer Mentaltrainerin zusammen.

Gewonnen wird im Kopf, das wiederhole ich gebetsmühlenartig auch meinen Klienten gegenüber. Wer im Kopf nicht bereit ist, den Erfolg zuzulassen, der wird keinen Erfolg haben. Doch um Sieger zu werden, reicht der Kopf allein natürlich nicht aus. Es genügt nicht, einem Klienten einzuhauchen, er könne allen davonschwimmen, wenn er sich diese Situation nur oft genug in seinem Kopf vorstellt. Erfolgreiche Visualisierung ist mehr als nur reines Denken, es unterliegt bestimmten Regeln, die systematisch verfolgt werden müssen. Die Kenntnis dieser Regeln in Verbindung mit dem passenden Talent und der richtigen Technik ist das A und O.

Niemand kann in den Kopf eines anderen hineinschauen. Wenn der Sportler sich, aus welchen Gründen auch immer, auf etwas Negatives programmiert, was ich als Außenstehender unter normalen Bedingungen nicht erkennen kann, bleiben die gewünschten Ergebnisse in der Realität aus. Steht er dann vor der Hausforderung, eine Strecke meistern zu müssen, die er nicht besonders mag, schleichen sich unbewusst Ängste ein. Somit fließen diese Sorgen indirekt in die Visualisierung und es wird genau das eintreten, was verhindert werden sollte. Deshalb ist es so wichtig, Visualisierung unter die eigene Kontrolle zu bringen, genau das muss regelmäßig trainiert werden. Genau darin unterstütze ich als Mentaltrainer viele Spitzensportler. Der Spitzensportler und Inhaber von 53 Medaillen Karl Frehsner sagt, worauf es ankommt: „Der Athlet muss lernen zu sehen, was er spürt."

Ich habe Ihnen von meinem Interview mit Christian Keller erzählt. Ich fragte auch ihn, wie wichtig mentale Vorbereitung für ihn ist. Dazu sagte er:

Eine mentale Vorbereitung ist aus meiner Sicht das A und O. Eine mentale Vorbereitung muss sehr sorgfältig und von einer längeren Dauer sein. Ob das nun ein Mentalberater ist, ein Physiologe oder ein Kinesiologe, diese Personen haben mit Sicherheit etwas Wichtiges, um den Athleten auf Stresssituationen vorzubereiten. Man hat im Wettkampf den Stress, seine Ziele zu erreichen. Wenn sie realistisch sind, dann ist der Stress gering, aber man ist natürlich aufgeregt, man hat einen Adrenalinschub, deshalb ist es umso wichtiger, langfristig sich auf das Ziel vom Kopf her vorzubereiten. Man kann sich ja auch selber vorbereiten, dass man mal eine Laufstrecke durchgeht, dass man sich darauf einstellt, wie viele Hunderte von Sportlern bei der Veranstaltung teilnehmen. Ich denke, es ist ein Unterschied, ob ich an einer Weltmeisterschaft teilnehme oder an Olympischen Spielen. Denn bei den Weltmeisterschaften sind alle Nationen in einem Hotel, und bei den Olympischen Spielen sind viele Athleten überfordert, dass 30.000 Menschen auf engstem Raum in einem Dorf leben und ihren täglichen Alltag selbst organisieren und managen müssen und sich da überfordert sehen. Und ich glaube, das war mit ein Punkt bei den Olympischen Spielen, warum auch manche Sportler aus Deutschland, gerade die Schwimmer, wobei ja beim Schwimmen charakteristisch ist, dass die Sportler sehr jung sind, sich vom Kopf her wenig vorbereitet haben. Daher ist es auch diese Stresssituation, die dann zur Einschränkung innerhalb des Wettkampfes und dementsprechend zur Leistungsbereitschaft geführt hat.

Das komplette Interview finden Sie auf meiner Homepage: www.dirkschmidt.com (Menüpunkt: Marathongespräche).

Jeder Mensch verfügt über mentale Fähigkeiten. Oft sind sie ihnen aber nicht bewusst. Aus diesem Grund habe ich einen Test entwickelt, der es Ihnen ermöglicht, sich Ihrer mentalen Fähigkeiten bewusst zu werden. Diesen Test finden Sie ebenfalls auf meiner Website: www.dirkschmidt.com (Menüpunkt: Fragebogen).

Dirk Schmidt punktgenau

Die Zeit braucht Visionäre, die bereit sind, über den Tellerrand hinauszuschauen und Dinge zu wagen, die andere nicht für möglich halten. Welche Vision sind Sie bereit umzusetzen?

Britta Steffen

1.3.1 Spitzensportler sind geistig rege

Achte auf deine Gedanken, sie sind der Anfang deiner Taten.
Chinesische Weisheit

Ein Mann bleibt nachts mit einer Reifenpanne an seinem Auto auf einer einsamen Landstraße liegen. Er öffnet den Kofferraum und sucht nach einem Wagenheber. Als er keinen findet, schaut er sich um und entdeckt in der Ferne ein kleines Licht. Er vermutet hier ein Haus. Also macht er sich auf den Weg dorthin. Je näher er diesem einsam gelegenen Haus kommt, desto größer werden seine Zweifel. „Vielleicht öffnet niemand, wenn ich an die Tür klopfe", geht es ihm durch den Kopf. „Wer so einsam wohnt, hat mit Sicherheit Probleme mit den Menschen. Wer weiß, was mir passieren wird, wenn ich an die Tür klopfe", denkt sich der Mann weiter. „Wenn ich an die Tür klopfe, denkt der Bewohner des Hauses vielleicht, ich wolle ihm etwas Böses tun, deshalb wird er vielleicht mit dem Schrotgewehr auf mich schießen." Mit diesen und anderen Gedanken steigert sich der Mann in eine Vorstellung, die völlig absurd ist. Als er nun endlich vor der Haustür steht, klopft er an und jemand öffnet. Bevor der Hausbesitzer auch nur einen Ton sagen kann, schreit der Autofahrer ihn an: „Behalte doch deinen blöden Wagenheber."

Diese Geschichte verdeutlicht, wohin uns unsere Gedanken treiben können, wenn wir ihnen freien Lauf lassen, und sie macht darüber hinaus eines deutlich:

Erfolg beginnt im Kopf und nirgendwo anders!

Kennen Sie die wichtigsten 15 cm im Leben? Oh nein, es ist nicht das, was Sie denken mögen. Mitnichten. Diese 15 cm, das ist der Abstand zwischen Ihren Ohren. Dazwischen liegt das Gehirn, Dreh- und Angelpunkt einer jeder Entscheidung (wenn Sie Ihre Hände zu Fäusten ballen und nebeneinander halten, haben Sie in etwa die Größe Ihres Gehirns). Diese 15 cm entscheiden über Erfolg oder Niederlage. Je stärker Sie von Ihrem Erfolg überzeugt sind, desto eher wird er sich einstellen. Diese Gesetzmäßigkeit gilt natürlich auch für den Misserfolg.

Unser Gehirn ist nicht in der Lage zu unterscheiden, ob etwas real passiert oder nur lebhaft vorgestellt ist. Wer sich nur lang genug die schlechte wirtschaftliche Situation vorstellt, wird genau diese Situation über kurz oder lang in sein Leben ziehen. So schlimm die Ereignisse in der Welt auch sind, sie werden keinen Deut besser, wenn Sie darüber grübeln und verzweifeln. Eine Naturkatastrophe findet statt, egal ob Sie sich darüber ärgern oder nicht. Hurrikans finden genauso statt wie Überschwemmungen. Daran werden wir nichts ändern können. Wir können aber unsere Einstellung dazu ändern. Statt Jammern ist Handeln angesagt. Wenn Sie einen guten Job machen, verdienen Sie Geld, viel Geld. Von diesem Geld können Sie dann einen Teil für Bedürftige spenden. In diesem Augenblick haben Sie mehr getan als Menschen, die wegen der unmenschlichen Ereignisse Gott und die Welt verfluchen, aber sonst nichts tun. Michael Schumacher hat es vorgemacht. Er spendete zehn Millionen Dollar für die Opfer der Flutkatastrophe vom Dezember 2004. Erfolg verpflichtet, und dennoch ist es eine sehr großzügige Geste von ihm.

Doch es müssen nicht immer Katastrophen sein, die reiche Menschen anspornen, Geld zu „spenden“. Mich fasziniert z. B. Dietmar Hopp, Mitbegründer des weltweit erfolgreichsten Unternehmens für betriebliche Softwarelösungen. Als verantwortungsvoller Milliardär übertrug er die Verantwortung einem Nachfolger, um sich fortan anderen Projekten zu widmen. Mit seinen Software-Ideen wurde er reich, weil sie halfen, die Betriebsabläufe in Unternehmen extrem zu verbessern. Das ersparte den Firmen sehr viel Geld, welches sie in neue Projekte investierten, um für die Zukunft noch besser gerüstet zu sein. Also eine klare WIN-WIN-Situation und kein unverhoffter Reichtum des exzentrischen Vorstandsvorsitzenden. Schade, dass es von dieser „Sorte Mensch“ immer weniger gibt.

Nach seinem Ausstieg aus der SAP widmete sich Dietmar Hopp dem regionalen Fußballverein TSG 1899 Hoffenheim (in Baden-Württemberg, etwa 30 Kilometer südöstlich von Heidelberg), wo er das Unglaubliche schaffte. Durch seine finanziellen Zuwendungen marschierte der Fußballverein von der Regionalliga direkt in die 1. Bundesliga! Er wird sich in der Saison 2009 mit den ganz Großen wie Bayern München, Schalke 04 oder Werder Bremen duellieren müssen. Während diese Fußballvereine ihre Domizile in Städten mit mehreren 100.000 Einwohnern haben, wohnen gerade einmal 3.300 Menschen in Hoffenheim. Doch das schert Herrn Hopp nicht. Zur Überraschung aller „spendierte“ er diesem Ort sogar ein neues Fußballstadion, dass fast zehnmal so viele Menschen aufnehmen kann, wie der Ort Einwohner zählt. Das alles ist möglich, weil es Menschen mit Visionen gibt. Visionäre, die nicht hadern, sondern beherzt zugreifen, wenn sich Möglichkeiten ergeben. Dietmar Hopp ist einer von ihnen.

Auch der von mir bereits mehrfach zitierte Oliver Kahn steht wie kein Zweiter für eine Erfolgsgeschichte, die letztendlich durch eine Vision ihren Anfang nahm:

Für mich gab es zum Beispiel nur Fußball und Tennis, schon mit zwölf wollte ich Profi werden, obwohl es in meiner Familie ja zwei Lehrer gibt.

Allein Ihre Vision und die Intensität Ihrer Vorstellungskraft entscheiden über Ihren Erfolg oder Misserfolg. Das ist die zentrale Botschaft, die wir von erfolgreichen Menschen übernehmen können. Wenn Sie in Bildern visualisieren, sind an diesem Prozess die verschiedensten Sinne beteiligt. Das ist wichtig, da der Sehsinn, Hörsinn, Tastsinn und der Sinn für das Gefühl helfen, die mentalen Bilder zu verstärken. Wissenschaftlich erwiesen ist, dass die so vorgestellten Handlungen die Muskeln auf ähnliche Weise aktivieren wie eine tatsächlich gelebte Handlung. Das ist die eigentlich bahnbrechende Erkenntnis. Jeder Mensch sollte deshalb *Problemdenken* durch *Lösungsdenken* ersetzen.

Auch der neunmalige Boxweltmeister Muhammad Ali war ein Meister der Visualisierung. Er hatte immer ein ganz klares Bild seiner künftigen Siege vor Augen. Seine Vorstellungen waren dabei so prägnant, dass er bereits Monate vor einem Kampf dessen Verlauf exakt vorwegnahm. Dabei waren seine Vorhersagen so genau, dass sie sich in den Köpfen seiner Gegner festsetzten. Es kam, wie es kommen musste, die Gegner verloren den Kampf gegen Ali.

Je genauer Sie Ihr Ziel formulieren und es präzise in Ihren Gedanken vorwegnehmen, desto schneller werden Sie es erreichen. Die Fähigkeit, gedankliche Ereignisse vorwegzunehmen, ist uns Menschen vorbehalten. Diese sogenannte *Antizipationsfähigkeit* unterscheidet den Menschen von den Tieren, die eben nicht in der Lage sind, etwas gedanklich vorwegzu*denken.* Ein Goldfisch kann nur deshalb jahrelang in seinem Glas schwimmen, weil ihm nie langweilig ist. Sein Langzeitgedächtnis speichert nämlich Ereignisse maximal 15 Sekunden. Ferner ist er nicht in der Lage, Wünsche gedanklich zu formulieren oder Entwicklungen vorwegzunehmen.

Dietmar Hopp

Ein klares Bild zu haben von dem, was Sie wirklich wollen, ist das ganze Geheimnis erfolgreicher Visualisierung. So wie ein Seemann schon an den nächsten Hafen denkt, um dort sein Schiff zu ankern, so müssen Sie Ihr Wunschbild immer klar vor Augen haben. Erfolg tritt in Ihr Leben, sobald Sie davon eine klare Vorstellung haben. Nach der alten Weisheit „wie innen so außen“ entscheidet nämlich auch der Geist, wie erfolgreich Sie in Ihrem Leben sind. Wenn Sie im Geist (innen) Ihren Erfolg nicht sehen, kann er sich in der Realität (außen) nicht einstellen. Die Menschen, die genau wissen, was und vor allem wie sie etwas im Leben erreichen werden und wollen, sind die absoluten Gewinner. Wer Champagner aus einem Glas schlürfen will, muss Champagner einschenken. Wer dagegen Wasser einfüllt, kann auch nur Wasser trinken. Was so banal klingt, wird von vielen Menschen immer wieder ignoriert. Den ganzen Tag über „füllen“ sie im Wortsinn ihren Geist mit negativen Botschaften und wundern sich dann, dass am Ende die Welt nur noch grau in grau erscheint.

Auch wenn Sie es schon tausendmal gelesen haben, komme ich nicht umhin, Ihnen die Geschichte mit der Hummel nochmals zu erzählen. Die Hummel hat 0,7 cm^2 Flügelfläche bei 1,2 g Gewicht. Nach den Gesetzen der Aerodynamik ist es unmöglich, bei diesem Verhältnis zu fliegen. Doch die Hummel schert sich nicht darum und macht genau das, was sie eigentlich gar nicht kann: Sie fliegt. Gleiches gilt für die Forelle. Ihr Verhalten passt ebenfalls nicht zu den Gesetzen der Dynamik. Die Forelle ist in der Lage, völlig regungslos im strömenden Wasser zu verharren, ohne sich auch nur einen Millimeter von der Stelle zu bewegen. Wer einmal versucht hat, gegen den Strom zu schwimmen, weiß, dass dies nur mit größter Kraftanstrengung möglich ist. Sich dabei nicht zu bewegen, ist fast unmöglich. Die Forelle weiß das nicht und verharrt weiterhin bewegungslos im strömenden Wasser. Diese Beispiele machen deutlich, dass fast alles möglich ist. Ich gebe zu, dass alle Dinge am Anfang schwer sind, bevor sie leicht werden. Ich habe bereits den Vergleich zwischen Sportler und Schauspieler gebracht. Mit Sicherheit haben auch Sie schon Filmszenen gesehen, in denen ein Schauspieler wie auf Knopfdruck zu weinen anfing und echte Tränen kullerten. Können Sie das auch? Glauben Sie, dass diese Fähigkeit dem Schauspieler angeboren ist? Wohl kaum, die Natur macht keine überflüssigen Sachen. Was also musste der Schauspieler tun, um zu jeder Zeit weinen zu können: Er musste

Muhammed Ali

es lernen und trainieren. Das war mit Sicherheit nicht einfach. Aber er hat es geschafft, weil er es wollte (und wahrscheinlich auch musste, um gute Rollen zu bekommen). Wenn Schauspieler etwas lernen können und müssen, was hindert Sie daran, es ihnen gleichzutun? Ein Mensch kann nicht nur seine Muskeln trainieren, mit den Emotionen geht es genauso! Sie können auch alles, vielleicht wissen Sie es nur noch nicht.

Ihre Reaktion auf Neues, Unbekanntes in Form von „Ich kann nicht" ist durchaus verständlich, was sie aber keineswegs entschuldigt. Wenn Sie mit Ihrem bisherigen Leben unzufrieden sind, weil Sie vielleicht zu wenig Geld verdienen, dürfen Sie nie vergessen, dass es Ihre Gedanken waren, die Sie in diese Situation gebracht haben. Wir alle sind das Produkt unserer Gedanken von gestern. Wenn unsere Gedanken uns zu dem gemacht haben, was wir heute sind, gleichgültig ob wir es wollten oder nicht, dann haben dieselben Gedanken auch die Kraft, uns zu dem zu machen, was wir wirklich wollen. Der römische Kaiser Marc Aurel hat vor rund 2.000 Jahren gesagt:

Wenn für dich eine Sache schwer zu bewältigen ist, darfst du nicht gleich denken, sie sei für Menschen unmöglich. Du musst vielmehr glauben, wenn überhaupt etwas für den Menschen möglich ist und in seinem Bereich liegt, dann ist es auch für dich erreichbar.

Je mehr Sie von etwas persönlich überzeugt sind, desto stärker werden die Gedanken darauf drängen, sich zu verwirklichen. Auch ich habe einige Jahre mit den schlimmsten und trübsinnigsten Gedanken gelebt, bis ich eines Tages merkte, dass ich immer die Wahl zwischen gut und schlecht habe. Wenn ich gute Gedanken wähle, dann ist die Wahl genauso einfach, nur das Leben mit diesen Gedanken verläuft wesentlich angenehmer. Am Mut hängt bekanntlich der Erfolg. Probieren Sie es aus.

Weiter oben konnten Sie lesen, dass Christoph Daum den Aufstieg mit seiner Mannschaft in die 1. Bundesliga schaffte. Dieser Erfolg war das Produkt aus harter Arbeit und Visionen. Um diese Visionen mit Leben zu füllen, griff der Erfolgstrainer zu einer außergewöhnlichen Maßnahme. Die Spieler wurden angehalten, ihre Träume und Ziele mit Pinsel und Farbe in einem gemeinsamen Bild auszudrücken. Dazu Christoph Daum[18]:

Christoph Daum

Die Idee ist, dass es nur zusammen geht. Dass man im Fußball nur gemeinsam etwas erreichen kann.

Das Ergebnis kann sich sehen lassen: Am Ende stand nicht nur der ersehnte Aufstieg in die 1. Liga, sondern auch ein drei Meter breites, zwei Meter hohes Bild. Eine Kette umrahmte das Bild eindrucksvoll. Natürlich durfte der Geißbock nicht fehlen. Vier Hände hoben den Pokal in die Höhe. Die Profis wollten nicht nur aufsteigen, sondern auch als Meister die 2. Liga verlassen. Das zweite große Ziel schrieben sie auf ein Segel des als Arche Noah gekennzeichneten Bootes: 1. Liga – Wir, 1.-FC-Köln-Profis, sitzen alle in einem Boot.

Von erfolgreichen Menschen lernen, heißt siegen lernen. Was sich in der Welt des Fußballs bewährt hat, wird bei jedem Einzelnen funktionieren. Sie haben bis hierher gelernt, welche Schritte erforderlich sind, um noch erfolgreicher zu werden. Sich Ziele setzen ist eine Sache, ankommen eine andere. Leider muss ich teilweise beobachten, dass es bei vielen bei Lippenbekenntnissen bleibt. Sie wollen alles und schaffen doch gar nichts. Wichtig ist zunächst, ein Ziel anzusteuern. Wenn Sie dann noch jemanden zur Seite haben, einen Coach, der Sie als Pate unterstützt, ist die Chance, das Leben nachhaltig zu verändern, am größten. Einen solchen Coach suchen Sie am besten in Ihrem näheren Umfeld. Es kann der Arbeits- oder Geschäftskollege sein, der Freund, die Freundin, der Partner, die Ehefrau etc. pp. So Sie den Paten gefunden haben, setzen Sie sich mit ihm zusammen und klären ihn über Ihre Ziele auf. Das ist wichtig. Nur wenn er genau weiß, was Sie wollen, kann er Sie auf diesem Weg bestmöglich unterstützen. Schwammige Erklärungen wie „Ich will erfolgreicher werden“ oder „Ich will besser aussehen“ oder „Ich will abnehmen“ etc. sind allerdings nicht geeignet. Hier fehlt es an einer klaren, positiven Formulierung. Wer seine Ziele nur schwammig formuliert, kann auch nur schwammige Ergebnisse bekommen. Ihr Pate will genau wissen, was Sie wollen, erst dann ist er auch in der Lage, sich auf Ihre Ziele einzustellen. Am besten formulieren Sie Ihre Ziele und Handlungen in einer Art Vertrag. Einen solchen habe ich bereits in meinem Buch „Paul der Motivator“ abgedruckt. Hier noch einmal dieser Vertrag. Wenn Sie ihn unterschrieben haben, übergeben Sie eine Kopie an Ihren Paten.

Den „Vertrag mit mir selbst“ finden Sie auch auf meiner Homepage: www.dirkschmidt.com (Menüpunkt: Vertrag mit mir selbst).

Vertrag mit mir selbst

Hiermit treffe ich folgende Vereinbarung:

Ich, ______________________________, führe die unten aufgeführten Handlungsabsichten termingerecht aus.

Was ist mein Ziel?

____

Was tue ich?	**Beginn**	**Ende**

Falls nicht, werde ich dafür Folgendes tun:

____

____

Eine Kopie erhält mein „Ziel-Pate", ______________________________, um mich dabei zu unterstützen.

Ort, Datum Unterschrift

Es ist wichtig, alle Ziele und Handlungen dem Paten offenzulegen und nichts zu verheimlichen. Es geht um Sie. Sie betrügen sich selbst, wenn Sie Ihrem Paten etwas verheimlichen. Wichtig ist nun, sich in regelmäßigen Abständen zu Gesprächen zu treffen, damit Sie und Ihr Pate einen Soll/Ist-Abgleich durchführen. Es macht Sinn, hier eine Art Belohnungs- und Schmerzsystem einzufügen. Wobei Schmerz natürlich nur sinnbildlich zu verstehen ist. Kein Mensch hat ein Interesse daran, einem anderen Menschen Schmerzen zuzufügen. Ihr Pate ist Ihr

Partner und kein Sadist. Im Leben gibt es mit Sicherheit Dinge, die Sie nicht gerne tun. Vielleicht duschen Sie gerne, meiden aber die Sauna. Schon der Gedanke an die Hitze treibt Ihnen die Schweißperlen auf die Stirn. Sowie Ihr Pate feststellt, dass Sie Ihren Vertrag nicht eingehalten haben, könnte er Sie für einen Saunagang abkommandieren. Das werden Sie überleben, da bin ich mir ganz sicher. Sie werden dort die Zeit haben, über Ihre Versäumnisse nachzudenken. Ich wünsche Ihnen natürlich, dass Ihr Pate mehr Belohnungen und weniger Schmerzrezepte verabreichen muss. Dann sind Sie auf dem richtigen Weg, und das wollen wir doch alle.

Sie sollten den Vertrag nur unterschreiben, wenn Sie Ihr Ziel kennen. Welches Bild haben Sie vor Augen, wenn Sie an Ihren Erfolg denken? Greifen Sie jetzt zu einem Stift und zeichnen Ihr „persönliches Erfolgsposter".

Mein Erfolgsposter

Bei der kreativen Visualisierung ist wichtig, dass Sie sich nicht immer wieder das Problem vorstellen, sondern Ihre Gedanken um 180 Grad hin zur Lösung drehen. Wenn Ihr Bankkonto in die roten Zahlen gerutscht ist, hilft es wenig, sich diese Zahl jeden Tag in Erinnerung zu rufen. Viel wichtiger ist es, sich ein Guthabenkonto vorzustellen. Das können Sie noch verstärken, indem Sie das passende Bild lebendig werden lassen. Schaffen Sie sich dazu Ihr eigenes Innenkino, indem Sie sich entspannen und sich eine große weiße Leinwand vorstellen. Auf diese Leinwand projizieren Sie die Bilder, die Sie sich für Ihr Leben wünschen. Bewegen Sie sich zum Beispiel gedanklich auf Ihre Hausbank zu. Dort entnehmen Sie Ihre EC-Karte und rufen Ihren Kontostand ab. Bei dieser Gelegenheit erscheint die nette Bankangestellte (es kann natürlich auch der nette Bankangestellte sein) und gratuliert Ihnen zum wiederholten Male zu einem üppigen Konto. Dann könnten Sie sich ferner vorstellen, dass Ihre Bankerin Ihnen einige interessante Empfehlungen geben möchte, wie Sie das Geld anlegen können.

Alle Sportgrößen arbeiten mit Visualisierung, so auch der Amerikaner Mark Allen, der als einziger Mensch sechsmal den Ironman in Folge gewann. Auf die Frage, wie er es geschafft habe, in jedem Jahr aufs Neue der Beste unter allen Teilnehmern zu sein, die jeweils 4 km schwammen, 180 km mit dem Rad fuhren und 42 km liefen, antwortete er[19]:

Ich habe mir immer wieder vorgestellt, mit welcher Zeit ich mit einem Lächeln im Gesicht ins Ziel einlaufe.

Das Unterbewusstsein schafft die Voraussetzungen für die Erfüllung der Wünsche. Nur leider kann es nicht unterscheiden, ob Sie das, was Sie denken, auch wirklich wollen. Wenn Sie etwas nicht wollen, erhalten Sie es genauso zuverlässig wie das tatsächlich Gewollte. Unser Unterbewusstsein kennt keine Verneinungen, wie zum Beispiel *nicht oder kein.* Insofern hatte die Kampagne der deutschen Bundesregierung *Keine Macht den Drogen* nur wenig Erfolg. Das Unterbewusstsein registriert es als *Macht den Drogen*. Ein weiteres Beispiel: Haben Sie zu Hause ein Schild aufgestellt mit dem Hinweis: *Nicht den Rasen betreten!*? Ärgern Sie sich darüber, dass immer wieder irgendwelche Deppen über Ihren Rasen laufen? Dann sind Sie selbst schuld! Denn das Unterbewusstsein dieser Leute reagiert mit *Rasen betreten!* Würden Sie dagegen schreiben: *Bitte Gehweg benutzen!*, hätten Sie für immer Ihre Ruhe und Ihr

Rasen könnte prächtig wachsen. Es ist leider so, dass ein Teil in uns einfach nicht mit Negationen umgehen kann. Sie wollen einen Beweis? Nun, dann denken Sie nicht an den Eiffelturm.

Das Gleiche gilt für Ihr Geld. Wenn Sie unentwegt an Ihr Sollkonto denken, meint das Unterbewusstsein, dass Sie diesen Zustand wirklich wollen und verstärkt diesen Zustand. Die Negativspirale wird immer stärker und zieht Sie immer weiter hinunter in den Sog der Schulden. Das Schöne an dieser Erkenntnis ist jedoch, dass Sie nur durch Änderung Ihrer Gedanken jederzeit den Zustand umkehren können. Statt: *Ich will keine Schulden mehr auf meinem Konto* sagen Sie: *Mein Konto ist ausreichend gefüllt.*

Die Technik der Visualisierung ist kein Produkt unserer Zeit. Schon das Universalgenie Michelangelo machte sich diese Kraft zunutze. Michelangelo verbrachte den Großteil seines Lebens damit, vor seinem geistigen Auge alles auszuradieren, was nicht seinem Ideal entsprach. Die großartige Fähigkeit gab dem italienischen Bildhauer und Architekten die Kraft, sich immer wieder neu auf sein Schaffen zu konzentrieren. Mit Erfolg, wie wir heute wissen. Er hinterließ nahezu vollkommene Kunstwerke. Auf die Frage, wie es im gelinge, aus einem Marmorblock Figuren in höchster Vollendung zu schaffen, soll der Meister gesagt haben: „Es ist ganz einfach. Alles, was ich für die Figur nicht brauche, schlage ich mit Hammer und Meißel ab."

Von solchen und anderen Fähigkeiten sind die meisten Menschen weit entfernt. Ohne es zu bemerken, programmieren sie sich häufig mit den Sätzen: „Ich hätte gerne dieses oder jenes, aber ich habe es nicht." Solche geistigen Selbstgespräche blockieren leider alles, was sie sich doch so sehr wünschen. Wenn Sie am Fenster Ihrer Mietwohnung im dritten Stock stehen und auf den Garten des Nachbarn sehen, seufzen Sie vielleicht: „Ich wünschte, ich hätte ein eigenes Haus mit einem großen Garten." Durch diese Gedanken bestätigen Sie aber genau das, dass Sie tatsächlich keines haben, und verstärken somit weiterhin den Mangel. Mit Hilfe der kreativen Visualisierung können Sie diesen Leidensweg beenden. Sie können lernen, andere Dinge zu sehen. Stellen Sie sich vor, Sie sind ein Maler. Sie halten den Pinsel in der rechten Hand, in der linken halten Sie mehrere Farbtuben. Nun beginnen Sie in Ihrer Vorstellung damit, einfach das von Ihnen Gewünschte zu malen, in allen Details. Lassen Sie nichts aus. Je genauer, desto schneller tritt die Wirkung ein. Nachdem das Bild fertig ist, hängen Sie es einfach in den Spiegelsaal Ihres Traumschlosses. Immer, wenn Sie das Bedürfnis haben, gehen Sie nun in den Saal und bleiben vor dem Bild stehen. Damit frischen Sie Ihren aktuellen Wunsch immer wieder auf. Je öfter Sie das tun, desto schneller tritt das Gewünschte auf interessante Weise in Ihr Leben.

Dirk Schmidt punktgenau

Wenn Sie Ihr Wunschbild immer vor Augen haben, ist die Realisierung nur eine Frage der Zeit. Legen Sie ein Traumbuch an. Hier kleben Sie passend zu Ihren Wünschen Bilder ein. Nutzen Sie dieses Buch als Kraftspender und Traumverstärker. Je öfter, desto eher werden sich Ihre Wünsche erfüllen.

1.3.2 Spitzensportler treiben sich an

Halten Sie sich fern von denjenigen, die versuchen, Ihren Ehrgeiz herabzusetzen. Kleingeister tun das immer, aber die wirklich Großen geben Ihnen das Gefühl, dass auch Sie selbst groß werden können.

Mark Twain

„Unser Gehirn ist wie Knetgummi", sagt der Pionier der Bewegungsneurologie, Prof. Dr. Wildor Hollmann.[20] In jeder Sekunde verändern sich nämlich Gehirnstrukturen, weil das menschliche Hirn eine ungeheure Plastizität aufweist. Der Molekularbiologe und Schmerzforscher Prof. Dr. Walter Zieglgänsberger sagt in einem Interview[21]: „Heute wissen wir, dass sich auch ein erwachsenes Gehirn ständig umformt. Für uns Hirnforscher ist dies eine wahnsinnig aufregende Zeit, als wären wir gerade dabei zu begreifen, dass die Erde keine Scheibe ist." Darauf hat körperliche Aktivität einen extremen Einfluss, und zwar zu jeder Zeit und in jedem Alter. Sport entfacht im Gehirn ein molekulares Feuerwerk. Durch ein Experiment konnte der Neurologe Scott Small von der Columbia University in New York diese bahnbrechende Erkenntnis nachweisen. Small ließ Probanden drei Monate lang trainieren. Mit Hilfe eines Hirnscanners wurde anschließend festgestellt, dass sich bei allen Sportlern neue Blutgefäße in der Gedächtnispforte des Hippocampus gebildet hatten. Damit konnten zum ersten Mal Trainingseffekte direkt im menschlichen Gehirn gemessen werden. Bei körperlicher Aktivität kommt es im Gehirn zu einer vermehrten Durchblutung, und die verursacht eine Reihe von Stoffwechselvorgängen. Deutsche Wissenschaftler stellten sogar fest:

Das Gehirn ist das am besten veränderbare Organ des Menschen.

Interessant ist dabei, dass körperliche Aktivität das Gehirn besser trainiert als geistige. Dazu sagt Kirk Erickson von der University of Illinois: „Schwimmen, Radfahren, Joggen, Tanzen – all das verbessert die kognitiven Leistungen." Deshalb sind motivierte Menschen ständig in Bewegung. Kirk Erickson empfiehlt, dreimal in der Woche 45 Minuten spazieren zu gehen, um die positiven Effekte zu nutzen. Wer es etwas härter mag und Ausdauersport betreibt, schafft noch bessere Resultate, weil dadurch die sogenannten exekutiven Funktionen gestärkt werden. Darunter fallen das Setzen von Zielen, das Planungsvermögen, das Arbeitsgedächtnis und die Konzentrationsfähigkeit. Dazu Hirnforscher Prof. Dr. Ernst Pöppel[22]: „Wer sich bewegt, bleibt geistig fit." Anders ausgedrückt:

Wenn Sie etwas in Ihrem Leben verändern wollen – bewegen Sie sich!

Unser Kulturkreis setzt allzu schnell Bewegung mit körperlicher Bewegung gleich. Doch Bewegung ist auch geistige Bewegung, der in heutiger Zeit eine besondere Bedeutung zukommt. Allerdings lieben die Menschen Bequemlichkeit, weshalb sie bald auf „ausgetretenen" Pfaden wandern, ohne darüber nachzudenken, ob es auch noch andere Wege oder Möglichkeiten gibt.

Zudem halten sie an liebgewonnenen Gewohnheiten fest, aus Angst, sich sonst selbst zu schaden. Manche Ehe besteht schon seit Jahren nur noch auf dem Papier, und dennoch leben beide weiterhin, wie Bruder und Schwester, zusammen, aus Angst vor dem Alleinsein. Dabei starren sie auf die anderen Ehepaare, die allesamt doch viel glücklicher sind. Irrtum, wie sich jetzt herausstellte. Die Autorin Martina Rellin schreibt in ihrem Buch „Die Wahrheit über meine Ehe", dass es überall gleich ist. Sie warnt sogar[23]:

Wenn die beste Freundin eine perfekte Ehe zeigt, glauben Sie ihr nicht, hinter der glücklichen Fassade sieht die Ehe garantiert normal aus.

Andere Frauen haben vielleicht weniger Eheprobleme, dafür aber halten sie jahrzehntelang an ihrem schlecht bezahlten Arbeitsplatz fest aus Angst vor Arbeitslosigkeit. All diese Verhaltensweisen sind antrainiert. Kein Kind kommt mit diesem Gefühl der Ohnmacht zur Welt. Das Gegenteil ist der Fall und evolutionär auch gar nicht anders vorstellbar. Krabbelnde Kinder wollen eines Tages aufrecht gehen. Ist die Zeit reif, entwickeln sie eine unglaubliche Energie, dieses Ziel zu erreichen. Obwohl jeder Mensch diese Erfahrung gemacht hat, fehlt uns heute die Erinnerung daran. Wer kleine Kinder bei diesem Prozess beobachtet, wird sehen, dass sie dutzendfach hinfallen, aber immer wieder aufstehen. Sie bleiben nicht liegen. Das Wort Angst scheinen sie nicht zu kennen. Ein Erwachsener würde nach dem dritten Hinfallen liegen bleiben, weil er zum einen immer mehr Schmerzen spürt und zum anderen sich die Gefahren ausmalt, die damit verbunden sind, es erneut zu versuchen. Deshalb ist es gut, dass wir vieles in den ersten zwei Lebensjahren lernen. Mit dem ausgebildeten Verstand wäre eine ähnliche Entwicklung kaum noch möglich. Aber es bedeutet auch:

Was wir gelernt haben, können wir auch wieder ändern!

95 Prozent unseres Verhaltens bestehen aus Gewohnheiten. Viele sind nützlich und hilfreich, weil sie uns helfen, den Alltag leichter zu meistern. Andere hindern uns daran, uns weiterzuentwickeln. Schlimmer noch, sie pressen uns in eine Art Schablone, die vorgibt, wie wir uns innerhalb einer Gesellschaft zu verhalten haben. Doch alles in der Welt ist auf Wachstum und Veränderungen ausgelegt. Was heute noch gilt, kann morgen überholt sein. Wie sagte schon Kaiser Wilhelm II.:

Ich glaube nicht an das Auto, ich setze weiterhin auf das Pferd.

Wir Menschen hören ab einem bestimmten Alter auf, körperlich zu wachsen, bei vielen leider auch der Geist. Man kann nur persönlich wachsen, erfolgreicher werden und selbstbewusster, wenn man bereit ist, den berühmt-berüchtigten Blick über den Tellerrand zu wagen und sich den Veränderungen des Lebens zu stellen. Das kostet allerdings nicht nur viel Kraft, es ist zudem auch noch sehr schmerzhaft. Neues zu wagen und Altes hinter sich zu lassen, ist alles andere als einfach. Aber eben nicht unmöglich. Es ist nie zu spät. Das muss sich wohl auch die Italienerin Edith Linke gesagt haben. Sie hat im Sommer 2008 mit stolzen 86 Jahren ihr Abitur gemacht. Aufgrund ihres Alters hätte man durchaus annehmen können, dass sie ihren Fokus auf Geschichte oder Philosophie legte. Doch sie wählte das Thema „Kommunikation in Zeiten von SMS und E-Mail“. Edith Linke beweist, dass unser Alter keine Rolle spielt, wenn wir von dem optimistischen Geist beseelt sind, etwas wirklich schaffen zu wollen.

Natürlich können wir die Zeit nicht zurückdrehen. Auch bringt es nichts, Zeiten nachzutrauern und unsere Wunden wegen der verpassten Chancen zu lecken. Jeden Tag ergeben sich neue Wunder und Chancen, die es zu nutzen gilt. Vorausgesetzt, Sie hören zum einen nicht auf Dummschwätzer, die negativ auf Sie einreden und mehr Probleme denn Chancen sehen. Zum anderen müssen Sie in allem, was Sie tun, so wie die Sportler, die „totale Verpflichtung“ eingehen.

Oft erzählt und doch immer wieder gern gehört: die Geschichte um die verbrannten Schiffe. Zu Beginn unserer Zeitrechnung sah sich ein großer Feldherr zu einer Entscheidung gezwungen, die die völlige Vernichtung seiner Armee bedeuten konnte. Dennoch hatte er keine andere Wahl. Er musste in den Krieg ziehen und seine Truppen gegen einen zahlenmäßig überlegenen Feind antreten lassen. So verschiffte er seine Truppen in das feindliche Gebiet. Als die Soldaten das Land betraten, befahl der Feldherr, die Schiffe komplett zu entladen. Nachdem dies geschehen war, befahl er seinen Soldaten, diese anzuzünden. Vor der Schlacht rief er seine Kämpfer zusammen und sagte: „Seht ihr, wie das Feuer unsere Schiffe zerstört hat? Wenn wir diesen Kampf verlieren, werden wir diese Küste nicht mehr lebend verlassen. Wir haben keine Wahl als zu siegen, oder wir werden sterben.“ Der Ausgang ist bekannt. Die Armee siegte.

Diese Geschichte lehrt uns, dass wir immer nur dann gewinnen können, wenn wir bereit sind, alles auf eine Karte zu setzen. Spitzensportler sind keine Menschen, die sich nach allen Seiten absichern. Sie wagen viel, riskieren oft alles, weil sie wissen, dass am Mut der Erfolg hängt. Auch wenn ihre Mission am Anfang nach keinem großen Erfolg aussieht, so wissen sie doch, dass der stete Tropfen letztlich den Stein aushöhlt. Jede sportliche Mission gleicht einem Weg durch einen Dschungel, den zuvor noch niemand gegangen ist. Den ersten Weg durch den Regenwald muss man sich mit Macheten freikämpfen. Diese schweißtreibende Arbeit kostet viel Zeit und Kraft. Wer das zweite Mal diesen Weg geht, hat es schon leichter. Man braucht zwar noch immer die Machete, aber längst nicht mehr so viel Kraft. Nach 50 Wanderungen über diese Strecke ist tatsächlich ein kleiner Weg entstanden, der es einfacher macht, das Ziel zu erreichen. Nach 100 Wanderungen ist es ein Pfad, nach 1.000 bildlich gesprochen eine Kreisstraße, nach 10.000 eine Bundesstraße und nach 100.000 eine Autobahn.

Erfolg erfordert immer den gesamten Einsatz mit allen Sinnen. Wer mal so nebenbei eine Karriere anfangen will, ist weniger stark motiviert als jemand, der sich ab sofort und mit ganzer Kraft einer neuen Aufgabe stellt. Viele „probieren" erst einmal aus und beobachten, was passiert. Ganz nach dem Motto: „Wenn ich hier keinen Erfolg habe, dann habe ich ja noch meinen Hauptberuf." Was glauben Sie, wie werden die meisten Menschen reagieren, sobald sich die ersten Probleme einstellen? Nur die wenigsten werden kämpfen. Die meisten werden sich geschlagen geben und in ihre nicht verbrannten Schiffe zurückkehren, um möglichst schnell das feindliche Land zu verlassen. Genauso wäre es doch auch dem Feldherrn ergangen, der seine Armee in einen fast aussichtslosen Kampf führte. Dadurch aber, dass er jede Rückzugsmöglichkeit verbrannte und auf Sicherheit verzichtete, hatten die Soldaten keine andere Wahl als zu marschieren und zu gewinnen. Dieses Verhalten lässt sich auch auf Sportler übertragen: Wer sich voll und ganz auf seine Aufgabe konzentriert und jede Rückzugsmöglichkeit ausschließt, wird zu den Erfolgreichen gehören.

Für den „besten" Formel-1-Fahrer aller Zeiten Michael Schumacher spielte das Training eine sehr große Rolle. Wenn er zu den verschiedenen Rennplätzen dieser Welt tourte, dann hatte er vorher seinen Rennwagen auf Herz und Nieren geprüft. Er fuhr Runde um Runde, um ja nichts dem Zufall zu überlassen. So fit wie sein Auto, so fit war er selbst Körperlich wie geistig. Hierzu stand ihm ein rollendes Fitness-Studio zur Verfügung. Ein ganzer Lastwagen nur mit Sportgeräten für seine körperliche Fitness. Hier trainierte Michael zu allen Tageszeiten, um seinen Körper fit zu halten, ganz nach dem Motto: „In einem gesunden Körper wohnt ein gesunder Geist." Sie mögen an diesem Beispiel erkennen, dass es niemals einen automatischen Weg zum Erfolg gibt. Im Gegenteil. Man muss bereit sein, hart an sich zu arbeiten, und wenn man dann ganz oben ist, darf man nicht aufhören. Kein normal denkender Mensch würde auf die Idee kommen, ein Flugzeug, das seine Flughöhe erreicht hat, auf die Hälfte der Geschwindigkeit zu setzen. Allen ist klar, dass es sofort abstürzen würde. Diese und andere Naturgesetzmäßigkeiten wirken immer und überall. Sobald jemand aufhört, nicht mehr so hart an sich und für seine Ziele zu arbeiten, weil er es angeblich geschafft hat, wird er genau das Gegenteil erreichen, er wird vom Gipfel des Erfolges in das Tal des Misserfolges abstürzen. Deshalb gilt: Jeder Tag ist ein neuer Anfang, und Sie haben es in der Hand, aus diesem einen Tag, der für den Augenblick der wichtigste Tag ist, das Beste zu machen.

Dirk Schmidt punktgenau

Große Erfolge erreicht man am ehesten durch kleine Schritte. Aber auch nur dann, wenn man bereit ist, den ersten Schritt zu wagen. Wann werden Sie den ersten Schritt zu einem neuen Leben wagen? Am Mut hängt der Erfolg. Haben Sie keine Angst. Sie können nur gewinnen.

1.3.3 Spitzensportler haben Visionen

Alle Träume können wahr werden, wenn wir den Mut haben, ihnen zu folgen.

Walt Disney

Der Name Britta Steffen wird für alle Zeiten mit dem Attribut Olympiasiegerin versehen sein. Sie hat das erste olympische Gold nach 16 Jahren für den Deutschen Schwimmverband geholt. Es war der Triumpf ihres Willens, denn noch bei der Wende lag die WM-Dritte auf dem letzten Platz, fast eine Länge hinter der Weltmeisterin Libby Trickett. Doch die Hoffnung stirbt bekanntlich zuletzt. Steffen kämpfte sich heran und schließlich vorbei. Später wird sie sagen: „Da wurden Bärenkräfte frei." Am Ende lag sie vier Hundertstel – eine Fingerlänge (!) – vor der Weltrekordlerin aus Australien[24]:

Genauso wichtig wie der Sieg ist es mir, dass ich Kampf und Willen gezeigt habe.

Wer weiß, was er will, wird können, was er will. Wer wüsste es nicht besser als der „stärkste Mann der Welt", Matthias Steiner. Mit brachialer Ge-

Michael Schumacher

walt stemmte er 258 Kilogramm, und damit holte nach 16 Jahren wieder ein Gewichtheber Gold für Deutschland. Dabei sorgte Matthias Steiner für einen der emotionalsten Momente der Olympischen Spiele 2008. Als er auf der Siegertreppe stand, hielt er in der einen Hand die Goldmedaille und in der anderen das Foto seiner toten Frau, die vor einem Jahr durch einen unverschuldeten Verkehrsunfall ums Leben kam. Seine Eltern wohnten dem Triumph in Peking bei. In einem Interview sagten sie:

Ich wusste, der Junge ist der größte Kämpfer ... Der Sport war so wichtig für Matthias. Seine Frau wollte, dass er hier siegt. Er hat es geschafft.

Bundestrainer Mantek, der unmittelbar nach Steiners goldenem Stoß mit einem Schrei auf die Bühne gestürzt war, um seinen Recken zu herzen, brüllte im deutschen Jubelknäuel völlig außer Rand und Band: „Versprochen ist versprochen, Gold, Gold, Gold. Ich habe es euch immer gesagt. Jetzt lassen wir die Puppen tanzen." Der Chef der Mission der deutschen Olympia-Mannschaft, Michael Vesper, konnte seine Tränen kaum noch unterdrücken. „Der Junge ist ein echter Siegertyp", sagte er mit kratziger Stimme[25]:

Der war nicht mit Silber zufrieden. Steiner hat alles auf eine Karte gesetzt und gewonnen. Einfach grandios.

Der größte Herzenswunsch der Deutschen ist das Wohl der eigenen Familie. Zu diesem Ergebnis kommt die Studie „Deutschland – Wunschland", die das Meinungsforschungsinstitut TNS Emnid im Auftrag der Deutschen Bank erstellte. Abgesehen von der Familie hegen die Befragten vor allem Träume, die sich mit finanziellen Mitteln verwirklichen lassen, wie eine Traumreise oder ein ansprechendes Wohnumfeld. Im Widerspruch dazu steht, dass nur 43 Prozent der Deutschen die konkrete Umsetzung ihrer Träume planen. Als größte Barriere zwischen Anspruch und Wirklichkeit nennen sechs von zehn Befragten finanzielle Hürden. Angesichts der steigenden Kosten verwundert mich diese Aussage nicht, doch die Studie lässt sich vielfältig interpretieren. Wenn 60 Prozent der Befragten ihren Lebenstraum nur deshalb nicht erfüllen können, weil es ihnen an finanziellen Möglichkeiten mangelt, zeigt das doch, dass diese Menschen ohne Fantasie sind. Sie scheinen nur zwischen Weiß und Schwarz zu unterscheiden. Andere Möglichkeiten sehen sie nicht. Dabei ist das Leben so vielgestaltig, und es mangelt nicht an Angeboten, seine finanzielle Situation zu verbessern. Dazu aber muss man bereit sein, sich verändern zu wollen, und darin liegt das Problem. Noch immer suchen die Menschen ultimative Sicherheit und klammern sich ans Altbewährte. Sie gehen lieber unter, als dass sie bereit sind, Neues zu wagen. Mehrere Millionen Arbeitslose und Hartz-IV-Empfänger können davon ein Lied singen. Viel zu lange haben sie den Versprechungen der Geschäftsleitung und der Politik geglaubt und alles gegeben, um am Ende mit leeren Händen dazustehen.

Es ist schwer, Altes loszulassen und Neues anzufangen. Wer es schon einmal versucht hat, weiß das. Viele Menschen wagen deshalb auch gar keinen Versuch, sondern lassen sich fallen ins soziale Netz, in der großen Hoffnung, andere würden schon für sie sorgen.

Diejenigen, die ihr Leben nachhaltig verbessern möchten, müssen sich in zwei Disziplinen üben:

- Anfangen
- Durchhalten

Was so einfach und nachvollziehbar klingt, ist mit Abstand die schwierigste Sache der Welt, wie z. B. Raucher immer wieder bestätigen. Wer am Tag eine Schachtel Zigaretten raucht, investiert rund 1.600 Euro im Jahr. Viel Geld, das buchstäblich in Rauch aufgeht. Deshalb haben viele Raucher immer wieder versucht, damit aufzuhören. Sie haben angefangen, aber nicht durchgehalten. Mit dem Erfolg verhält es sich ähnlich. Auch hier gilt es, sofort anzufangen. Auf dem Weg wird es zahlreiche Rückschläge und Probleme geben. Aber genau an dieser Stelle trennt sich der Unentschlossene von dem fest Entschlossenen. Der gibt nie auf, egal was kommt. Er weiß, dass jede Veränderung ein Spiel mit vielen Unbekannten ist. Nur wer wirklich bereit ist, sich darauf einzulassen, wird am Ende als Sieger dastehen. Jede Veränderung beginnt mit dem ersten Schritt, egal ob Sie im Sport die Nummer eins werden oder eine Million Euro Ihr Eigen nennen wollen.

Wenn Sie einen klaren Plan und eine klare Vorstellung von dem haben, was Sie im Leben erreichen wollen, dann können Sie wirklich alles erreichen. Natürlich sieht es zunächst, wenn man am Anfang einer Entscheidung steht, sehr unrealistisch aus, Olympiasieger, Spitzenmanager oder Millionär zu werden. Aber niemand hat Ihnen gesagt, dass es so bleiben muss. Auch unser ehemaliger Bundeskanzler lernte an der Realschule, beendete seine Ausbildung zum Einzelhandelskaufmann, um dann auf dem zweiten Bildungsweg das Abitur nachzuholen. Nach dem Jura-Studium ließ er sich als Rechtsanwalt in Hannover nieder und nahm wichtige Ämter in seiner Partei wahr. Dann wurde er Ministerpräsident und zuletzt Bundeskanzler. Nach seinem Ausscheiden aus der Politik wechselte er zu einer russischen Firma mit einem fantastischen Jahresgehalt von einer Million Euro. Das alles ist harte Arbeit, und es verdeutlicht zum einen, dass uns nichts geschenkt wird. Zum anderen beweist es, dass man so ziemlich alles erreichen kann. Nun können natürlich nicht alle Bundesbürger Kanzler werden, aber darum geht es nicht. Wichtig ist, was Sie wollen, und nicht, was die Gesellschaft will.

Alles im Leben braucht seine Zeit. Besonders am Anfang verzweifeln viele, weil sie das Gefühl haben, nichts zu bewegen. Es geht ihnen einfach zu langsam voran. Doch Erfolg und Wachstum haben die gleichen Väter: Zeit. Nur wer bereit ist, Zeit in ein Projekt zu investieren und sich in Geduld zu üben, wird am Ende belohnt. Werfen wir hierzu einen Blick auf einen See. Einmal angenommen, Sie wollen, dass ein See mit Seerosen zuwächst. Dieses Ziel soll erreicht werden, indem sich die Seerosen jede Woche verdoppeln. Also legen Sie eine Seerose ins Wasser und warten ab. Sie warten tatsächlich, denn in den ersten Wochen passiert so gut wie gar nichts. Nach zwei Wochen sind erst zwei Seerosen auf dem See zu sehen, nach drei Wochen vier. Kein Wunder, dass diese geringe Menge auf der Wasseroberfläche nicht auszumachen ist. Es braucht ganze 28 Wochen, bis der See zu einem Viertel mit Seerosen zugewachsen ist. Das sind sieben Monate, in denen so gut wie gar nichts passiert. Aber bereits in der 29. Woche ist die Hälfte des Sees zugewachsen (ein Viertel verdoppelt sich in einer Woche), sodass in der 30. Woche der ganze See mit Seerosen übersät ist. Diese Entwicklung macht deutlich, dass gerade die Zeit am Anfang immer wieder den Eindruck erweckt, dass nichts passiert. Auf die Welt des Erfolgs übertragen, bedeutet das, sich abgestrampelt zu haben, ohne zunächst ein wirklich gutes Ergebnis auszumachen. Jetzt kommt es aber darauf an, nicht aufzugeben und weiterzumachen. Verlierer geben in dieser Zeit auf, Gewinner nicht. Sie schaffen es bis zur 29. Woche und ernten dafür in der 30. Woche den vollen Ertrag.

Ein aus meiner Sicht „Stehaufmännchen" und Siegertyp ist der Österreicher Hermann Maier. Als er 1972 geboren wurde, litt er unter Wachstumsstörungen, sodass niemand ernsthaft an eine Karriere

Hermann Maier

im Skisport glaubte. So flog er mit 15 Jahren dann auch aus der Förderung des Österreichischen Skiverbandes. Eine herbe Enttäuschung für jemanden, der bereits mit drei Jahren auf Skiern den Berghang hinunterfuhr. Nach diesem „Rausschmiss" schien das Ende seiner Karriere besiegelt. Also lernte er einen „ordentlichen" Beruf und wurde Maurer. Nebenbei jobbte er als Skilehrer. Als er so „nebenbei" einige Wettkämpfe gewann, qualifizierte er sich für Olympia und holte zweimal Gold bei den Olympischen Spielen 1998. Die Liste seiner Medaillen wurde immer länger. Maier gewann ein Rennen nach dem anderen und wurde einer der erfolgreichsten alpinen Skirennläufer Österreichs, obwohl der Aufstieg alles andere als einfach gewesen war. Im ersten Abfahrtsrennen der Olympischen Winterspiele in Nagano 1998 raste das Ski-As unkontrolliert von der Piste, flog im hohen Bogen über den Fangzaun und landete 50 Meter weiter im Tiefschnee. Die Zuschauer konnten sich nicht vorstellen, dass jemand einen solch schweren Sturz überlebt. Doch Hermann Maier stand auf, erholte sich und gewann zwei Tage später olympisches Gold. Nur drei Jahre später schlug das Schicksal abermals erbarmungslos zu. Maier verunglückte mit seinem Motorrad. Schwere Prellungen am Gesäß und ein gebrochener rechter Unterschenkel waren das verheerende Resultat dieses Unfalls, den ein Rentner unvorsichtigerweise ausgelöst hatte. Weil das ganze rechte Bein offen war und Gewebe abgetrennt wurde, wurde eine Amputation nicht mehr ausgeschlossen. Nach einer siebenstündigen Notoperation gab es dann die erlösende Nachricht, dass sein Bein gerettet werden konnte. Maier erholte sich, trainierte wie gewohnt und holte exakt 521 Tage nach diesem schweren Verkehrsunfall einen Weltcupsieg. Sein eiserner Wille, gepaart mit zäher Geduld, brachte ihn dorthin.

Dirk Schmidt punktgenau

„Nur wenn du es wagst, Dinge zu tun, die du bisher noch nicht beherrscht hast, wirst du wachsen", sagt Ralph Waldo Emerson. Welche Dinge haben Sie, aus welchen Gründen auch immer, vor sich hergeschoben und nicht angepackt? Veränderungen sind nur möglich, wenn Sie beherzt zugreifen. Also packen Sie das an, was Sie bisher nicht angepackt haben.

Wie Spitzensportler ihre Ziele erreichen

Mehr als die Vergangenheit interessiert mich die Zukunft, denn in ihr gedenke ich zu leben.

Albert Einstein

„Flieg, junger Adler, hinaus in die Freiheit. Schau nur nach vorn, nie zurück. Hör auf dein Herz und folg' nur den Gefühlen. Ich wünsche dir viel Glück", heißt es in einem bekannten Lied von Tom Astor. In der Tat, wer möchte nicht gern einmal abheben und alle Sorgen buchstäblich hinter sich lassen? Stattdessen schauen viele gedankenverloren in den blauen Himmel, scharren weiterhin mit den Füßen und fügen sich ihrem Schicksal. Deshalb hat mich das Ergebnis einer Studie[26] vom Sommer 2008 nicht überrascht:

Jeder fünfte Deutsche hält sich für einen Pechvogel.

Die repräsentative Umfrage des GEWIS-Instituts ergab, dass 60 Prozent schon einmal eine Phase im Leben hatten, in der alles schiefging. Etwa genauso viele Menschen machen dafür eine höhere Macht verantwortlich, die über Glück und Pech im Leben entscheidet. Tatsächlich gehen Wissenschaftler jedoch davon aus, dass Pechvögel viele ihrer Lebensdramen unbewusst selbst inszenieren. Den Grund sehen sie in einem zu geringen Selbstwertgefühl, das sie bewusst herausstellen, um Aufmerksamkeit zu erhalten.

Ich gebe zu bedenken, dass alle Menschen auf diesem Planeten nur dieses eine Leben haben. Damit haben sie gleichzeitig auch das Recht, es so zu leben, dass sie sich wohlfühlen. Auch Sie! Natürlich haben die Umstände Sie zu dem gemacht, was Sie heute sind. Ganz klar, schließlich kann sich niemand seine Eltern aussuchen. Aber mit der Geburt wird die Nabelschnur durchtrennt und Ihr eigenes Leben beginnt. Wer heute immer noch über das schlechte Leben und die damit verbundenen Umstände klagt, hat, bildlich gesprochen, noch immer nicht die Nabelschnur durchtrennt. Ich weiß nicht, wie alt Sie sind. Im Durchschnitt leben Menschen in Westeuropa rund 27.500 Tage. Wie viele Tage davon haben Sie bereits hinter sich und wie wollen Sie die restlichen Tage, die vor Ihnen liegen, nutzen? Das ist die zentrale Frage, um die sich alles dreht. Wollen Sie so weitermachen wie bisher, mit dem gleichen Ergebnis, oder wollen Sie etwas verändern, damit Sie die Umstände in Ihr Leben ziehen, die für Sie von größter Bedeutung sind?

Sie können sich nicht entscheiden? Nun, dann stellen Sie sich bitte die Frage, wo Sie in fünf oder zehn Jahren stehen werden, wenn Sie an Ihrem bisherigen Verhalten und Ihren Gewohnheiten festhalten und nichts verändern.

Wenn ich an meinem bisherigen Verhalten und meinen Gewohnheiten festhalte, könnte das Ergebnis so aussehen:

In 5 Jahren:

In 10 Jahren:

In 20 Jahren:

Wie fühlen Sie sich, wenn Sie jetzt Ihre Aufzeichnungen lesen? Fühlen Sie sich gut? Nun, dann braucht es keine Veränderungen. Veränderungen sind notwendig, wenn Sie mit Ihrem Leben heute und in Zukunft nicht zufrieden sind. Deshalb meine Frage an Sie: Was werden Sie ab sofort ändern?

Für ein besseres Leben werde ich ab sofort Folgendes verändern:

____

____

____

____

____

____

____

Sicher haben Sie, wie Millionen andere, mit großer Begeisterung die Spiele der deutschen Fußballmannschaft während der Europameisterschaft 2008 in Österreich und der Schweiz verfolgt. Die Medien sprachen von einem zweiten Sommermärchen in Deutschland. Wen wundert's angesichts der phänomenalen Leistung der Mannschaft, von der niemand ernsthaft erwartet hatte, dass sie überhaupt ins Halbfinale kommen würde. Wenn Sie die Medienberichte verfolgten, dann haben Sie lesen können, wie sich die Fußballer auf die Spiele vorbereiteten. Alles lief nach einem festen Ritual ab. Bevor es zum Aufwärmtraining ging, durchliefen sie mehrere Phasen der Erholung. Im Mannschaftshotel wurde dann ein besonderes Essen serviert und die Spielerfrauen durften für ein paar Stunden bei ihren „Jungs" sein. Dieses Ritual ist wichtig, stimmt es doch die gesamte Mannschaft auf das große Ziel ein. Rituale geben Sicherheit und sorgen für Wohlbefinden.

Weiter oben sprach ich von Britta Steffen, die zweimal Gold für Deutschland erschwamm. Auch sie hat ein festes Ritual, bevor sie ins Wasser steigt. Nach ihrem grandiosen Sieg verriet sie, wie sie die Nacht vor dem großen Ereignis verbrachte:

„Ich hatte mir den Wecker auf 7.25 Uhr gestellt, aber um zwei Uhr bin ich wach geworden und konnte schlecht wieder einschlafen. Um halb sieben war ich dann komplett wach und habe gelesen. Als wir in die Halle einmarschiert sind, lief alles wie in Trance", erzählte Steffen glücklich und aufgedreht. Unmittelbar vor dem Start hatte sie noch schnell den Ring an ihrem Finger gedreht – ein Glücksbringer, in den die Namen der Geschwister eingraviert sind.

Welche Rituale haben Sie für sich, um sich zum einen besser zu fühlen, und zum anderen, um sich auf ein Ziel auszurichten? Jeder sollte ein Ritual haben, egal wie „lächerlich" es für einen Außenstehenden auch aussieht. Es ist Ihr Ritual. Letztlich ist alles im Leben nicht eine Frage des Könnens, sondern nur eine Frage des Wollens. Sie beginnt mit der Ehrlichkeit zu sich selbst. Unser Verhalten basiert im Prinzip auf festen Strukturen, denn es ergibt sich aus unserer individuellen Persönlichkeitsstruktur. Introvertierte oder extrovertierte Menschen, beide fühlen und denken. Wichtig ist, dass man sich seiner speziellen Art bewusst ist. Wir nehmen Informationen aus unserer Umwelt auf, ordnen sie ein und leiten daraus unsere Entscheidungen ab, so wie der kleine Adler aus der folgenden Geschichte.

Ein Bauer fand einen jungen Adler, nahm ihn mit nach Hause und setzte ihn zu den Hühnern. Zusammen mit den Hühnern musste er nun Körner picken. Er fand das anfangs interessant, aber er merkte, er war nicht glücklich dabei. Die Zeit verging und er lernte wie die Hühner zu scharren und zu kratzen. Eines Tages bekam der Bauer Besuch. Als der Besucher den Adler sah, fragte er, warum er bei den Hühnern lebe. „Ich habe ihn gefunden", sagte der Bauer, „und hier hat er gelernt, wie ein Huhn zu leben. Er verhält sich inzwischen auch wie ein Huhn." Der Freund sah, wie lustlos und unglücklich der Adler aussah. Er bat, ihm den Adler zu überlassen, damit er ihm wieder bewusst machen könne, dass er in Wirklichkeit ein Adler sei und kein Huhn, das mit den anderen Hühnern nach Körnern scharrt. „Ich will ihn dir geben", sagte der Bauer, „aber du wirst sehen, morgen wird er wieder bei den Hühnern sein." Am nächsten Tag stieg der Freund mit dem Adler auf den höchsten Fels in der Gegend. Er sprach zum Vogel: „Jetzt wirst du erkennen, dass du das Herz eines Adlers hast, du weißt es nur noch nicht." Der Mann gab den Adler frei, um ihn fliegen zu lassen. Dieser plumpste hilflos zu Boden. Der Adler wirkte ganz verwirrt. Doch plötzlich schien ihm zu dämmern, dass er in der

Dirk Schmidt punktgenau

Wann haben Sie zuletzt Ihre „Flügel" ausgebreitet? Carpe diem – Nutze den Tag!

Lage war zu fliegen. Er breitete zum ersten Mal zögernd seine Flügel aus und glitt nach einer Weile lautlos und majestätisch in die Lüfte. „Er hat die in ihm liegenden Fähigkeiten gespürt", dachte der Freund des Bauern zufrieden und war selber glücklich, als er den Adler hinter dem Horizont verschwinden sah.

2.1 Spitzensportler überlassen nichts dem Zufall

Die Scheu vor der Verantwortung ist eine Krankheit unserer Zeit.
Otto von Bismarck

Der preußische König Friedrich der Große (1712–1786) sagte: „Ich bedaure alle Tage meines Lebens, welche ich nicht dem Nachdenken und dem Studium gewidmet habe. Man kann seine Fähigkeiten, richtig zu urteilen, nicht genug vervollkommnen, ebenso wenig die durchdringende Schärfe des Verstandes." Wenn ein König schon der Meinung war, dass nur richtiges Nachdenken zum Erfolg führt, um wie viel mehr gilt es für uns „Normalsterbliche"? Kein Jäger käme auf die Idee, mit seiner Schrotflinte einfach in den Wald zu schießen in der Hoffnung, einen Hasen zu treffen. Er würde sich vorher das Jagdgebiet genau anschauen, um zu sehen, wo sich die Hasen am ehesten aufhalten. Nur dann besteht eine realistische Chance. Natürlich macht er sich mit der richtigen Jagdausrüstung auf den Weg. Von seinem gut getarnten Versteck wird er im geeigneten Moment schießen. Nur mit einem gezielten Schuss kann er einen Hasen töten. Er müsste aber um ein Vielfaches mehr schießen, wenn er ohne Sinn und Verstand einfach drauflosballern würde.

Erfolg braucht einen Plan. Auch Sie müssen wissen, wohin Sie wollen, sonst geht es Ihnen wie Mark Twain: „Nachdem wir das Ziel endgültig aus den Augen verloren hatten, verdoppelten wir unsere Anstrengungen." Niemand erwartet von Ihnen, dass Sie Ihr Leben bis ins Detail planen, doch die grobe Richtung muss stimmen. Das kann man mit der Planung des Sommerurlaubs vergleichen. Hier wissen Sie genau, wohin Sie fahren, wie Sie fahren und wann Sie fahren werden. Natürlich werden Sie einige Tage für bestimmte Besichtigungen einplanen, aber Sie werden eben nicht jeden Tag verplanen. Dieses Verhalten macht Sinn. Deshalb möchte ich Ihnen nahelegen, jetzt zu definieren, wohin Sie wollen, und dann durchaus einige Stationen einplanen, die für Sie wichtig sind und die Sie ganz bestimmt erreichen möchten. Alles andere wird sich dann zeigen. Ich empfehle, eine Liste zu erstellen, die Ihre kurz-, mittel- und langfristigen Ziele beinhaltet. Sie können auch mit der bewährten Zielplanungsliste aus dem Buch „Go for Money"[27] arbeiten, die ich hier in gekürzter Form einfüge:

Meine Ziele:

Worum geht es?	Wunsch	Wie viel ich wann erreicht haben werde:		
	ja/nein	1 Jahr	5 Jahre	10 Jahre
Einkommen aller Art				
Eigenheim und Grundstücke				
Mietobjekt zur Vermietung				
Einrichtung				
Auto				
Zinsen aus Geldanlagen				
Forderungen				
Eigenkapital (Wertpapiere, Aktien)				
Kunstgegenstände				
Unternehmensbeteiligungen				
Sonstige Anlagen				
Sonstige Anlagen				

Ich möchte Ihnen an dieser Stelle meine wichtigsten Gedanken zum Thema Zielsetzung aufzeigen, verbunden mit der Bitte, dass auch Sie ab sofort nichts mehr dem Zufall überlassen und Ihr Leben entschlossen anpacken.

1. Werteliste

Welche Werte sind die wichtigsten in Ihrem Leben? Sie werden sich in Zukunft viel leichter tun, Ihre Ziele aufzuteilen, wenn Ihnen zuvor klar geworden ist, was der Unterschied zwischen *wichtig* und *dringend* ist. Insbesondere dann, wenn Sie eine viel beschäftigte Person sind, sollten Sie hier genau differenzieren. Dringend ist so gut wie alles im Tagesablauf. Jeder, der von Ihnen etwas möchte, hätte es gerne sofort. Anrufer wollen unbedingt nur zu Ihnen durchgestellt werden. Fragen müssen Sie sofort beantworten und für Probleme müssen Sie jederzeit ein offenes Ohr haben. Natürlich erwartet man von Ihnen, selbige sofort aus der Welt zu schaffen. Es kommen leider auch noch andere Dinge hinzu. Denn Sie müssen sich auch noch um Ihre Familie kümmern und im Besonderen natürlich um Ihr Geld. Und wie steht es mit Ihrer persönlichen Weiterbildung oder mit der Steigerung des Selbstbewusstseins und somit des persönlichen Einkommens? Spätestens jetzt werden Sie unsicher und Ihr Plan gerät aus den Fugen. Und genau an dieser Stelle hören viele Menschen schon wieder auf zu planen, weil sie das Gefühl haben, nicht für den Erfolg geboren zu sein. Das dürfen Sie aber keinesfalls akzeptieren. Deshalb sollten Sie zunächst festlegen, was für Sie wichtig ist im Leben. Dringende Dinge haben dann nur noch drumherum Platz. Hier einige wichtige Dinge im Leben eines Menschen:

- Familie und Freunde
- Lebensenergie durch Fitness, Ernährung und Gesundheit
- Finanzen (Vermögensplanung)
- persönliche Entwicklung durch lebenslanges Lernen
- berufliche Aufgaben

Es kann sein, dass Sie zunächst nicht alle Bereiche gleichzeitig und gleich stark abdecken können. Wenn Sie noch am Anfang Ihrer beruflichen Karriere stehen oder Ihren endgültigen beruflichen Durchbruch noch nicht erreicht haben, müssen Sie für diesen Bereich mehr Zeit einplanen. Trotzdem sollten Sie darauf achten, dass Sie die anderen Bereiche Ihres Lebens nicht vollständig vernachlässigen. Ein vernachlässigter Partner wird irgendwann die Scheidung einreichen, wenn er das Gefühl hat, die Ehe besteht nur noch auf dem Papier. Dinge, die Sie täglich zu erledigen haben, sollten Sie nach ihrer Wichtigkeit reihen.

Hierzu empfehle ich eine schriftliche Prioritätenliste in der Reihenfolge der Dringlichkeit.

A = höchste Priorität (was ist Ihnen wichtig?)
B = sekundäre Priorität (alles, was „angeblich" dringend ist)
C = kann ich delegieren
D = Papierkorb

2. Vermeidung von Zeitfressern

Sie haben das Recht, nein zu sagen. Je erfolgreicher Sie werden, desto mehr Menschen möchten etwas von Ihnen. Nicht dass ich Ihnen Ihre Hilfsbereitschaft ausreden möchte, aber es ist auch wichtig, sich abzugrenzen. Wenn Sie das nicht machen, werden Sie am Ende mehrere Stunden am Tag mit Aufgaben verbringen, die Sie mehr belasten als entlasten. Mit einem diplomatischen Nein können Sie sich bereits im Vorfeld vieler unsinniger Aufgaben, die in erster Linie nichts anderes sind als Zeitfresser, entledigen. Wohlgemerkt: Leisten Sie dort Hilfe, wo es wirklich angebracht ist, und meiden Sie Aufgaben, die Sie nicht voranbringen zu Ihren Zielen, die Sie nicht als WICHTIG definiert haben oder die sogar Umsatz kosten können. Wenn Sie ein klares Nein aussprechen, brauchen Sie natürlich triftige Gründe für Ihre Ablehnung, ansonsten droht Verstimmung bei einem vielleicht wichtigen Menschen. So könnten Sie sagen: „Es tut mir leid, aber ich kann dir wirklich nicht helfen, weil ich einige wichtige Projekte abschließen muss. Ich bitte um dein Verständnis." Bleiben Sie immer bei der Wahrheit, die Lüge wird eines Tages ohnehin ans Tageslicht kommen. Natürlich müssen Sie sich Dritten gegenüber nie rechtfertigen, warum Sie etwas nicht tun wollen, aber es macht sich einfach besser, wenn Sie eine plausible Erklärung haben. Sie können Ihre Ablehnung allerdings auch mit einem sogenannten zeitlichen Ja zum Ausdruck bringen. Sie würden den Wunsch für den Augenblick nicht erfüllen können, aber zu einem späteren Zeitpunkt: „Es tut mir wirklich leid, dass ich im Augenblick nicht helfen kann. Ich werde nächste Woche Montag wieder im Hause sein und dann könnte ich mich dieser Sache annehmen. Passt dir dieser Termin oder willst du jemand anderen fragen, der etwas eher Zeit hat?" Erfahrungsgemäß erledigen sich viele Dinge inzwischen, und Sie umgehen so die lästigen Zeitfresser, die nichts anderes sind als der Versuch, Ihre Terminplanung zu zerpflücken.

3. Klare Zeitplanung

Jede Zeitplanung beginnt mit dem ersten kleinen Schritt. Die besten Jahrespläne bringen Sie nicht weiter, wenn Sie nicht mit der Planung Ihres Tagesablaufes beginnen. Natürlich planen Sie den Tag nicht am Morgen, sondern mindestens einen Tag vorher. Bevor Sie abends zu Bett gehen, setzen Sie sich bitte kurz an Ihren Terminplaner, um den nächsten Tag sprichwörtlich vor Augen zu haben. So hat Ihr Unterbewusstsein die

Möglichkeit, während der Nacht an Ihren Plänen zu arbeiten. Mit einer gelungenen Tagesplanung werden Sie nicht nur schneller und effizienter arbeiten, sondern auch mehr Freude an Ihrer Arbeit haben. Damit die Freude lange währt, hier einige Anregungen:

- Planen Sie realistisch.
- Wenn Sie sich zu viel aufbürden, werden Sie schnell enttäuscht, weil sich das Gefühl einstellt, nicht wirklich etwas zu schaffen.
- Verplanen Sie nur 60 Prozent Ihrer Zeit.
- Sie werden nämlich während des Tages auch Dingen nachgehen müssen, die Sie nicht einplanen können (z. B. Außergewöhnliches, Besuche, unvorhergesehene Anrufe etc.).
- Konzentrieren Sie sich auf ein Ziel.
- Sie können Ihre Ziele nur erreichen, wenn Sie Ihre gesamte Energie auf ein Ziel ausrichten. Viele Menschen scheitern, weil sie gleichzeitig mehrere Ziele erreichen wollen. Das funktioniert nicht. Es ist wie mit der Sonne. Ihre Strahlen sind für gewöhnlich nicht sonderlich gefährlich, weil die Sonne großflächig strahlt. Sobald ihre Strahlen in einem Brennglas gebündelt werden, lässt sich damit in wenigen Sekunden ein Feuer entfachen. Sowie auch Sie Ihre Kraft auf einen Punkt konzentrieren, werden Sie schneller und leichter Ihr Ziel erreichen. Sobald Sie dieses Ziel erreicht haben, nehmen Sie das nächste Ziel in Angriff. Das ist die Politik der kleinen, aber wirkungsvollen Schritte.
- Spitzensportler wissen, dass ihre Leistung punktgenau stimmen muss. Sie haben nur eine Chance, und die müssen sie nutzen! So wie bei der Fußball-EM 2008. Einige Spiele endeten unentschieden, sodass der Gewinner durch Elfmeterschießen ermittelt werden musste. Was für die Zuschauer so herrlich einfach aussieht, ist für die Fußballer der größte Nervenkitzel. Sie müssen in dieser Sekunde punktgenau den Ball ins Tor schießen. Ein Fehlschuss, und das Spiel ist entschieden. Besonders im Profifußball eine verheerende Situation, weil jede neue Spielrunde viel Geld in die Kassen der Vereine spült. Unter diesem immensen Druck verliert selbst ein amtierender Fußballweltmeister nicht selten die Nerven. So unterlag der Weltmeister Italien in dieser EM im Elfmeterschießen Spanien, das bis zu diesem Zeitpunkt seit 1964 keinen EM-Titel mehr geholt hatte. Dass es auch anders geht, be-

wies der deutsche Fußball-Nationalspieler Andreas Brehme 1990 im Finale gegen Argentinien mit seinem Elfmetertor fünf Minuten vor Ende des Spiels. Das Spiel endete 1:0 für Deutschland. Bis heute ist Brehme der einzige Spieler, der ein WM-Finale durch einen Strafstoß in der regulären Spielzeit entschieden hat. Brehme wusste um sein Talent und seine mentale Stärke und bekam eben kein Nervenflattern, als es ums Ganze ging.

- Entspannen Sie sich und planen Sie feste Zeiten (Rituale) für sich ein.
- Es ist ganz wichtig, sich zu entspannen. Noch können Sie es freiwillig, andere hat das Schicksal dazu gezwungen. Entspannung ist wirklich der Schlüssel zur Stressbewältigung für ein langes, glückliches und erfolgreiches Leben. Denn Stress ist auf Dauer viel schädlicher als Alkohol oder Übergewicht. Zu dieser Erkenntnis kommt Dr. Stefan Lüders vom St.-Josefs-Hospital Cloppenburg.[28] Die gesundheitlichen Schäden, die Stress bewirkt, werden noch immer unterschätzt, und das, obwohl die Weltgesundheitsorganisation (WHO) Stress als die größte Gesundheitsgefahr im 21. Jahrhundert bezeichnet.
- Sobald sich Stress einstellt, schalten Sie um auf Pause. Sagen Sie sich: „Ich bin kein Schauspieler, sondern der Regisseur meines Lebens. Ich lasse mich nicht von anderen antreiben."
- Achten Sie auf Ihren Biorhythmus.
- Kein Mensch bringt über den ganzen Tag die gleiche Leistung. Es gibt Menschen, die bringen mittags die beste Leistung, wieder andere sind morgens um zehn topfit. Finden Sie Ihren Biorhythmus und legen Sie wichtige Dinge auf diese Uhrzeit, damit Sie die besten Verhandlungsergebnisse erzielen.
- Berücksichtigen Sie Ihr eigenes Tempo.
- Was für den Biorhythmus gilt, gilt auch für das Tempo. Menschen arbeiten unterschiedlich schnell. Wenn Sie zu den ganz Schnellen gehören, dürfen Sie durchaus mehrere Termine kurzfristig hintereinander legen. Sind Sie eher ein durchschnittlich arbeitender Mensch, sollten Sie die Termine nicht so eng legen, weil Sie sich ansonsten unter Druck setzen und im Kopf schon beim nächsten Termin sitzen und den gegenwärtigen noch gar nicht beendet haben.
- Planen Sie schriftlich.

- Halten Sie Ihre Gedanken, Ziele und Pläne schriftlich fest. Im Informationszeitalter ist es nicht mehr möglich, alles im Kopf abzuspeichern, oder können Sie die Überschrift zu Punkt 6 aus dieser Aufzählung aus dem Kopf zitieren? In vielen Studien konnte immer wieder nachgewiesen werden, dass schriftliche Ziele sich besser und schneller ins Unterbewusstsein übertragen. Allein deshalb sollten Sie sich die Mühe machen, ein Buch mit Ihren Aufzeichnungen anzulegen und es, so oft es geht, mit wichtigen Daten und Informationen füllen.
- Erstellen Sie Tages-, Wochen-, Monats- und Jahrespläne.
- Denken Sie an sich.
- Nehmen Sie sich am Morgen genug Zeit, um den Tag zu begrüßen und etwas für sich selbst zu tun. Sie können ausgiebig duschen, Sport treiben, die Zeitung lesen oder einfach nur köstlich frühstücken. Machen Sie nur das, was Sie zu dieser Zeit am liebsten mögen. So starten Sie gut gelaunt in den Tag, der stressig genug werden wird.
- Kontrollieren Sie Ihren Erfolg.
  Hierzu empfehle ich, eine Art Tagebuch zu führen, wie bereits mehrfach angesprochen. In dieses Buch schreiben Sie am Ende eines Tages Ihre Erfolge. Gehen Sie dabei auf folgende Aufgaben und Fragen näher ein:
  - Notieren Sie mindestens fünf Punkte, die Ihnen HEUTE gut gelungen sind! Kreuzen Sie an, welche davon Sie Ihren Zielen näher gebracht haben.
  - Was war HEUTE außergewöhnlich?
  - Was habe ich HEUTE gelernt?

Mehr ist nicht zu tun. Bleiben Sie immer ehrlich zu sich selbst und schreiben Sie das Erfolgstagebuch täglich, bevor Ihr Tag zu Ende geht.

Wer immer nur das tut, was er schon immer getan hat, wird auch immer genau das erhalten, was er schon immer erhalten hat. Deshalb haben diese kritischen Fragen in Ihrem Erfolgstagebuch nicht nur den Vorteil, dass Sie sich künftig täglich um Ihre Planung intensiver kümmern werden, sondern der positive Nebeneffekt führt dazu, dass Sie schon in wenigen Monaten Ihr Selbstbewusstsein erheblich steigern werden. In diesem Buch erfassen Sie ausschließlich positive Erlebnisse. Deshalb unterscheidet sich dieses Erfolgstagebuch vom typischen

Christian Keller

Kindheitstagebuch, in dem Freud und Leid erfasst werden. Das Erfolgstagebuch dokumentiert Ihre Erfolge, und je mehr Sie sich darauf fokussieren, desto stärker wachsen Sie über sich hinaus. So werden schon nach wenigen Wochen Veränderungen in Ihrem Leben sichtbar.

Wie wichtig das Arbeiten mit Zielen ist, verrät Christian Keller im bereits erwähnten Interview:

Ich persönlich arbeite mit Zielen. Ich denke mal, wenn man 16 Jahre lang ununterbrochen in der Schwimmnationalmannschaft war, dann hat man Ziele vor Augen. Am Anfang natürlich ist es die persönliche Bestzeit, dann kommt der Deutsche Meister, der Europameister, dann möchte man Weltmeister werden, bei den Olympischen Spielen möglichst gewinnen oder zumindest eine Medaille gewinnen. Und das sind Einzelziele, das Gesamtziel war immer, das Beste zu geben im Wettkampf. Und wenn man wirklich von seinem Herzen, von seiner Einstellung und von seinen Fähigkeiten her das Beste im Wettkampf gibt, ohne Einschränkung, dann ist man auch zufrieden mit dem, was rauskommt. Egal ob es der erste oder der sechste Platz ist. Hauptsache man hat aus tiefster Überzeugung gemerkt, dass man das Beste gegeben hat.

Dirk Schmidt punktgenau

„Über das Ziel hinausschießen ist ebenso schlimm wie nicht ans Ziel kommen", mahnte Konfuzius. Planen Sie deshalb Ihre Ziele realistisch. Nur dann haben Sie eine Chance und verlieren darüber hinaus nicht den Mut.

Mehr zum Thema Ziele finden Sie auf www.dirkschmidt.com (Menüpunkt: Ziele, aber wie ...!).

2.2 Spitzensportler konzentrieren sich punktgenau

Erfolgreiche Menschen sind erfolgreich, weil sie das tun, was Durchschnittsmenschen nicht tun!

Henry Ford

Nehmen wir einmal an, Sie wünschen sich einen Porsche 911. Ich gehe jede Wette mit Ihnen ein, dass Sie in den nächsten Tagen auf mehr Porsche 911 im Straßenverkehr treffen werden als je zuvor. Sie sehen darüber hinaus das Auto öfter geparkt, auf Werbeplakaten abgebildet und sogar öfter im Fernsehen. Das ist nicht die Realität, Sie empfinden es nur so. Es fahren von diesem Modell nicht plötzlich mehr als vorher durch die Stadt. Schuld daran ist nur Ihre einseitige Wahrnehmung. Diese Fahrzeuge waren vorher auch schon da, nur haben Sie sich bisher nicht dafür interessiert und sie deshalb nicht wahrgenommen. Jetzt aber, wo sie wichtig werden für Sie, stellt sich auch Ihr Unterbewusstsein auf die neue Situation ein und nimmt das Produkt Ihrer Begierde eher und schneller wahr. Ihr Unterbewusstsein verhält sich in jeder Situation gleich. Auch die Art und Weise, wie Sie auf Meldungen, Nachrichten und veränderte Bedingungen reagieren, sagt viel darüber aus, wie Sie denken und empfinden. Sie können wieder nur Probleme sehen oder aber auch Chancen erkennen.

Nehmen wir an, Sie werden als Verkäufer in die Wüste geschickt, um den dortigen Nomaden Hosen zu verkaufen. Wie der Zufall es will, treffen Sie am Flughafen mit einem ehemaligen Kollegen zusammen, der für die Konkurrenz arbeitet. Sie beschließen, sich einen Jeep zu leihen und gemeinsam in die Wüste zu fahren. Nach einer Tagesfahrt treffen Sie endlich auf ein Nomadenlager. Sie springen beide aus dem Auto, schnappen sich den Musterkoffer und verschaffen sich Zutritt zum Lager. Sie trauen Ihren Augen nicht. Plötzlich steht eine Horde schwarz gekleideter Herren vor Ihnen. Das allein ist erschreckend genug, aber was aus Sicht eines Hosenverkäufers noch schwerer wiegt, ist der Umstand, dass Sie erkennen, dass die Herren gar keine Hosen tragen, sondern Gewänder. Für Sie bricht eine Welt zusammen. Die ganze Anstrengung umsonst. Resigniert rufen Sie Ihren Chef an und sagen: „Tut mir leid, Chef, das war ein Schuss in den Ofen. Die Männer brauchen unsere Hosen nicht, sie tragen alle nur Gewänder.“ Auch ihr ehemaliger Kollege greift zum Handy, um seinem Chef Meldung zu erstatten: „Hallo Chef, Superchancen, Riesenmarkt. Die Männer tragen alle nur Gewänder, keine Hosen. Schicken Sie mir sofort einen Container schwarze Hosen, ich werde denen hier den neuesten modischen Schrei verkaufen."

Sie sehen, eine Situation, aber zwei unterschiedliche Auslegungen. Wie eine Medaille hat jede Situation zwei Seiten. Es liegt an Ihnen, die gute Seite zu erkennen. Wenn Sie dagegen immer nur die negative Seite anstarren, laufen Sie Gefahr, dass sich kleine Probleme zu unüberwindbaren Bergen auftürmen. Ich kenne keinen Menschen, der ohne Rückschläge und Probleme groß geworden ist. Mutig und entschlossen sich den Dingen zu stellen, das ist die richtige Devise, und nicht eine „Vogel-Strauß-Politik". Also nicht den Kopf in den Sand stecken und auf bessere Zeiten warten. Wer sich so verhält, wird schon bald mit den Zähnen knirschen. Dabei ist fast jedes Problem gleichzeitig eine Chance, zu wachsen oder Millionen zu verdienen, wie z. B. Frau Joanne K. Rowling aus England. Sie werden sie kennen. Frau Rowling war Sozialhilfeempfängerin, bitterarm und alleinerziehende Mutter. Um der winterlichen Kälte ihres Hauses wenigstens für einige Stunden zu entfliehen, setzte sie sich mit ihrer Tochter in ein Café, schloss die Augen und ließ sich buchstäblich in eine Zauberwelt entführen. Diese Eindrücke schrieb sie nieder. Aus diesem Manuskript entstand ihr erstes Buch. Das war die Geburtsstunde von Harry Potter. Die etablierten Verlage sahen aber keine Chance für dieses „Kinderbuch" und Frau Rowling musste lange nach einem geeigneten Verleger suchen. Sie hatte eine klare Vorstellung von dem, was sie wollte. Also gab sie nicht auf. Ihre Hartnäckigkeit zahlte sich aus. Sie fand einen Verleger, der damit eine Welle der Begeisterung unter den Lesern auslöste, die beispiellos ist in der Geschichte des Buches. Inzwischen sind mehrere Bände entstanden und Frau Rowling soll heute reicher sein als die englische Königin. In weniger als zehn Jahren gelang ihr der Aufstieg vom Sozialfall zur reichsten Frau Englands.

Worauf Sie Ihre Aufmerksamkeit richten, wird sich verstärken. Deshalb visualisieren Spitzensportler ihre Ziele. Sie konzentrieren sich auf ein Ziel, welches sie im Geiste tausendfach erreicht haben. Sie wissen, dass Materie dem Geist folgt. Was man selbst für realistisch hält, wird sich schnell in der Umwelt manifestieren. Diese Erkenntnisse wurden bereits mehrfach wissenschaftlich nachgewiesen, z. B. in den 80er-Jahren

Joanne Rowling

durch ein interessantes und eindrucksvolles Forschungsprojekt. Studenten, die allesamt gute Basketballspieler waren, wurden in drei Gruppen eingeteilt. Die erste Gruppe trainierte wie gewohnt. Die zweite Gruppe absolvierte täglich ein mentales Training sowie ein halbstündiges Zusatztraining im gezielten Körbewerfen. Die dritte Gruppe übte das Körbewerfen nur in ihrer Vorstellung. Nach einem Monat traten alle drei Gruppen an zum Körbewerfen. Das Ergebnis war verblüffend: Die erste Gruppe hatte sich nicht verbessert. Die zweite Gruppe traf ein Viertel Mal mehr Körbe als vorher. Die dritte Gruppe, die das Körbewerfen nur im Kopf trainiert hatte, traf 23 Prozent öfter den Korb als vorher. Die dritte Gruppe verbesserte sich damit fast genauso stark wie die zweite Gruppe, die zusätzlich ein intensives Praxistraining absolviert hatte. Damit wurde bewiesen, dass die gedankliche Vorwegnahme eines Ereignisses den gleichen Effekt hat wie das Tun.

Wie ein selten beanspruchter Muskel trainiert werden muss, damit er zu Kräften kommt, so muss auch die Visualisierung ständig trainiert werden. Dabei lernen Sportler, die Vielfalt der Gedanken zunächst zu sortieren und auf einen Punkt auszurichten. Klingt einfach, ist aber alles andere als einfach. Ich bin mir sicher, so Sie noch keine Erfahrung mit der Visualisierung haben, dass es Ihnen nicht gelingen wird, sich für zehn Minuten auf einen Punkt zu konzentrieren, ohne sich ablenken zu lassen. Weil es so schwierig ist, gestatte ich Ihnen, sobald Sie abgelenkt werden, sich innerhalb von weniger als einer Sekunde wieder auf den besagten Punkt zu konzentrieren. Achten Sie einmal auf Ihre Wahrnehmung, wie schwierig dieses Unterfangen ist. Also stellen Sie jetzt eine Stoppuhr oder Ihr Handy auf zehn Minuten ein und sehen Sie auf den Punkt. Konzentrieren Sie sich bitte so lange nur auf diesen Punkt, bis Sie die Stoppuhr (deren Startknopf Sie jetzt drücken) in die Realität zurückholt. Auf geht's.

Und, was haben Sie beobachtet. Hatte ich recht? Schade. Ich hatte nicht recht? Herzlichen Glückwunsch, Sie sind in der Lage, sich zu konzentrieren. Durch diese Fähigkeit wird es Ihnen viel schneller als anderen möglich sein, Ihre Ziele zu visualisieren.

Denen aber, die es nicht geschafft haben, empfehle ich, die Übung so lange zu wiederholen, bis das gewünschte Ergebnis eintritt. Das ist innerhalb von einigen Wochen möglich, vorausgesetzt, Sie halten durch!

Kommen Ihnen während dieser Übung Zweifel an der Durchführbarkeit oder werden Sie von Ängsten und Sorgen abgelenkt, so ist es wichtig, sich auch dadurch nicht vom gewünschten Ziel abbringen zu lassen. Sie müssen es immer und immer wieder versuchen. Sie haben es geschafft, wenn Sie für mindestens zehn Minuten das gewünschte Ziel ohne Störung visualisiert haben. Wenn Sie z. B. als Sportler einen Pokal gewinnen möchten, dann stellen Sie sich vor, Sie stehen auf dem obersten Podest, halten den Pokal in Händen und reißen die Arme frenetisch in den blauen Himmel. Dem jubelnden Publikum schreien Sie den Satz mit Kultfaktor zu: „Da ist das Ding." So schrie Oliver Kahn, wenn er die Trophäen in seinen Händen hielt. Dazu sollten Sie auch auf Affirmationen zurückgreifen. Die größte Selbstbejahung heißt ganz einfach: „Ich bin es wert!" Es geht aber auch mit anderen Affirmationen, zum Beispiel:

- Ich gebe mein Bestes.
- Ich liebe einen engen Wettkampf.
- Ich bin mit meinen Leistungen sehr glücklich.
- Ich bin froh und heiter, Glück ist mein ständiger Begleiter.
- Ich bin es wert, die besten Chancen im Leben zu erhalten.
- Ich glaube jetzt und für immer an meinen Erfolg.
- Ich gebe immer mein Bestes, und ich bekomme immer das Beste.

Verstehen Sie diese Affirmationen als Anregung und „denken" Sie sich Ihre eigene aus, mit der Sie sich zu 100 Prozent identifizieren können. Sobald Sie Ihre ganz persönliche Botschaft definiert haben, gehen Sie ins nächste Schreibwarengeschäft und kaufen sich einen Stapel selbstklebende Haftzettel. Sie wissen schon, das sind die kleinen gelben Haftzettel, die Sie überall ankleben können. Und genau das sollten Sie, zumindest in Ihrem persönlichen Bereich, auch tun. Je mehr Zettel, desto größer wird Ihre Aufmerksamkeit. Was das für Ihren Erfolg bedeutet, brauche ich wohl nicht näher zu erläutern.

So könnte Ihre persönliche Botschaft aussehen:
Ich weiß, dass ich mein Ziel erreichen werde, weil ich immer mein Bestes gebe.

Doch Vorsicht ist geboten. Sie sollten diese Affirmation nicht emotionslos gebetsmühlenartig wiederholen. An anderer Stelle habe ich Ihnen erklärt, dass Veränderungen nur möglich sind, wenn alle Sinne an diesem Schöpfungsprozess beteiligt sind. Deshalb ist es so wichtig, Ihre Affirmation zu spüren. Hören Sie in sich hinein und stellen Sie fest, ob sich positive Gefühle einstellen, wenn Sie Ihr Ziel zum einen visualisieren und zum anderen mit Affirmationsbotschaften kommentieren. „Regt" sich hier nichts, dann sind Sie auf dem Holzweg. Dann müssen Sie noch einmal alles genauestens überprüfen. Stimmt das von mir angestrebte Ziel mit meinen Wünschen überein? Will ich dieses Ziel wirklich erreichen? Wie werde ich mich fühlen, wenn ich dieses Ziel erreicht habe? Welche Vorteile erhalte ich dadurch? Bringt dieses Ziel den erhofften Fortschritt? Das sind nur einige der Fragen, die Sie sich in diesem Zusammenhang stellen sollten.

Dirk Schmidt punktgenau

„Denke immer daran, dass es nur eine allerwichtigste Zeit gibt, nämlich sofort", sagt Leo Tolstoi. Daher gilt in allem, was Sie planen: Nie warten – immer starten, und zwar sofort!

2.3 Spitzensportler haben klare und konkrete Ziele

Kein Ziel ist so hoch, dass es unwürdige Methoden rechtfertigt.
Albert Einstein

Zu meiner großen Freude hatte ich das große Glück, den Profiboxer und Weltmeister im Supermittelgewicht Sven Ottke zu sprechen. Ich fragte ihn, wie er sich motiviert. Er antwortete kurz und knapp: „Ziele!"

Dirk Schmidt: „Arbeiten Sie mit Zielen beim Sport?"

Sven Ottke: „Na klar, früher im Boxsport, heute beim Laufen oder beim Golfspielen. Ziele spielen eine sehr große Rolle."

Dirk Schmidt: „Wie wichtig sind Ziele fürs Leben?"

Sven Ottke: „Ziele sind extrem wichtig. Wenn ich keine habe, nehme ich mir dadurch selbst die Perspektiven."

Das komplette Interview mit Sven Ottke finden Sie auf www.dirk-schmidt.com (Menüpunkt: Marathongespräche).

„Junge Leute reden davon, was sie tun, alte davon, was sie getan haben, und Narren davon, was sie tun wollen", sagt ein französisches Sprichwort. Alle Jahre wieder, zu Silvester, findet man diese Narren, die in blumigen Worten ihre Vorsätze fürs neue Jahr fassen. Wenn sie am Neujahrstag ihren Rausch ausgeschlafen haben, verschwinden mit diesem auch die fürs neue Jahr gefassten Vorsätze. Diese Narren haben mein gesamtes Mitleid. Wie traurig und leer muss ihr Leben sein, wenn sie sich nur an einem Tag dafür interessieren, wie ihr Leben aussehen könnte. Statt ihren Träumen nachzuhängen und Visionen zu leben, scharren sie wie die Hühner im Dreck ihrer Vergangenheit und beklagen ständig, wie schlecht es ihnen geht. Ihr Fokus ist auf all die anderen Menschen „da draußen" gerichtet, denen es tausendmal besser geht als ihnen. Diese Einstellung ist nicht nur grundlegend falsch, sondern auch absolut kontraproduktiv. „Euch geschehe nach eurem Glauben", lehrt bereits die Bibel. Wer davon überzeugt ist, in diesem Leben oder vielleicht nur in einem neuen Jahr die absolute Looser-Karte gezogen zu haben, wird genau dieses Leben erhalten. Das Leben urteilt nicht. Es gibt uns immer das, was wir von ihm verlangen. Anders ausgedrückt: Alles, was Sie sind, sind Sie, weil Sie beschließen, es zu sein. Wenn Sie ein Leben in Angst leben, dann deshalb, weil Sie sich dafür entschieden haben. Wenn Sie sich auch über die kleinsten Dinge im Leben freuen, dann deshalb, weil Sie beschließen, es zu tun. Wenn Sie geliebt werden, dann deshalb, weil Sie sich dazu entschieden haben. Wenn Sie sich ungerecht behandelt fühlen, dann deshalb, weil Sie sich dafür entschieden haben. Diese Aufzählung könnte ich endlos weiterführen, und in der Tat ist sie endlos. Sie werden aber auch so erkannt haben, dass Sein ein Zustand ist, in dem man ist, und keine Handlung, die man unternimmt. Sie können nicht glücklich tun, sondern nur glücklich sein. Sie ganz allein entscheiden sich dafür, in dem Zustand zu sein, in dem Sie sich befinden. Das wollen gerade die Skeptiker nie wahrhaben. Sie glauben noch

Sven Ottke

immer, Opfer bzw. Produkt ihrer Umwelt zu sein. Es ist richtig, dass jeder Mensch tagtäglich von Ereignissen überrollt wird. Daraus besteht das Leben. Doch die Art und Weise, wie wir mit diesen Ereignissen umgehen, bestimmt unser Verhalten. Die Freiheit, eigene Entscheidungen treffen zu können, ist dabei das größte Geschenk, das uns Menschen zuteil wird. Allerdings müssen wir auch akzeptieren, dass Entscheidungen Konsequenzen nach sich ziehen. Und genau hier liegt das Problem. Entscheidungen treffen wollen die meisten, doch die Verantwortung dafür übernehmen schon weniger. Deshalb kommt es immer wieder zu Problemen. Daran sind dann aber plötzlich die anderen schuld.

In diesem Zusammenhang fällt mir die Erzählung „Johannes" (nicht der Johannes aus der Bibel) des Bestseller-Autors Heinz Körner ein.[29] In einfachen, klaren und präzisen Worten schildert er darin die Begegnung eines jungen Angestellten mit Johannes, einem geheimnisvollen alten Mann. Diese Begegnung, die unter spannenden und äußerst mystischen Umständen stattfindet, gerät für den jungen Mann zum Zusammenbruch der Scheinwelt aus lauter Lügen und Kompromissen, die wir alle um uns herum aufgebaut haben. Der Inhalt ist schnell erzählt:

Wenn ein Schmetterling heranwächst, ist er zunächst eine Larve und dann eine Puppe. Er kriecht am Boden und lebt dann eingesponnen in einer engen Behausung. Wenn er nun diese Behausung, seine Puppe, verlässt, dann liegt es an ihm, seine Flügel auszubreiten und zu fliegen. Natürlich kann er das Fliegen auch bleiben lassen und darauf verweisen, dass er, der Arme, entweder als Larve am Boden herumkriechen musste und nicht fliegen gelernt hat, oder dass er als Puppe entsetzlich eingeengt wurde. Und er leide so unter seiner Vergangenheit, dass er jetzt eben nicht fliegen könne. Was nützt ihm dieser Hinweis denn? Er ist es, der nicht fliegt. Er leidet. Und es dürfte ihm weitaus besser bekommen, wenn er einfach sein Schicksal in die Hand nehmen, seine Flügel ausbreiten und fliegen würde. Auch wenn er sich dabei ein paar Beulen holt. Tief im Inneren spürt jeder die Möglichkeit, den Sumpf zu verlassen und an der Sonne zu leben. Doch die Angst vor der Sonne, vor der Freiheit, ja die Angst vor den eigenen Möglichkeiten lässt uns in unserer gewohnten Umgebung verharren. Sie lässt uns den Gestank und die Unbeweglichkeit, die Dunkelheit und den Morast als annehmbar erscheinen. Und dabei versinkt Tag für Tag ein Stück mehr in diesem Sumpf. Mit jedem Tag, den einer darin verbringt, wird

es noch schwerer, ihn zu verlassen. Ja, und so beschäftigt sich jeder damit, wie man am besten den Gestank vertreibt, wie man den schleimigen und dreckigen Morast am besten ertragen kann und wie man die Zeit des allmählichen Versinkens noch am angenehmsten verbringt. Viele Menschen wollen nicht verantwortlich sein für ihr Tun. Sie wollen lieber Kinder bleiben. Wenn auch du Kind bleiben willst, wirst du niemals Mensch werden. Wenn du aber aufgestanden bist zu deiner vollen Größe, so richte deinen Blick vorwärts und gehe deinen Weg mit festem Schritt. Welchen Weg du auch wählen magst, es ist dein Weg. Du bist für jeden Schritt verantwortlich, den du tust, darum gehe deinen Weg gut. Du hast nun die Wahl zwischen vielen Wegen. Doch welcher es auch immer sein mag, den du gehst: Gehe ihn mit deinem ganzen Herzen. Zu lange hast du schon gesucht. Nun gib das Suchen auf und lerne zu finden. Steh zu dir, denn du bist das Wertvollste, das du auf dieser Welt hast. Und nun geh deinen Weg …

Diese Geschichte verdeutlicht, dass in unserem Kopf ein immerwährender Kampf tobt: Alt gegen Neu, Bewährtes gegen Revolutionäres. Ein Teil des Gehirns sorgt dafür, dass wir Gewohnheitstiere sind, während der andere Teil unterfordert ist. Das ist der Grund, warum Zielprogrammierungen nicht immer funktionieren. Menschen mit Zielen gleichen Ameisen, die auf dem Rücken eines Elefanten sitzen. Sie wollen in Richtung Süden marschieren, während der Elefant in Richtung Norden trabt. Jetzt können sie sich bis zum Umfallen anstrengen, sie werden nie nach Süden kommen, weil der Elefant nach Norden trabt.

Sie dürfen diesen Elefanten mit Ihren Gewohnheiten vergleichen. Diese sind tief in Ihnen verwurzelt und geben den Takt vor. Ihr Unterbewusstsein möchte ein anderes, besseres Leben führen, doch Ihre Erfahrungen und damit Ihre Gewohnheiten halten Sie von diesem Schritt fern. Wenn Sie etwas in Ihrem Leben verändern wollen, ist es wichtig, zunächst einen anderen Standpunkt einzunehmen. Nur weil Sie etwas nicht sehen, heißt das noch lange nicht, dass es nicht vorhanden ist. Es kommt immer auf die Sicht des Betrachters an. Hierzu ein Beispiel: Angenommen, Sie würden die Weltkarte in Ihren Händen halten, dann würden Sie als Europäer ganz automatisch als Erstes Europa suchen. Die Einwohner Australiens verhalten sich genauso. Nur schauen sie nicht nach Europa, sondern auf ihren eigenen Kontinent. Im Gegensatz zu uns sehen die Australier überwiegend Wasser.

Was für uns heute so selbstverständlich ist, war für die Menschen der Neuzeit ein großes Problem. Bevor die Seefahrer neue Wege beschreiten konnten, musste zunächst ein anderes Bild von der Erde entworfen werden. Erst dann stand den Entdeckern die ganze Welt offen. Hätte Christoph Kolumbus vor seinem inneren Auge nicht die Vision einer kugelförmigen Erde gehabt, wären vermutlich noch weitere Generationen europäischer Seefahrer der irrigen Auffassung gefolgt, dass Asien am östlichen Rand der Welt liegt und nur über die östlichen Meere zu erreichen sei. Man muss einfach einen anderen Standpunkt einnehmen, um einer Lösung näher zu kommen. Passen Sie aber auf! Folgen Sie nicht blind irgendwelchen Methoden, die Ihnen mehr Erfolg versprechen. Dieser Schuss kann nach hinten losgehen, wie ein Beispiel beweist: Stellen Sie sich einen Versagertyp vor, ähnlich Donald Duck. Was immer er anpackt, es geht buchstäblich in die Hose. Eines Tages fasst er den Entschluss, erfolgreich zu werden. Dazu rennt er in die nächste Buchhandlung und kauft sich fünf Esoterik-Bücher, die ihn lehren sollen, erfolgreich zu werden. Weil er noch ein wenig Geld in der Tasche hat, kauft er sich gleich noch die passende Suggestionskassette (oder CD) mit dem vielversprechenden Titel „Du bist erfolgreich“. Zu Hause knallt er sich aufs Bett, packt die Kassette in den Walkman, setzt die Kopfhörer auf und hört nun stundenlang Erfolgsbotschaften: „Ich bin erfolgreich. Ich bin erfolgreich. Ich bin erfolgreich. Ich bin erfolgreich.“ Können Sie sich vorstellen, was nach kurzer Zeit passiert? Richtig, dieser Kandidat wird erfolgreich. Er wird der erfolgreichste Versager aller Zeiten! Ob er sich darüber freut? Wohl kaum. Das Problem liegt darin, dass die negativen Programme, Glaubenssätze und Überzeugungen nicht gelöscht, sondern nur verstärkt werden. Um im positiven Sinne erfolgreich zu werden, müssen die alten „Daten“ gelöscht und durch neue ersetzt werden. Erst dann darf man zu Suggestionskassetten greifen.

Nun ist der Weg von einem – mit Verlaub – Versager zu einem erfolgreichen Menschen lang bis sehr lang. Es braucht also Techniken, die es ermöglichen, sein Verhalten schrittweise und doch schon sichtbar zu ändern. Bewährt hat sich hier die Mehrfachziel-Strategie, die sich in zwei Bereiche gliedert:

1. Bereich
- Bronzeziele
- Silberziele
- Goldziele

2. Bereich
- Leistungsziele
- Verhaltensziele
- Technikziele

Bronzeziele können auch dann erreicht werden, wenn es nicht wie geplant läuft. Silberziele sollten erreicht werden, wenn von vornherein nicht mit irgendwelchen Einschränkungen zu rechnen ist. Das Goldziel lässt sich erreichen, wenn alles überdurchschnittlich gut verläuft.

Der zweite Bereich unterteilt sich in Leistungsziele (also nach der Frage, welche Leistung bin ich bereit einzusetzen, um diese Ziele zu erreichen). Bei den Verhaltenszielen geht es um die Frage, wie ich mich verhalten werde, um diese Ziele zu erreichen (z. B. weniger essen, damit ich mein „Kampfgewicht" halte). Bei den Technikzielen definiere ich die einzelnen Schritte und Anwendungen, die ich vollziehen muss, um diese Ziele zu erreichen (z. B. bestimmtes Schuhwerk ausprobieren, andere Kleidung etc.).

Vorgehensweise:

1. Papier und Bleistift
Schreiben Sie alle Ziele auf. Bewerten Sie nichts. Schreiben Sie einfach drauflos. Nehmen Sie sich ein wenig Zeit, auch wenn es mehrere Tage dauern sollte. In einer Harvard-Studie wurden Studenten nach ihren Zielen befragt. Im Besonderen wollte man wissen, ob sie über klare, spezifische, schriftlich fixierte Ziele und eine Planung für die Erreichung dieser Ziele verfügten. Nur drei Prozent hatten ihre Ziele schriftlich niedergelegt. 20 Jahre später hat man dieselben Studenten wieder befragt. Die Forscher fanden heraus, dass die drei Prozent, die eine Planung aufgestellt hatten, finanziell bessergestellt waren als der Rest zusammengenommen! Die Studenten aber, die zu den drei Prozent gehörten, fühlten sich zudem gesünder, erfolgreicher und glücklicher. Sie sehen, wer willensstark ist, erreicht mehr im Leben.

2. Leben in der Gegenwart
Alle Ziele werden immer positiv und in der Gegenwart formuliert. In allen Aufzeichnungen wird Ihr Name oder „ich" geschrieben. Nur so können Sie sich zu 100 Prozent mit Ihren Formulierungen indentifizieren.
3. Wie wichtig ist mir dieses Ziel?
Wenn Sie der Meinung sind, Ihre Liste ist vollständig, dann schauen Sie sich nun alle aufgeschriebenen Ziele Punkt für Punkt an und fragen sich bei jedem Ziel: Ist es mir wichtig? Bin ich bereit, mich für dieses Ziel zu engagieren und dabei vorübergehend Einschränkungen in Kauf zu nehmen? Sie werden so sehr schnell viele Ziele streichen. Am Ende bleiben wenige übrig, die Sie auf einen gesonderten Zettel schreiben.

4. Gibt es evtl. Ziele, die sich gegenseitig aufheben?
Dann streichen Sie widersprüchliche Ziele. Die verbleibenden Ziele schreiben Sie abermals auf ein neues Blatt. Wichtig ist, dass Ihr Ziel immer unabhängig vom Einfluss anderer Personen ist.

5. Schaden meine Ziele Dritten?
Sie können im Leben nie erfolgreich werden, wenn Sie Ihre finanziellen Fortschritte auf dem Leid Dritter aufbauen. Wer buchstäblich über Leichen geht, wird schon bald selbst eine sein. Alle Ziele, die Sie definieren, müssen zum Wohle aller sein und dürfen niemandem Schaden zufügen. So Sie auf Ihrer Liste entsprechende Ziele finden, die genau das bewirken, dann tilgen Sie diese Ziele und schreiben die verbleibenden auf ein neues Blatt.

6. Sind meine Ziele realistisch?
Das ist eine schwierige Frage. Wenn Ihr Ziel der Gewinn des New York Marathons ist, Sie aber bis heute noch keinen Meter gejoggt sind, ist Ihr Ziel völlig unrealistisch. Wenn Sie sich vornehmen, ab sofort mindestens eine Stunde täglich zu laufen, dann sieht es schon ganz anders aus. Ihr Ziel, den Marathon zu gewinnen, müssen Sie dabei keineswegs aufgeben. Sie können dieses Ziel erweitern, indem Sie z. B. in fünf Jahren den Marathon gewinnen wollen. Aber auch das macht nur Sinn, wenn Sie davor ins Laufen kommen. Streichen Sie unrealistische Ziele von Ihrer Liste und fertigen Sie mit den restlichen Zielen eine neue Liste an. Achten Sie darauf, dass Ihre Zielsetzung auf das eigene Verhalten abgestimmt ist.

7. Der Gipfel ist das Ziel

Wenn Sie sich realistische Ziele gesetzt haben, dann sollten Sie immer das Maximum im Auge behalten. Wenn Sie sich entschieden haben, ein erfolgreicher Verkäufer zu werden, dann fangen Sie zunächst in der Hierarchie ganz unten an. Das ist gut so. Weil Sie hier nämlich das Rüstzeug für Ihre Karriere bekommen. Ihr Ziel, Verkaufsleiter zu werden, ist erstrebenswert und damit zu schaffen. Doch ohne das Fundament von ganz unten kommen Sie nie nach ganz oben.

8. Üben Sie sich in Geduld

Alles braucht seine Zeit. Planen Sie realistisch. Lassen Sie sich von kleineren Rückschlägen nie entmutigen.

„Der Erfolg macht mich natürlich stolz. Aber viel mehr kommt es mir darauf an, immer ein Ziel vor Augen zu haben", sagt die Sportlerin des Jahres 2005 Kirsten Bruhn. Sie zählt zu den erfolgreichsten Schwimmerinnen der Welt. Leicht, geschickt und unglaublich flink gleitet Kirsten durch das blau schimmernde Wasser des Freibads. „So schnell wäre ich auch gerne", sagt einer der Beobachter. Doch wenn Kirsten ihre Runden zu Ende geschwommen hat, kann sie nicht einfach die Leiter am Beckenrand benutzen, um zum Duschen zu gehen. Die 38-Jährige ist seit mehr als 16 Jahren auf den Rollstuhl angewiesen! Nach einem Motorradunfall spürte sie ihre Beine nicht mehr. „In der ersten Zeit nach dem Unfall war ich einfach nur verzweifelt. Eigentlich kann man fast sagen, dass ich richtig depressiv war", sagt die Ausnahmesportlerin.[30] Doch hinter all der Trauer und Wut, die Kirsten Bruhn in den ersten Monaten nach dem Unfall verspürte, versteckten sich immer noch Ehrgeiz und Kampfgeist. „Auch wenn ich an manchen Tagen am liebsten einfach aufgegeben hätte, wollte ich doch so schnell wie möglich wieder alles allein schaffen." Heute türmen sich im Hause von Kirsten Bruhn Pokale und Medaillen. Man wird noch viel von der Teilnehmerin der Paralympics 2004 in Athen und 2008 in Peking hören. Immerhin gewann sie allein in Athen fünf Medaillen. „Auch wenn es ein anderes Leben ist, als ich mir vorgestellt habe, bin ich doch glücklich, dass es meins ist." Sie sehen, sportlicher Ehrgeiz lässt selbst schwere Schicksalsschläge in einem anderen Licht erscheinen. Ich freue mich für Kirsten Bruhn, die einmal mehr bewiesen hat, dass Schicksalsschläge, denen wir uns alle nicht entziehen können, nicht

Dirk Schmidt punktgenau

Es soll nicht genügen, dass man Schritte tue, die einst zum Ziele führen, sondern jeder Schritt soll Ziel sein und als Ziel gelten.

Johann W. Goethe

das Ende aller Träume bedeuten müssen. Wer ein klares Ziel vor Augen hat, wird es auch erreichen. Wie immer auch die Umstände sein mögen. Sie allein entscheiden, ob Sie den Umständen die Macht geben oder ob Sie eine zielorientierte Lösung finden.

2.4 Spitzensportler sind neugierig

Das wahre Glück baut sich jeder nur dadurch, dass er sich durch seine Gefühle unabhängig vom Schicksal macht.

Wilhelm von Humboldt

Motivierte Sportler wissen, dass ihre Gewohnheiten ihre Komfortzone definieren, in der sie sich sicher fühlen. Diese Sicherheit ist vielen heilig. Deshalb bewegen wir uns meistens – und viele Menschen ein Leben lang – nur in dieser Komfortzone. Diese Zone umgibt uns wie ein Käfig. Hier fühlen wir uns wohl, geborgen und vor allen Dingen sicher. Denn wir glauben, hier die Lebensumstände zu kennen. So wissen wir, wie unser Leben funktioniert. Wir haben auf alle Fragen eine Antwort. Fragen nach dem Warum, Wozu, Wieso, Wo, Wann, Wie, Was etc. pp. können so einfach beantwortet werden.

Sicherheit wird letztlich dadurch bestimmt, was uns vertraut ist, eben durch das, was wir gewohnt sind. So wissen Arbeitnehmer, wie viel Geld sie im Monat verdienen. Sie wissen, was ihr Ehepartner nach Hause bringt. Sie wissen um die monatlichen Kosten für Haus, Hof und Haushalt. Damit haben sie eine verlässliche Größe, mit der sie rechnen können. Das schafft Sicherheit. Aber genau hier liegt das größte Problem. Es schafft Sicherheit, aber keine Harmonie. Ich sehe in diesem Verhalten die Hauptursache, warum so viele Menschen unzufrieden sind und sich irgendwann einmal die Frage stellen:

Hallo Leben! War das schon alles?

Nein! Natürlich nicht. Allerdings entdeckt niemand das wahre Leben, wenn er nicht bereit ist, seine Komfortzone zu verlassen. Motivierte Menschen wissen, dass so kein persönliches Wachstum stattfindet. Deshalb verlassen sie – ja, man muss es schon so sagen – fluchtartig ihre Komfortzone und wechseln in die Wachstumszone! Sie wissen, dass ihre Erfolge außerhalb der Komfortzone liegen.

In der Komfortzone verharren heißt die Zukunft aufs Spiel setzen. Herausforderungen sind nur zu meistern durch Vertrauen in sich selbst. Man muss sich buchstäblich etwas trauen. Die Entscheidung, von einer Zone in die andere zu wechseln, gehört sicher zu den schwierigsten im Leben, wie eigentlich jede EntSCHEIDUNG. Sie sehen, ich schreibe Teile des Wortes in Großenbuchstaben, denn eine Entscheidung zu treffen bedingt zwangsläufig, sich zu trennen, sich im Wortsinn zu SCHEIDEN. Man muss sich von einer Sache trennen (scheiden), um eine andere Sache gewinnbringend anzugehen. Man lässt immer etwas zurück und weiß dabei nie, was die Zukunft bringt. Doch es gibt keinen anderen Weg zum Erfolg. Der Erfolg erwartet klare Entscheidungen. Ein deutliches Ja oder ein klares Nein, das ist das Vokabular der Erfolgreichen. Dazwischen gibt es nichts. Schließlich wird auch keine Frau ein bisschen schwanger.

Trotz dieser Erkenntnisse verharren die meisten in der Komfortzone. Nicht nur aus Sicherheit, sondern auch aus Bequemlichkeit. Aus unserem Verhalten entwickelt sich eine Routine, die es uns gestattet, ohne großes Nachdenken Dinge schnell abzuwickeln. Wir entlasten dadurch unseren Kopf, den wir dann wieder für andere Dinge frei haben. Ohne diese Routine würden wir den Alltag nicht mehr meistern können. Allerdings birgt die Routine die Gefahr in sich, dass wir mitunter gar nicht mehr wissen, was wir tun. Wer weiß schon, in welcher Richtung er die Zahncreme auf die Zahnbürste zieht? Wissen Sie, ohne nachzudenken, wie Sie Messer und Gabel halten? Sie wissen es ganz bestimmt, wenn Sie es tun. Sie greifen routiniert zum Besteck, sobald das Essen auf dem Tisch steht. Keine Sekunde werden Sie daran zweifeln, das Richtige zu tun.

Die meisten Arbeitsunfälle passieren nicht durch Unwissenheit, sondern durch Routine. Viele Betroffene gaben später zu Protokoll, dass sie die erforderlichen Handlungen über Jahre vollzogen hatten, ohne noch nachdenken zu müssen. Sie gaben sich anderen Gedanken hin und vergaßen darüber die „routinierten" Arbeitsschritte. Mit unserer Einstellung zum Leben verhält es sich ähnlich. Statt darüber nachzudenken, ob das Leben noch weitere interessante Herausforderungen bereithält, halten viele an ihrem altbekannten Leben fest, auch wenn sie es sich schönreden müssen. Das dadurch entstehende Desinteresse führt zwangsläufig in eine Schieflage. Routiniert wird der Alltag bewältigt, ohne Höhen und Tiefen. Die Lebensfreude bleibt immer öfter auf der Strecke.

Reizt es Sie, Neues zu entdecken? Dann fangen Sie jetzt an, denn

alles entscheidet sich im Kopf,

sagt auch der Neurobiologe Prof. Dr. Gerald Hüther von der Universität Göttingen.[31] „Ist das Gehirn hoch motiviert, ist jeder von uns zu persönlichen Höchstleistungen fähig", so seine Diagnose. Nichts motiviert unser Gehirn mehr zu neuen Ideen und kreativem Denken als Neugierde und die Lust auf neue Eindrücke und Erlebnisse:

Neugierde ist letztlich die Gier nach Neuem.

Albert Einstein soll einmal gesagt haben: „Ich habe keine besondere Begabung, sondern bin nur leidenschaftlich neugierig." Ich halte das für eine glatte Untertreibung, dennoch trifft sie zu. Wäre Einstein nur hochintelligent, aber nicht neugierig gewesen, hätte er niemals seine bahnbrechenden Studien erstellen können. Deshalb ist es so wichtig, die Komfortzone zu verlassen und sich auf zu neuen Ufern zu wagen. Was immer Sie sich wünschen, mehr Geld, mehr Freiheiten, mehr Gesundheit, mehr Leben, mehr Wellness, mehr Kinder, mehr Freude etc., Sie werden es nur erreichen, wenn Sie den ersten Schritt wagen. Spitzensportler trainieren täglich außerhalb ihrer Komfortzone! Sie schaffen es, weil sie in der Lage sind, diese mentale Obergrenze zu überwinden. Die Komfortzone ist da, auch wenn sie nicht sichtbar ist. Jeder Mensch hat diese Grenze in seinem Kopf. Eine Grenze, die er nicht zu überschreiten wagt. Bildlich ausgedrückt müssen Sie sich vorstellen, Sie haben Klebstoff unter Ihren Schuhen. Der Klebstoff, das sind Ihre negativen Gedanken, die Ihnen vorgaukeln, alles sei in bester Ordnung, Sie hätten nichts zu befürchten und müssten daher auch nichts tun. Doch in Ihrem Kopf haben Sie sich alles für ein neues Leben „zurechtgelegt". Sie haben Ihre Ziele definiert, Pläne ausgearbeitet, Budgets festgelegt etc. pp., doch trotz aller Bemühungen sind Sie nicht in der Lage, Ihre Komfortzone zu verlassen. Deshalb braucht es neben Mut auch Kraft, um, bildlich gesprochen, die angeklebten Schuhe auszuziehen und barfuß die Wachstumszone zu erreichen. Natürlich weiß in diesem Moment niemand, was ihn in dieser Zone erwartet. Doch Sportler wissen, dass sie diesen Schritt gehen müssen, denn nur in der Wachstumszone, die alles andere als kuschelig ist – wie die Komfortzone –, findet Wachstum statt.

Sind Sie bereit, so wie die erfolgreichen Sportler, Ihre Komfortzone zu verlassen?

Sicher kennen Sie auch den amerikanischen Bestseller „Denke nach und werde reich" von Napoleon Hill.[32] Weltweit haben Millionen Menschen diesen Ratgeber für mehr Geld gelesen. Leider liegt mir keine Statistik vor, wie viele Menschen durch das Lesen dieses Buches wirklich Millionäre geworden sind. Aber auch ohne Zahlenmaterial kann ich mir vorstellen, dass die Zahl der Millionäre nicht signifikant gestiegen ist. Es ist immer leichter, ein Erfolgsbuch zu lesen und sich dann an das nächste zu machen, als das neu erworbene Wissen anzuwenden. Und genau hier liegt das Problem. Jede Veränderung ist zunächst mit Anstrengungen und Schmerzen verbunden. Wer z. B. Fahrrad fahren lernen möchte, wird mehr als einmal auf die Nase fallen. Wer die Karriereleiter erklimmen möchte, wird öfter die Firma wechseln müssen. Damit lässt man sich immer wieder auf neue Bedingungen ein, die nicht unbedingt nach jedermanns Geschmack sind. Aber um dem großen Ziel, Führungskraft zu werden, näher zu kommen, sind auch schmerzhafte Veränderungen erforderlich.

Für mich gibt es zwei Arten von Menschen: Opfer und Schöpfer. Das Opfer beklagt sich über mangelnde Möglichkeiten, während der Schöpfer jede Chance beim Schopfe packt und handelt. Zu welcher Gruppe gehören Sie?

Durch das Flüchten in die Opferrolle entsteht immer ein Konflikt. Alles, was wir ablehnen, ziehen wir so lange an, bis wir bereit sind, unseren Seelenschmerz zu erkennen und durch Aufmerksamkeit und Respekt uns selbst gegenüber heilen zu lassen und loszulassen. Jeder Mensch (und damit seine Seele) trägt die Verantwortung für die Liebe in sich selbst. Handeln wir nicht in Eigenverantwortung, so verlieren wir den Frieden in dem Lebensbereich, für den wir keine Verantwortung übernehmen (Ehe, Beruf, Arbeitsplatz etc.). Die Opferrolle lässt uns glauben, wir seien nicht in der Lage, Konflikte, die uns begegnen, in Liebe zu lösen. In der Opferrolle erleben wir Momente, in denen wir glauben, ein anderer hätte uns Schmerzen oder Schaden zugefügt, doch dann sind wir gefragt, die Realität zu akzeptieren und endlich zu handeln, indem wir lernen, uns selbst zu vertrauen und den Zwang zur Kontrolle aufzugeben. Wie wichtig das ist, weiß auch der Benediktinermönch Anselm Grün[33]: „Es ist ein Grundgesetz der Psychologie, dass dem, der alles kontrollieren möchte, sein Leben todsicher außer Kontrolle geraten wird."

Was immer Sie planen, Sie müssen sich darüber im Klaren sein, dass Sie in allem, was Sie tun, frei sind. Sie sind aber nicht frei in der Wahl der damit verbundenen Konsequenzen. Viele Menschen tun das Falsche und meinen, es sei das Richtige, und in allem, was sie tun, steht Sicherheit an erster Stelle. Sie haben noch nicht erkannt, dass nur noch eines gilt:

Sicher ist, dass nichts mehr sicher ist!

Sensei Avi Rokah ist der Superstar unter den Karatekämpfern. Als Träger des 6. Dan gewann er fünfmal die National Championship der USA und die Pan-American-Championship. Bei der Weltmeisterschaft 1994 in Italien führte er das Team der USA fast im Alleingang zum Sieg. In einem Aufsatz[34] beschreibt der Leiter der Japan Karate Association of Beverly Hills sehr eindrucksvoll, was es heißt, Kontrolle aufzugeben, um zu gewinnen:

Karate ist eine Kampfkunst, die weder in der Technik noch in der Anwendung von Muskelkraft und harter Gewalt abhängt. Es ist die Kunst, Muskelkraft aufzugeben, und nachdem wir die Form (oder ihre Prinzipien) gemeistert haben, müssen wir die Form aufgeben oder frei sein von der Form (ohne in dem, was wir tun, ihre Prinzipien in irgendeiner Weise zu verletzen). Mehr noch, wir müssen uns selbst aufgeben, um dem Gegner zu folgen. Mit anderen Worten, unser Geist oder Intellekt sollte sich nicht einmischen. Indem wir Kontrolle aufgeben, erlangen wir Kontrolle, und alles, was wir tun, tun wir frei. Dieses Konzept ist schwer zu akzeptieren, weil jeder hart treffen möchte, und hier wird dir gesagt, deine Arme oder Beine aufzugeben. Jeder, der mit dem Karate-Training beginnt, möchte gewinnen. Aber hier wird von dir verlangt, den Sieg und dich selbst aufzugeben. Dir wird gesagt, Ergebnisse aufzugeben und nur an den Prozess selbst zu denken, zu üben um der Übung willen.

Pete Sampras scheint nach dieser Maxime gearbeitet zu haben. Er gewann in seiner Karriere 14 Grand-Slam-Turniere im Einzel, war sechs Jahre hintereinander am Jahresende die Nummer eins der Tennis-Weltrangliste,

Sebastian Vettel

stand insgesamt 286 Wochen auf dem Platz an der Spitze und war 1990 mit 19 Jahren der bis dahin jüngste Sieger der US Open. Er ist noch heute einer der besten Profi-Tennisspieler aller Zeiten. Eindrucksvoll, mit welcher Einstellung[35] er scheinbar mühelos die Spiele gewann:

Ich versuche nie, ein Turnier zu gewinnen. Ich versuche auch nie, einen Satz oder ein Spiel zu gewinnen. Ich will nur diesen Punkt gewinnen.

Sie sehen, er wandte die Mehrfachziel-Strategie an und erreichte so Schritt für Schritt das jeweils nächsthöhere Ziel.

Genauso wie der Formel-1-Pilot Sebastian Vettel, der als jüngster Rennfahrer im zarten Alter von 19 Jahren einen WM-Punkt ergatterte. Ein schwerer Unfall seines Teamkollegen verhalf dem Ersatzfahrer Sebastian Vettel am 17. Juni 2007 zu seinem Formel-1-Renndebüt im BMW-Sauber. Beim Großen Preis der USA in Indianapolis errang der Deutsche an diesem Tag den achten Rang und fuhr damit als jüngster Fahrer aller Zeiten Punkte ein. Nur ein Jahr später beerbte das als „Bubi Schumi" titulierte Talent David Coulthard vom Red-Bull-Rennstall. Das ist eine riesige Chance für das Ausnahmetalent. Eine Herausforderung, der er sich gerne stellt, wie auf einer Pressekonferenz zu vernehmen war:

Ich bin in der Vergangenheit immer Schritt für Schritt vorangegangen, daran werde ich auch in Zukunft nichts ändern. Mein Ziel ist klar: Ich will vorankommen und mich weiterentwickeln.

Dirk Schmidt punktgenau

Kein Mensch lebt ewig. Das Leben und die Lebensenergie sind deshalb begrenzt. Durch Ihre Zielplanungen setzen Sie Ihre Lebensenergie verantwortungsvoll ein. Ziele sind eine Grundvoraussetzung, um die zeitlich begrenzte Lebensenergie bestmöglich zu nutzen.

Die Programme der Spitzensportler

Zwei Dinge verleihen der Seele am meisten Kraft: Vertrauen auf die Wahrheit und Vertrauen auf sich selbst.

Seneca

Es gibt keine Patentrezepte, nach denen Sie Ihren Weg zum Erfolg verkürzen können. So individuell wie Ihr Fingerabdruck, so individuell ist auch der Weg, den Sie in Ihrem Leben zurücklegen müssen. Genauso wie der Wanderer, der im Wald auf einen Holzfäller bei der Arbeit trifft. Der Holzfäller sägt und sägt und sägt. Deshalb muss der Wanderer richtig laut brüllen: „He Sie", ruft er, „wie lange brauche ich bis zur nächsten Bushaltestelle?" Der Holzfäller schaut ihn fragend an, nimmt seine Säge und sägt weiter. Ritsche, ratsche, ritsche, ratsche. Der Wanderer gibt nicht auf und versucht es ein zweites Mal: „He Sie! Sie sind doch von hier! Können Sie mir sagen, wie lange ich noch bis zur nächsten Bushaltestelle brauche?" Der Holzfäller dreht sich zu ihm, schaut ihn an, greift diesmal zum Beil und hackt weiter auf das Holz ein, tscheng, tscheng, tscheng. Da wird es dem Wanderer zu viel. Er glaubt, er habe es hier mit einem Deppen zu tun, greift sich seinen Rucksack und läuft weiter. Nach ein paar Schritten ruft der Holzfäller plötzlich: „45 Minuten." Wie angewurzelt bleibt der Wanderer stehen, dreht sich um, schaut dem Holzfäller ins Gesicht und sagt: „Ich habe Sie vorhin nett und höflich gefragt, wie lange ich zur nächsten Bushaltestelle brauche, und Sie gaben mir keine Antwort. Jetzt, wo ich weiterlaufe, sagen Sie mir, 45 Minuten." Daraufhin antwortet der Holzfäller: „Tja, ich musste ja erst einmal sehen, wie schnell Sie laufen."

Sportler laufen im Wortsinn schneller als andere, wenn es darum geht, Chancen zu nutzen. Sie sind durch die Bank optimistisch gestimmt. Sie freuen sich mit jedem neuen Tag auf die Herausforderungen. Deshalb steht ihnen quasi die Welt offen, sonst wären Olympische Spiele wohl kaum denkbar. Selbst vor politischen Systemen macht Olympia nicht halt. Insofern war Olympia 2008 in China eine großartige Chance für alle.

Doch es gibt auch Menschen, die in allem Neuen nur das Negative sehen. Diese Menschen haben keine Vision, sie können sich nicht wirklich vorstellen, dass unser gesamtes Leben auf Wachstum und Erkenntnisse aufgebaut ist. Hier nur einige Beispiele, wie Ewiggestrige schon zu jeder Zeit versucht haben, das Neue, Hoffnungsvolle, Lebensbejahende quasi im Keim zu ersticken:

Ein Artikel in der „Boston Post" von 1865: „Gut informierte Leute wissen, dass es unmöglich ist, die Stimme über Drähte zu übertragen und dass es, selbst wenn es möglich wäre, keinen praktischen Nutzen hätte." Professor Erasmus Wilson an der Oxford University meinte

1878: „Ich denke, dass ich ohne Widerspruch behaupten kann, dass, sobald die Pariser Ausstellung geschlossen hat, die Sache mit dem elektrischen Licht mit ihr den Abschluss finden wird und man niemals wieder etwas von ihm hören wird." Der Sprecher von Daimler-Benz sagte Anfang des 20. Jahrhunderts: „Es wird niemals einen Massenmarkt für Automobile geben, gerade mal 1.000 Stück in Europa, weil dies die begrenzte Zahl an verfügbaren Chauffeuren ist." Im Jahre 1939 titelte die „New York Times": „Die amerikanische Durchschnittsfamilie hat keine Zeit zum Fernsehen." Sie sehen, zu allen Zeiten gab es Menschen, die sich für sehr schlau hielten und keine Visionen hatten. Ich bin der Meinung, dass sich die Menschen so verhalten, wie es Goethe in seinem Meisterwerk „Faust" sagte:

Es irrt der Mensch, solang' er strebt.

Ich will Ihnen mit diesen Beispielen nur vor Augen führen, dass wir uns niemals auf das „dumme" Geschwätz von anderen Menschen verlassen dürfen. Wir müssen selbst die Erfahrung machen und zu einer eigenen Meinung kommen, erst dann können wir bewerten, ob etwas gut oder schlecht für uns ist. Natürlich sollen wir auf die Erfahrung von anderen hören, damit wir unsere Unwissenheit nicht teuer bezahlen. Aber wenn doch Sportler eindrucksvoll bewiesen haben, dass Herausforderungen mit der richtigen Einstellung jederzeit begegnet werden kann, dann muss man bildlich gesprochen mit dem Klammerbeutel gepudert sein, Chancen verpuffen zu lassen. Doch was tun die meisten Menschen? Sie wünschen sich eine Zeitmaschine herbei. Sie verpassen die heutigen Chancen und jammern, dass sie bei den Chancen der Vergangenheit nicht dabei waren.

Die beste Zeit, einen Baum zu pflanzen, war vor zwanzig Jahren. Die zweitbeste ist jetzt.

Afrikanisches Sprichwort

Was für die heutige Jugend „Star Wars", „Der Fluch der Karibik" oder „Herr der Ringe" sind, waren zu meiner Zeit die legendären Karate-Filme. Ich kann mich an jede einzelne Handlung sehr gut erinnern. Ich fand es einfach faszinierend, zu welchen Leistungen Menschen in der Lage sind. Besonders eine Szene hat sich mir ins Gedächtnis eingebrannt.

Da ist ein junger Mann, der unbedingt Kung-Fu erlernen möchte. Dazu wendet er sich an den Alt-Meister, der sich seiner annimmt. Doch statt mit dem Unterricht zu beginnen, drückt der Meister seinem Schützling ein Werkzeug in die Hand, damit er die alte Farbe von den Wänden und von den Dächern abkratzt. Damit ist der junge Mann tagelang beschäftigt. Doch er ärgert sich, weil er das Gefühl hat, ausgenutzt zu werden. Schließlich wollte er Kung-Fu erlernen und seine Zeit nicht mit irgendwelchen niedrigen Arbeiten verbringen. Immer wieder wendet er sich an den Meister mit der Frage, wann denn nun seine Ausbildung beginnen würde. Doch der Meister winkt ab. Er ist alles andere als redselig. Er fordert den jungen Mann immer wieder auf, die Arbeit weiter zu verrichten. Dabei zeigt er ihm, wie er die Bewegungen auszuführen hat. Nun soll der junge Mann in kreisenden Handbewegungen das Hausdach abschleifen. Der Meister achtet sehr genau darauf, dass er diese Bewegungen richtig vollzieht. Jedes Mal, wenn eine Aufgabe erledigt ist, deckt der Meister den jungen Mann mit neuer Arbeit ein. Ob Schleifen, Putzen oder Streichen, nichts wird ausgelassen. Der junge Mann ist verärgert und möchte alles in die Ecke schmeißen. Doch er hält durch und eines Tages kommt die lang ersehnte erste Unterrichtsstunde. Der Meister führt den jungen Mann in die hohe Kunst des Kampfsportes ein. Schritt für Schritt zeigt er ihm, welche Bewegungen notwendig sind, um den Gegner zur Strecke zu bringen. Da plötzlich fällt es dem jungen Mann wie Schuppen von den Augen. Er erkennt, dass diese Bewegungen exakt den Bewegungen gleichen, die er in den letzten Tagen bei seiner Arbeit anwenden musste. Die kreisenden Handbewegungen, die er stundenlang beim Abschleifen des Hausdaches angewandt hatte, sind eine wichtige Grundlage für den Kampfsport. Durch die tagelange Arbeit ist der junge Mann in der Lage, die Kampfübungen problemlos umzusetzen.

So wie dieser junge Mann sich verhält, so verhalten sich Spitzensportler. Sie hören sehr genau hin, wenn ihnen ihr Trainer etwas erklärt, und kritisieren nicht. So auch der deutsche Boxer und Ex-Weltmeister im Supermittelgewicht Markus Beyer. In einem Interview[36] wurde ihm folgende Frage gestellt: Brauchen Sie nach 26 Jahren Boxsport überhaupt noch einen Coach oder kennt man die Trainingsabläufe und seinen eigenen Körper gut genug? Darauf antwortete Markus Beyer:

Doch, der Trainer ist mit Sicherheit wichtig. Von der Theorie her haben Sie recht, man kennt die Trainingsabläufe und weiß, was man machen muss. Allerdings ist es für mich wichtig, dass jemand hinter mir steht und mich antreibt.

Sportler vertrauen ihrem Trainer. Er ist Profi. Sie trauen ihm zu, dass er sie bestmöglich unterstützt, auch oder gerade wenn sie das Gefühl haben, die Dinge müssten anders laufen. Ein Trainer will den Erfolg genauso wie der Sportler.

Dirk Schmidt punktgenau

„Ich werde doch nicht herumrennen und Sachen dilettantisch tun, die ein anderer für eine kleine Summe mit gewerbsmäßiger Geschicklichkeit erledigt", sagte Agatha Christie. Delegieren Sie Arbeiten, die andere besser und vor allem billiger erledigen. Kon-zentrieren Sie sich auf das große Ganze!

3.1 Spitzensportler haben Rituale

Vergiss nicht, man benötigt nur wenig, um ein glückliches Leben zu führen.

Marc Aurel

„Ritual" entstammt dem lateinischen *ritualis* und steht für *zum religiösen Brauch gehörend.* Inzwischen wird dieser Begriff inflationär eingesetzt, sodass jedes Lexikon schon seine eigene Interpretation hat. Im Fremdwörterbuch des Duden von 1982 steht unter Ritual: *Ordnung für gottesdienstliches Brauchtum*, während der Brockhaus 1998 schreibt: *gleichbleibendes, regelmäßiges Vorgehen nach einer festgelegten Ordnung.* Und genau das verstehe ich unter diesem Begriff. Aus meiner Sicht ist er allerdings noch immer negativ besetzt. Zu Unrecht werden Rituale vorwiegend mit Bräuchen primitiver Kulturen, etwa dem Regentanz oder dem Schlachten von Opfertieren, assoziiert. Dabei brauchen wir heute mehr denn je eine „Insel der Beständigkeit" angesichts der Herausforderungen des Informationszeitalters. Eine Studie[37] kommt zu alarmierenden Ergebnissen: Berufstätige leiden zunehmend unter psychischen Problemen. Der Anteil der Ausfalltage wegen psychischer Probleme und Verhaltensstörungen stieg von 6,6 auf 10,5 Prozent, wie aus dem Bericht des Berufsverbandes Deutscher Psychologen (BDP) 2008 zur psychischen Gesundheit am Arbeitsplatz hervorgeht. Damit verfehle Deutschland die von der Weltgesundheitsorganisation (WHO) gesteckten Ziele zur Gesundheitsförderung am Arbeitsplatz. Die Ursachen liegen dem BDP-Bericht zufolge in Zeitdruck, Komplexität der Arbeit und Verantwortung der Beschäftigten, fehlenden Partizipationsmöglichkeiten, prekären Arbeitsverhältnissen wie Leiharbeit und Zeitarbeit, mangelnder Wertschätzung, defizitärem Führungsverhalten sowie einem Ungleichgewicht zwischen beruflicher Verausgabung und erhaltener Entlohnung.

Diese katastrophale Entwicklung zeigt doch, dass wir dringend mehr Beständigkeit brauchen. Beständigkeit, die wir wie selbstverständlich unseren Kindern zugestehen, dabei aber nie an uns selbst denken. Kinder lieben Rituale. Nach dem Zähneputzen wird sich schnell ins Bett gelegt, damit Vater oder Mutter noch eine kleine Gutenachtgeschichte vorlesen. Meistens brauchen sie gar nicht bis zum Ende lesen, weil das Kind inzwischen eingeschlafen ist. Es fühlt sich geborgen, denn es spürt die Liebe und die Aufmerksamkeit der Eltern.

Wann haben Sie zuletzt Liebe und Aufmerksamkeit gespürt oder gegeben?

____

____

____

Rituale strukturieren und ordnen die Abläufe unseres Lebens. In der Wiederholung vertrauter Handlungsabläufe bieten sie die Möglichkeit, Ruhe, Sicherheit und Geborgenheit zu finden. Das ist wichtig, um neue Kraft zu sammeln, damit die Herausforderungen, denen sich jeder Berufstätige aussetzt, leichter gemeistert werden können. Es gibt keine Anleitung für ein gelungenes Ritual. Wichtig ist nur, dass Sie anfangen, Rituale zu inszenieren.

Das Schöne an den Ritualen ist, dass man nicht an sie glauben muss, man muss sie einfach nur machen,

sagt der Indologe Axel Michaels, Sprecher des Sonderforschungsbereichs Ritualdynamik an der Universität Heidelberg.[38]

Wenn ich von einem Ritual spreche, dann meine ich nicht, von der Arbeit nach Hause zu kommen, sich seiner Arbeitskleidung zu entledigen, unter die Dusche zu springen, um die Spuren des Arbeitsalltages abzuseifen, in die Freizeitkleider zu springen, sich an den Esstisch zu setzen, das Abendbrot einzunehmen, um dann den restlichen Abend vor dem Flimmerkasten zu verbringen, mit einer Flasche Bier in der linken Hand, während die rechte die Chipstüte sucht. Auch das ist ein Ritual, aber ein schlechtes. Meine Vorstellung von einem Ritual ist eine kraftspendende, lebensbejahende und motivierende Inszenierung, die jederzeit in den normalen Alltag integriert werden kann. Egal ob Sie gerade Zähne putzen (ein Reinigungsritual), Tee trinken (wie es die Japaner zelebrieren) oder einfach nur joggen (ein Bewegungsritual), es kommt einzig darauf an, dass Sie sich bei diesem Ritual wohlfühlen und nur an sich denken.

Der große deutsche Basketballspieler Dirk Nowitzki weinte vor Freude, als feststand, dass er mit der Fahne in der Hand die deutschen Athleten in das olympische Stadion von Peking führen durfte. Der Mann ist mega-erfolgreich, und doch gibt es Momente, in denen große Sportler ihre Gefühle zeigen, weil sie sich am Ende ihrer Träume wähnen. Sie leben ihren Traum und sind bereit, dafür einiges zu geben. Auch Dirk Nowitzki ist ein Arbeitstier, der seine Erfolge, egal wie groß sie sind, nach einem festen Ritual feiert.

Typisch für ihn ist seine Haltung beim Freiwurf. Nachdem er den Ball losgelassen hat, bleibt sein Wurfarm durchgestreckt, obwohl der Ball längst auf dem Weg zum Korb ist. Sein Handgelenk macht dann einen 90-Grad-Knick nach unten, die Finger sind unregelmäßig ausgestreckt und abgespreizt. Diese Bewegung erinnert mehr an einen Dirigenten als an einen Basketballspieler. Doch durch dieses Ritual führt Nowitzki den Ball quasi zum Korb. Er „ankert" dieses Gefühl für den gesamten Freiwurf-Ablauf in seinem Körper, das Supergefühl, das sich bei einem erfolgreichen Wurf einstellt, ist somit gegenwärtig. Der Ablauf ist immer derselbe. Nowitzki hat ihn einstudiert und dauerhaft programmiert. Damit gelingen ihm immer wieder erfolgreiche Würfe.

Rituale wirken auf die Psyche. Sie geben Kraft, und genau die brauchen Sportler, um sich optimal auf ein Turnier einzustellen. „Nach dem Spiel ist vor dem Spiel", stellte Oliver Kahn immer wieder fest. Jeder

Wettbewerb ist immer eine neue Herausforderung, die nicht selten mit einer unüberschaubaren Situation einhergeht. Angesichts der vielen unberechenbaren Momente brauchen Sportler eine klare Struktur, an die sie sich bei jedem Wettbewerb erneut klammern können. Das gibt ihnen Sicherheit, auch wenn diese nichts mit der Realität zu tun hat. Im Wettkampf ist nämlich immer alles möglich, auch das Unmögliche, wie abermals die Fußball-EM 2008 gezeigt hat. Die türkische Fußballmannschaft gewann nach einem langen Spiel gegen die Kroaten. Nach regulären 90 Minuten war kein Tor gefallen, so ging es für beide Länder in die 30-minütige Verlängerung. In der zweiten Halbzeit der Verlängerung schossen die Kroaten in der 119. Minute – eine Minute vor dem offiziellen Ende – endlich das ersehnte Tor. Nur zwei Minuten später (also in der Nach-Nachspielzeit) gab es den Ausgleich durch die Türken. Über fast 120 Minuten gab es kein einziges Tor, und kurz vor Schluss fielen gleich zwei, es stand 1:1, sodass ein Elfmeterschießen folgte. Hier verschossen dann zwei Kroaten den Ball, während der türkische Torwart einen Schuss hielt. Die Türken standen im Halbfinale und hielten an dieser „Taktik" fest. Beim Spiel Türkei gegen Deutschland stand es kurz vor Schluss 2:2, als Philip Lahm dann exakt in der 90. Minute zum 3:2 ausglich und Deutschland somit ins Endspiel kam. Solche dramatischen Szenen verdeutlichen eindrucksvoll, dass im Sport alles möglich ist und jeder Sportler bis zuletzt buchstäblich „am Ball bleiben" muss. Ein Wettkampf ist immer erst dann zu Ende, wenn abgepfiffen wird. Rituale dienen den Sportlern, sich für solche herausfordernde Momente zu wappnen.

Wichtig ist bei Ritualen nicht, was der Sportler tut, sondern dass er es tut. Sie wissen, dass sie nicht alles unter Kontrolle haben können, denn im Wettkampf stehen sich Menschen gegenüber, und die sind unberechenbar. Hier einige Beispiele[39], welche Rituale Sportler anwenden, um sich auf ein Spiel vorzubereiten:

Jochen Vollmer, Eishockey-Torwart:
Vor dem Spiel mache ich mich immer an der gleichen Stelle warm. 20 Minuten, bevor wir aufs Eis gehen, laufe ich den Olympiaberg hoch, da steht so eine Bank, da dehne ich mich. Außerdem nehme ich vor dem Spiel den Ring, den mir meine Freundin geschenkt hat, von der einen Hand und stecke ihn mir an die Fanghand.

Dirk Nowitzki

Kadia Meckes, Basketballerin:
Wenn dann alle Basketballerinnen in der Umkleidekabine versammelt sind, hängt unsere Spielführerin den Spruch des Tages auf, und zwar so, dass ihn niemand übersehen kann, an den Spiegel oder an die Türklinke etwa. Da steht zum Beispiel „Nie aufgeben" oder „Du darfst den Gegner nie unterschätzen".

Sebastian Prüsener, Volleyballer:
Der Handstand, das passiert immer erst kurz vor dem ersten Ballwechsel, wenn wir uns die Trikots für das Spiel überziehen. So ein Handstand tut eigentlich ganz gut, die Schultern werden schön warm und das Blut steigt einem manchmal richtig in den Kopf. Ich glaube aber nicht speziell daran.

Oliver Kahn:
Routine hilft dabei, das volle Leistungspotenzial „auf den Punkt" zu entfalten. Sie hilft dabei, sich nicht mehr von äußeren Umständen, der „bewegten Umgebung", ablenken zu lassen.

Welches Ritual werden Sie anwenden, um Ihre innere Mitte zu finden?

____

____

____

Dirk Schmidt punktgenau

Seien Sie sich im Klaren darüber, warum Sie ein Ziel erreichen möchten. Nur wenn Sie einen handfesten Grund haben, wächst Ihre Entschlossenheit, dieses Ziel zu erreichen. Darüber hinaus steigt Ihr Energiepegel, um Ihnen den nötigen Schub zu geben.

3.2 Spitzensportler hören weniger auf ihren Verstand

Es ist einfacher, sich einzubilden, dass man über einem Berg schwebt, der ganz in der Ferne liegt, als in Wirklichkeit seinen Fuß zu heben, um über ein Steinchen zu treten.

Multatuli

Vereinfacht ausgedrückt unterteilt sich der geistige Bereich eines Menschen in drei Teile, und zwar in das Bewusstsein, das Unterbewusstsein und das Überbewusstsein. Das Bewusstsein hilft uns bei der täglichen Entscheidungsfindung und sorgt dafür, dass sich der menschliche Körper in seiner Umwelt bewegen kann. Es nimmt nur einen sehr kleinen Teil ein. Etwa so viel wie die Spitze eines Eisberges, die aus dem Wasser ragt. Der weitaus größere Teil, das sogenannte Unterbewusstsein, liegt im Verborgenen, so wie auch der größere Teil des Eisberges unter Wasser liegt (etwa fünf Sechstel seines gesamten Volumens liegen unterhalb der Wasseroberfläche). Das Unterbewusstsein ist allwissend. Es ist im Wesentlichen mit der Wiederholung erlernter Verhaltensweisen befasst. Darüber hinaus speichert es riesige Datenmengen. Haben wir etwas gelernt und es möglicherweise öfter angewendet, verschwindet es im Unterbewusstsein, ist aber jederzeit abrufbar. Das Überbewusstsein dagegen ist, wenn Sie so wollen, die Verbindung zum Universum.

Wer in seinem Leben etwas verändern möchte, muss also an die tieferen inneren Schichten seines Bewusstseins heran. Es gibt keinen anderen Weg und auch kein Werkzeug, mit dem sich dieser Schritt einfach vollziehen lässt. Der Weg führt immer über unsere Gedanken, die allmächtig sind.

„Wunder geschehen. Ich hab's gesehen. Wir dürfen nur nicht an das glauben, was wir sehen. Wunder geschehen", sang Nena, der ungekrönte Star der Neuen Deutschen Welle in den 80er-Jahren. Und sie hat recht. Wir Menschen sind mit dem WUNDERbarsten Geschenk der gedanklichen Freiheit und des freien Willens ausgestattet. Was immer Sie denken, Sie denken es, weil Sie es so wollen. Dabei haben Sie über die Lebensjahre Gedankenmuster entwickelt, die Ihnen möglicherweise nicht mehr gefallen. Das ist zwar eine bittere Erkenntnis, aber nicht die Schuld eines Dritten. Die entscheidende Botschaft lautet: Sie können Ihr Denken zu jeder Zeit ändern, wenn Sie zwei Voraussetzungen erfüllen:

- Sie wollen es wirklich.
- Sie üben sich in Geduld.

Wenn Sie Veränderungen wirklich wollen, dann müssen Sie Kann-Dinge in Muss-Dinge verwandeln. Allein dieser Schritt wird Ihre Gedankenwelt kolossal verändern. Wenn Sie z. B. zur Miete wohnen, dann zahlen Sie dafür einen monatlichen Mietzins. Ich gehe davon aus, dass Sie diese Zahlung jeden Monat pünktlich erledigen und keinen Mietrückstand haben. In diesem Fall droht Ihnen ja ohnehin die Kündigung. Wie aber verhält es sich, wenn ich Sie darum bitten würde, in den nächsten zwei Wochen zwei Kilo abzunehmen? Die meisten Menschen würden sicherlich einige Probleme haben, dieser Aufforderung nachzukommen. Das liegt in der Natur der Sache. Ihre Wohnungsmiete müssen Sie zahlen. Abnehmen können Sie. Und genau darin liegt das Problem. Dinge, die erledigt werden müssen, gehen einfach und funktionieren fast immer. Dinge, die erledigt werden können, werden in der Regel nicht bis zum Ende durchgezogen, weil *können* immer nur freiwillig ist. Das Nichterreichen des Ziels zieht in diesem Fall keine ernsthaften Konsequenzen nach sich. Dagegen ist bei Muss-Dingen mit Schwierigkeiten zu rechnen, wenn diese nicht erreicht werden. Deshalb geht es im Leben immer darum, Kann-Dinge in Muss-Dinge umzuwandeln.

Motivierte Sportler wissen, dass auf dem Weg zum Erfolg der Verstand der größte Bremser ist. Er ist ein wahrer „Erfolgverhinderer“. Sie können noch so viele positive Gedanken säen, am Ende wird ihr Verstand sie mit „seiner“ Gegenwart konfrontieren und ihnen einzureden versuchen, dass sie es nie und nimmer schaffen können, weil die Umstände so schlecht sind. Er wird ihnen z. B. zurufen: „Schau dich doch um. Wie willst du erfolgreicher werden, mit der Schulbildung, mit dem Wissen und der Erfahrung? Vor dir stehen hundert andere mit viel größerem Talent und du schickst dich an, sie hinter dir zu lassen?“ Immer und immer wieder schleudert der Verstand jedem veränderungswilligen Geschöpf diese negativen Botschaften buchstäblich um die Ohren. Wohl dem, der mehr auf seine Gefühle achtet. Das ist der einzige Weg zur Freiheit. Immer wieder auf das Bauchgefühl zu achten, das ist der richtige Weg. Wer nur auf den Verstand hört, wird am Ende enttäuscht. Sind auch Sie enttäuscht von der bisherigen Entwicklung in Ihrem Leben? Dann packen Sie jetzt den Stier bei den Hörnern und beenden Sie diese Enttäuschung = Ende der Täuschung.

In amerikanischen Untersuchungen konnte nachgewiesen werden, dass Entscheidungen, die aus dem Bauch heraus getroffen wurden, in fast allen Fällen, nämlich 98 Prozent, richtig waren, wenn der Mensch die Signale aus dem Bauch richtig deutete. Ein mulmiges Gefühl signalisiert danach immer, dass Gefahr im Verzug ist. Glücksgefühle dagegen bestätigen den Entscheider in seiner Meinung. Entscheidungen, die ohne Rücksicht auf dieses Bauchgefühl und damit nur aus dem Kopf heraus getroffen wurden, trafen in nur 70 Prozent ins Ziel. Hier wird deutlich, wie wichtig unser Gefühl in allen Lebenslagen ist. Es gibt mehrere Erklärungen, warum der Bauch mehr kann, als gemeinhin angenommen. Unser Verstand, also das Bewusstsein, registriert etwa neun Eindrücke pro Sekunde. Unser Unterbewusstsein dagegen registriert in derselben Zeit 500 (!) Eindrücke. Das Besondere daran ist, dass alle Eindrücke lebenslang als Bilder abgespeichert werden. Dadurch entsteht eine gewaltige Menge an Fakten und Informationen. Genau daraus formt unser Unterbewusstsein die innere Stimme, die auch als sechster Sinn bezeichnet wird. Unser Unterbewusstsein ist in der Lage, trotz der exorbitanten Datenmenge alle wichtigen Informationen zur Entscheidungsfindung im Bruchteil einer Sekunde zu vergleichen. Die Lösung erfahren Sie über Ihre innere Stimme, die sich über Ihren Bauch äußert. Darüber kommuniziert das Unterbewusstsein mit Ihnen. So unglaublich es auch klingen mag, aber wir Menschen denken nicht nur mit dem Gehirn, sondern auch mit dem Bauch.

Sportler wissen um diese Einzigartigkeit. Deshalb üben sie immer wieder den „Ernstfall", indem sie alle Sinne ansprechen und dabei verstärkt auf ihre Gefühle achten. Im Grunde genommen kann unterstellt werden, dass ein Sportler, der zehn Jahre Tag für Tag das Gleiche tut, kein Training mehr benötigt. Ob Boxer, Fußballer oder Skiläufer, sie alle machen nichts anderes, und doch vergeht kein Tag, an dem sie nicht stundenlang trainieren. Dafür gibt es natürlich mehrere Gründe. Zum einen ist der Mensch ein „Bewegungstier", er braucht Bewegung. Zum anderen verfolgt jeder Sportler das Ziel, der Beste zu werden.

Das tägliche Training bringt den Kreislauf in Schwung, kräftigt Herz und Muskeln, erhöht die Sauerstoffzufuhr. Die Organe arbeiten aktiver, sodass die Nährstoffe schneller zu den Zellen transportiert werden.

Überdies wird beim täglichen Training der Ernstfall simuliert. Alle Tests laufen unter realen Bedingungen, was nicht immer ganz einfach ist. Denn der Druck des Wettkampfs kann nur sehr schlecht simuliert werden. Der ergibt sich erst, wenn der Sportler in der Arena steht, die Zuschauer wahrnimmt und vielleicht das erste Mal auf seine Konkurrenz trifft. Die Medien erhöhen zusätzlich den Druck. All diese Dinge können nicht simuliert werden. Deshalb sind Sportler in den Vorbereitungen oft um bis zu 15 Prozent besser als im tatsächlichen Wettkampf. Doch das muss nicht sein. Wenn ich mit einem Klienten vor einem wichtigen Wettkampf das Mentaltraining anwende, dann hat er im Vorfeld zwei wesentliche Voraussetzungen erfüllt: Er hat sich zum einen mit der Wettkampfarena vertraut gemacht. Zunächst allein, dann mit mir, stimmt er sich auf die Atmosphäre des Stadions ein. Mit allen Sinnen „saugt" er buchstäblich das Umfeld in sich auf, sodass in seinem Kopf ein klares Bild der Wettkampfarena abgespeichert wird. Dieses Bild wird er dann im Mentaltraining immer wieder vor Augen haben, sodass er nicht irgendeine Strecke läuft, sondern die, um die es geht. Zum anderen trägt er natürlich genau die Kleidung, die er auch während des Wettkampfes tragen wird. Somit wird das geistige Bild mit einem realen Bild verknüpft. Er spürt jede Faser dieser Kleidung an seinem Körper.

Sind diese Bedingungen erfüllt, geht es ans „Anker setzen". Aus der Welt des NLP, des Neurolinguistischen Programmierens, stammend, ist der Begriff des Ankersetzens wichtig für erfolgreiche Menschen geworden. Mit NLP ist es möglich, positiven Einfluss auf Ihr Leben, Ihre Gesundheit, Ihr Wohlbefinden und Ihren Wohlstand zu nehmen. Mit NLP können Sie alle potenziellen Fähigkeiten und Ressourcen, die bereits in Ihnen sind, wachsen lassen. Denn jedes menschliche Verhalten besteht aus neurologischen Prozessen: Nerven nehmen Reize auf, um diese zum Gehirn zu transportieren. Im Gehirn angekommen werden sie gefiltert und verarbeitet. Unser Verhalten wird durch fünf verschiedene Reize bestimmt: Sehen, Hören, Fühlen, Riechen und Schmecken. Mit Hilfe dieser fünf Sinne filtern wir alles, was an Informationen aus der Umwelt auf uns einwirkt. Durch die Sinneseindrücke eines jeden Menschen entsteht eine nur ihm eigene Welt. Man spricht hier von der „subjektiven Wirklichkeit". Wenn Sie eine Apfelsine sehen, haben Sie hiervon eine andere Wahrnehmung als Ihr Partner. Jeder nimmt eine orangefarbene

Frucht in einer bestimmten Form wahr. Doch der einzelne Betrachter dieser Apfelsine verbindet damit seine eigenen Erfahrungen. Sie essen gerne Apfelsinen und freuen sich über den Anblick. Ihr Partner hasst dieses Obst, weil es seiner Meinung nach schon nach kurzer Zeit einen unangenehmen Geruch entwickelt. Wieder ein anderer erinnert sich an einen Urlaub unter Apfelsinenbäumen und an die damit verbundene Insektenplage usw. Hier wird deutlich, dass durch Erinnerungen bestimmte Reize ausgelöst werden. Diese Erkenntnisse machen sich Spitzensportler zunutze, indem sie sich immer wieder besonders erfolgreiche und positiv besetzte Situationen aus der Vergangenheit in Erinnerung rufen. Vor wichtigen Spielen erinnern sie sich daran, um so Kraft zu tanken. Dieser Vorgang heißt in der NLP-Welt „einen Anker setzen“. Damit auch Sie für zukünftige Aufgaben besser gerüstet sind, schreiben Sie bitte nachfolgend die zehn erfolgreichsten Situationen Ihres Lebens auf. Beginnen Sie jetzt. Die Erfahrung hat gezeigt, dass langes Nachdenken das Ergebnis verfälscht.

Meine zehn schönsten und erfolgreichsten Erlebnisse:

1. Reise n. Neuseeland // 14. AM bei [illegible]
2. Reise nach Tibet 15. [illegible]
3. Anmeldung v. Dr. Kurz 2006 [illegible]
4. 4 Kinderbücher / Platten
5. Preis[illegible]
6. 25 j. Hochzeitsjubiläum
7. Chef der RSW
8. Stadtjugend[illegible]
9. Caritaskollegen bei NH2-Eröffnung
10. Personelle Aufstockung der Bib[illegible]

11. [illegible] kompetenter [illegible]
12. Praxiseröffnung 2002 // 13. [illegible]

Ich gehe davon aus, dass Sie durchgehalten und die besten Situationen aufgeschrieben haben. Jetzt wählen Sie aus diesen zehn Erlebnissen die drei erfolgreichsten aus.

Von den zehn waren diese drei die besten:

1. ______________________________

2. ______________________________

3. ______________________________

Entscheiden Sie jetzt spontan, welche dieser drei Situationen die allerbeste für sie war:

____

Für den „Anker" finden Sie eine bestimmte Bewegung, wie zum Beispiel einen Stups auf Ihre Nasenspitze. Dann versuchen Sie sich die obige Situation genauestens in Erinnerung zu rufen. Lehnen Sie sich entspannt zurück. Schalten Sie Ihr „Kopfkino" ein, indem Sie die gesamte Geschichte Revue passieren lassen. Achten Sie auf alle Details, Farben, Geräusche, Gerüche, Geschmack, Gefühle etc. Lassen Sie nichts aus. Gibt es einen bestimmten Geruch, den Sie jetzt wahrnehmen? Spüren Sie vielleicht einen Geschmack auf der Zunge? Das geht tatsächlich, auch wenn Sie nichts zu sich nehmen. Ein Beispiel: Stellen Sie sich vor, Sie beißen in eine Zitrone. Was passiert? Sehen Sie, es geht. Zurück zur Visualisierung. Hören Sie Stimmen? Erkennen Sie Farben? Sehen Sie unterschiedliche Kontraste? Spüren Sie etwas an Ihrem Körper? Fragen über Fragen, die nur einem Ziel dienen: zu erkennen, welche dieser Vorstellungen Sie am intensivsten spüren. Dazu kann es erforderlich sein, alles in Zeitlupe abzuspielen. Es geht hier nicht um Schnelligkeit, sondern nur um die Emotionen. Haben Sie das intensivste Gefühl „entdeckt", dann empfinden Sie es so lange wie möglich. Auf dem Höhepunkt Ihrer Erfahrung ankern Sie diesen Ressourcezustand, indem Sie den vorab ausgewählten Anker setzen (also die Nasenspitze anstupsen).

Jetzt verlassen Sie Ihr Kopfkino, öffnen die Augen und gehen z. B. an die frische Luft. Nach einiger Zeit probieren Sie aus, ob Sie Ihren Anker erfolgreich gesetzt haben. Also, Nase anstupsen und in sich hineinhören, was passiert. Wenn Sie alles richtig gemacht haben, sollte jetzt das vorher erlebte intensive Gefühl in Ihnen aufsteigen. Nicht verzagen, wagen! Je öfter Sie den Anker aufladen, desto stärker wird seine Kraft. Das setzt voraus, dass Sie üben. Übung macht den Meister, aber schon bald brauchen Sie nur noch einen kleinen Stups auf die Nase und Ihr Anker ist gesetzt.

Dirk Schmidt punktgenau

Unser Denken, Fühlen und Handeln sind nicht angeboren, sondern erlernt. Was wir gelernt haben, können wir auch wieder verlernen. Wir können uns ändern. Jeden Tag!

3.3 Spitzensportler sorgen sich wenig

Erfolgreich zu sein, setzt zwei Dinge voraus: klare Ziele zu haben und den brennenden Wunsch, sie zu erreichen.

Goethe

Motivierte Menschen wissen, dass „Leben" rückwärts gelesen „Nebel" ergibt. So wie der Nebel die Dinge im Unklaren lässt und oft nur schemenhaft Umrisse erkennbar sind, so ist auch das Gestern eine Nebelwand in der Unendlichkeit des Seins. Das Morgen in unserem Leben ist ebenfalls nur eine Schwade aus Nebel. Mehr nicht. Nur bruchstückhaft können Sie erahnen, was morgen sein wird. So können Sie letztlich nur im Hier und Jetzt erkennen, was vor Ihnen liegt. Jetzt können Sie handeln. Nicht morgen. Morgen ist der Tag, an dem die meisten mit dem Rauchen aufhören wollen. Morgen ist eine Illusion. Morgen gibt es nicht. Nur heute, für diesen einen Tag, loslassen von der Unabänderlichkeit der Vergangenheit! Von den Sorgen um die Zukunft, die niemand kennt. Wenn wir heute und immer wieder nur für heute die Entscheidung treffen, dem Tag in jedem Augenblick unser Bestes zu schenken, zu leben, zu lieben, zu lachen, Chancen zu nutzen, statt sie zu beklagen – dann haben wir den Schlüssel zum Tor des Glücks gefunden.

Sorgen liegen nicht in der menschlichen Natur. Sie sind antrainiert und die Folge langjähriger Erfahrungen. Doch kein Leben wird besser, je mehr man sich sorgt. Das Gegenteil ist der Fall. Je größer die Sorgen, desto geringer die Lebensfreude. Sorgen entstehen, weil die Angst auftaucht, schlechte Erfahrungen, die unwiderruflich abgespeichert sind, könnten sich wiederholen. Statt Chancen sehen die Betroffenen nur noch Probleme. Es baut sich eine schier unüberwindbare Hürde auf, die jeden Versuch, etwas positiv zu verändern, im Keim erstickt.

Statt sich mutig den Veränderungen zu stellen, verkriechen sich sorgenvolle Menschen. Sie verhalten sich wie ein Autofahrer, der keine klare Sicht nach vorne hat und trotzdem fährt. Die Windschutzscheibe lässt keine Blicke durch. Deshalb schaut er in den Rückspiegel, um daraus ein Modell für die Weiterfahrt zu entwickeln. Sie können sich leicht ausmalen, dass das Auto spätestens in der nächsten Kurve im Graben liegt.

Gefühle lassen sich nicht planen. Sie können einen Tag, eine Woche, einen Monat oder ein ganzes Leben planen. Nie aber Ihre Gefühle. Gefühle entstehen immer im Hier und Jetzt. Sorgenvolle Menschen indes planen mit Sorgen den morgigen Tag, der aber noch gar nicht existiert. Die Probleme würden um ein Vielfaches weniger, wenn es gelänge, die Gefühle aus den Planungen herauszunehmen. Und genau das ist möglich, je mehr Sie sich auf das Hier und Jetzt konzentrieren.

Sind Sie jetzt hier im vollen Bewusstsein und lesen diese Zeilen? Lesen Sie wirklich diese Zeilen und lassen sich auch nicht ablenken? Kann es sein, dass Sie mit Ihren Gedanken schon bei der Planung des Feierabends, des Urlaubs etc. pp. sind? Sehen Sie, wie schnell Sie abgelenkt werden? Solange das möglich ist, so lange werden Sie nicht im Hier und Jetzt leben.

„Sorgen Sie sich nie über ungelegte Eier." Es reicht, sich um die Eier zu kümmern, wenn sie gelegt sind. Jedes andere Verhalten wird Sie krank machen. Sie können nur hier und jetzt handeln. Je mehr Sie aber im Hier und Jetzt leben, desto geringer werden Ihre Sorgen und Befürchtungen, da Sie sich nur auf den Augenblick konzentrieren müssen. Darum geht es. Sie können in diesem Augenblick keinen Millimeter zurück in die Vergangenheit und keinen Zentimeter in Richtung morgen laufen. Nur jetzt sind Sie hier. Was morgen kommt, ist Zukunft und sollte Sie im Augenblick nicht interessieren.

1930 legten Wissenschaftler den Grundstein für ein einzigartiges Experiment, das eher durch Zufall möglich wurde. In diesem Jahr traten 180 Frauen einem katholischen Orden bei. Zu diesem Anlass hatte man die im Schnitt 20-jährigen Novizinnen nach ihren Gefühlen befragt und ihre Aussagen protokolliert. Nach ihrem Eintritt in den Orden lebten die Frauen jahrzehntelang auf engstem Raum zusammen, weshalb sie gezwungen waren, ein ähnliches Leben wie ihre Glaubensschwestern zu führen. Ihr Tagesablauf entsprach einem festen Ritual ohne Stress. Bessere „Forschungsbedingungen“ finden sich selten, weshalb auch das Ergebnis eine einzigartige Aussagekraft hat. Obwohl alle Frauen als Nonnen ein gesundes Leben mit mehr oder weniger gleichen Erlebnissen führten, lebten die positiv eingestellten Frauen im Schnitt sieben Jahre länger als ihre weniger optimistischen Glaubensschwestern.

So schön dieses Ergebnis auch ist, es drückt teilweise aber auch unsere Ohnmacht aus. Was sind Studien wert, wenn die eigene Persönlichkeit nicht in der Lage ist, dieses Wissen anzuwenden? Veränderungen sind nicht auf Kommando möglich. Wir leben nun einmal nicht in einer statischen, vollkommenen Welt. In der Realität gibt es Krankheiten, Ehescheidungen, Unfall oder Tod. Was also tun? Nun, hier hilft ebenfalls der Blick auf die Lebensumstände von Optimisten. Was unterscheidet sie im Wesentlichen von einem Pessimisten? Optimisten blenden nie die Wirklichkeit aus. Das Gegenteil ist der Fall, sie stellen sich dieser Entwicklung und lassen negative Gefühle wie Wut, Zorn, Hass und Trauer zu. Damit „fressen“ sie sich die Dinge nicht an oder, schlimmer noch, schlucken alle Gefühle hinunter wie die Pessimisten. Diese sind mit einem Dampfkochtopf vergleichbar. Jahrelang schlucken sie jeden Mist, jede Erniedrigung, jeden Verlust und jede persönliche Niederlage hinunter. Unter dem Deckel brodelt es gewaltig. Irgendwann lässt sich dieser Druck nicht mehr zurückhalten und der Deckel fliegt ihnen buchstäblich um die Ohren. Außenstehende nehmen es wahr über Krankheit, Burn-out oder „Amokläufe“ des Betroffenen.

So weit darf es nie kommen. Deshalb sprechen Spitzensportler über ihre Gefühle offen und ehrlich. Natürlich nicht mit jedem, sondern nur mit Menschen, die ihnen nahe stehen, z. B. dem Trainer/Coach. Wer mit hoffnungsvollen Menschen spricht, spürt die Kraft, die von ihnen ausgeht. Diese Kraft springt wie ein Funke auf andere über, die dann über sich selbst hinauswachsen können. Sportler kümmern sich mehr um ihre Seele und ihre Gefühle. Dadurch haben sie deutlich weniger Sorgen.

Welche Sorgen quälen Sie seit langem?

____

____

____

Gibt es einen Menschen, dem Sie sich anvertrauen können?

____

Was hindert Sie daran, jetzt das Gespräch mit ihm zu suchen?

____

____

____

Dirk Schmidt punktgenau

Über dem ängstlichen Gedanken, was etwa morgen uns zustoßen könnte, verlieren wir das Heute, die Gegenwart und damit die Wirklichkeit.

Merke: Wenn Sie etwas verändern wollen, dann suchen Sie jetzt das Gespräch.

3.4 Spitzensportler besiegen ihre Angst

Angst ist Einbildung. Man glaubt, etwas stünde im Weg, was in Wirklichkeit gar nicht existiert. Was jedoch besteht, ist die Chance, seine Fähigkeiten so gut wie möglich einzusetzen und auch mit Erfolg. Wer vor einer Wand steht, darf nicht kehrtmachen und aufgeben, sondern muss sich überlegen, wie er sie am besten hochklettern, durch sie hindurch oder um sie herum gehen könnte.

Michael Jordan

Mehr als zwei Drittel der Deutschen fühlen sich einer Umfrage des Instituts für Demoskopie Allensbach zufolge relativ glücklich. Mit 77 Prozent haben sich die meisten der Befragten für „lieben und geliebt werden" als individuelle Glücksdefinition entschieden, dicht gefolgt von der Zufriedenheit (72 Prozent) und der Fähigkeit, sich über die kleinen Dinge des Lebens zu freuen (62 Prozent). Ich hoffe doch sehr, dass auch Sie sich zu der Gruppe der Glücklichen zählen. Richtig glücklich fühlen sich laut Umfrage Menschen, die eine schöne Kindheit erlebten, Lebensfreude aus ihrer Partnerschaft ziehen, gesund sind und vertrauenswürdige Freunde haben. Also alles im „grünen Bereich"? Leider nicht, auch wenn man Umfragen gern einen repräsentativen Charakter zuschreibt. Die Realität ist schon lange eine andere, wie die zahlreichen Umfragen zu verschiedenen Bundes- und Landtagswahlen eindrucksvoll unter Beweis stellen. Noch Tage vor der Wahl liegen die beiden sogenannten Volksparteien deutlich auseinander. Nicht selten wird schon der Champagner kalt gestellt, weil das Ergebnis bereits als ausgemachte Sache gilt. Am Wahlabend aber zeigt sich, dass es nur eine hauchdünne Mehrheit gegeben hat und Koalitionen geschmiedet werden müssen, die vor der Wahl kategorisch ausgeschlagen wurden. Ratlos schütteln die Meinungsforscher die Köpfe und geloben, die nächste Umfrage sei verlässlicher. Bei den zahlreichen Umfragen zu den Themen Glück, Angst, Zufriedenheit und Geld verhält es sich ähnlich. So las ich in der Wochenzeitung „Die Zeit"[40] von der Angst der Mittelschicht. Wer diesen Bericht liest, wird feststellen, dass die Mehrzahl der Menschen mitnichten glücklich ist:

Die Angst vor Armut ist von den Rändern der Gesellschaft zur Mitte gewandert. Das neue Gefühl: Es kann jeden treffen. Nicht der Klimawandel oder der Terrorismus verbreiten hierzulande die meiste Angst, am größten ist die Furcht vor dem sozialen Abstieg. Nichts beunruhigt die Deutschen dabei mehr als die Tatsache, dass selbst bei Unternehmen, denen es gut geht, die Arbeitsplätze nicht mehr sicher sind. 72 Prozent der Bundesbürger finden das unheimlich.

Zu diesem Ergebnis kommt dasselbe Institut, also Allensbach, das auch festgestellt haben will, dass sich zwei Drittel der Deutschen glücklich fühlen. Schon merkwürdig. Ein Institut, eine Frage, zwei verschiedene Meinungen.

Gründe für die Angst der Deutschen sind nicht von der Hand zu weisen, wenn es z. B. um Arbeitsplätze geht. Man muss gar nicht so weit zurückgehen, um zu verstehen, wie die Realität viele Arbeitswillige gleich einem Tsunami überrollt und ihnen viel abverlangt. Erinnern Sie sich z. B. noch an das technische „Wunder"-Highlight des Jahres 2005? Die Weltpresse überschlug sich angesichts dieses gewaltigen Werkes. Die Rede ist vom Airbus A380. Das neue Wunder-Flugzeug, das alles Bisherige in den Schatten stellen sollte. Noch nie in der Geschichte der Menschheit war es gelungen, so viele Menschen in einem Flugzeug den Sternen nahe zu bringen. „Flugzeugbauer Airbus schafft in Deutschland 1.000 neue Stellen"; „Airbus überholt Boeing mit neuem Großauftrag"; „Diese Airlines haben den A380 bestellt (109 Stück)". So einige der vielen Schlagzeilen auf den Titelseiten der großen Tageszeitungen.

Wie so oft zeigt sich auch hier, dass der Griff nach den Sternen häufig etwas mit Größenwahn zu tun hat und mehr Fluch als Segen ist. Wobei ich deutlich anmerken möchte, dass viele Menschen versuchen, nach den Sternen zu greifen, aber nicht bemerken, dass sie selbst auf einem stehen. Zufrieden sein mit dem, was man hat und was ist, das ist die Botschaft dieser Feststellung. Alles andere kann nämlich sehr schnell ins Gegenteil umschlagen, wie die folgende Schlagzeile in Sachen Airbus beweist. Nur wenige Monate nach „Fertigstellung" des Mega-Flugzeuges titelten die Tageszeitungen: „Krise bei Airbus. Jede fünfte Stelle wird gestrichen."

So schnell kann es gehen. Kein Wunder, dass immer mehr Arbeitnehmer verunsichert sind, wenn Managementfehler (oder -träume) auf ihren Rücken ausgetragen werden, während die Verantwortlichen mit üppigen Pensionen oder Abfertigungen abgefunden werden. Sie werden kaum zur Rechenschaft gezogen.

Waren in den letzten Jahren eher die sozial Schwachen und ungelernte Arbeiter und Angestellte die Leidtragenden dieser Entwicklung, so ist heute immer öfter die Mittelschicht betroffen. Jahrzehnte hindurch kümmerte sich die Politik in erster Linie um diese Menschen: Eigenheimförderung, Lohnfortzahlung für kranke Arbeitnehmer und eine großzügige Arbeitslosenunterstützung, die sich nach dem früheren Einkommen bemaß. Seit der Agenda 2010 ist alles anders. Das umfassende Reformwerk unter der rot-grünen Regierungskoalition wird von der jetzigen munter weitergeführt, ohne Rücksicht auf Verluste. So gibt es keine Eigenheimförderung mehr, die Pendlerpauschale wurde gekürzt, die Möglichkeiten zur steuerlichen Absetzbarkeit von Arbeitszimmern wurde gekappt und Arbeitslose aller Klassen drohen auf das Niveau des Existenzminimums abzurutschen. Was bleibt, ist die bittere Erkenntnis, dass es heute keine sicheren Karrieren mehr gibt. Den Job fürs Leben oder eine sichere Rente gibt es nicht mehr. Insofern treffen die Aussagen des Instituts für Demoskopie Allensbach durchaus zu – leider.

Was den Deutschen Angst macht

Antworten auf die Frage: *„Was beunruhigt Sie, was ist Ihnen unheimlich?"*

Selbst bei Unternehmen, denen es gut geht, sind die Arbeitsplätze nicht mehr sicher.	72 %
Die Gesundheitsversorgung bei uns verschlechtert sich.	67 %
Die Sozialleistungen werden immer mehr gekürzt.	58 %
Immer mehr deutsche Unternehmen wandern ins Ausland ab.	57 %
Die globale Erwärmung, die Klimaveränderung.	54 %
Die Gefahr von Terroranschlägen.	48 %
Deutsche Unternehmen werden von ausländischen Firmen oder Finanzinvestoren aufgekauft.	46 %
Der hohe Ausländeranteil in Deutschland.	44 %
Man kann immer weniger planen, weil alles immer unsicherer wird.	41 %

(Quelle: Institut für Demoskopie Allensbach; Die Zeit 8/2007)

Die Angst um den Arbeitsplatz geht um. Das ist wohl die Kernaussage, die sich hinter dieser Umfrage verbirgt. Ich vermisse allerdings die Frage nach dem Geld. Einen Arbeitsplatz zu haben, ist eine Sache, der Verdienst eine andere. Tatsache ist, dass der durchschnittliche Arbeitnehmer heute nicht mehr als vor sechs Jahren verdient und sogar etwas weniger als vor sechzehn Jahren, wenn man die Inflation und Abgaben berücksichtigt.

Also alles in allem schlechte Zeiten, die auf uns zukommen? Mitnichten. Es gab zu allen Zeiten Probleme, die sich im Nachhinein weniger dramatisch darstellen. Entscheidend ist, wieder einmal, wie jeder Einzelne damit umgeht. Steckt er den Kopf in den Sand oder läuft er erhobenen Hauptes durchs Leben, indem er sich den Problemen stellt?

Der Angstforscher und Professor für Psychotherapie Borwin Bandelow[41] mahnt eindringlich:

Lass nicht die Angst über dein Leben bestimmen.

Genau das tun Spitzensportler nicht. Sie lassen die Angst nie über ihr Leben bestimmen. Sie wissen, dass unser Gehirn oft alles andere als kooperativ ist. Es braucht nur wenige Erfahrungen, um ein Erlebnis mit dem Gefühl der Angst zu besetzen, dafür aber umso mehr positive, um diese

Angst wieder zu löschen. Prof. Bandelow ist der Meinung, dass es eben nicht ausreicht, einschüchternde Situationen einmal durchzustehen. Man muss sie x-mal wiederholen, damit sich neue Erfahrungen ins Gehirn einbrennen. Überwinden lässt sich dieses Dilemma durch eine tägliche Mutprobe! Das kann z. B. eine Rede vor dem Partner, vor Freunden oder Kollegen sein. Oder man traut sich, den Chef nach einem höheren Gehalt zu fragen. Was es auch sei, wichtig ist, dass es möglichst viele Mutproben sind. Dadurch schalten sich im Gehirn immer mehr Synapsen zusammen, die mehr Daten abspeichern. Dadurch entsteht eine Art „Mut-Depot“.

Schülern mit Prüfungsangst empfiehlt der Professor, so lange sitzen zu bleiben (zu Hause am Schreibtisch und nicht in der Schule) und auf das Buch mit dem durchzuarbeitenden Lehrstoff zu starren, bis die Angstsymptome von selbst vorbeigehen. Auch wenn dieser Prozess durchaus 30 Minuten dauern kann, sollte man durchhalten. Ein vorzeitiger Abbruch hat gravierende negative Folgen. Das Gehirn speichert diesen Vorgang wie folgt ab:

Angst gehabt – weggelaufen – Misserfolg

Halten sie dagegen die Angst aus, speichert das Gehirn diese Kombination ab:

Angst gehabt – sitzen geblieben – Erfolg

Und diese Erfolge braucht das Gehirn, um uns mutiger zu machen.

Aber auch die Macht der Wörter sollte nie unterschätzt werden. Mehrmals täglich fragen wir uns unbewusst: „Was kann ich? Was bin ich wert?“ Neurologen haben herausgefunden, dass unsere „gedachten“ Antworten einen sehr großen Einfluss auf unser Verhalten haben. Je positiver die Antworten, desto eher sendet unser Gehirn positive Botschaften, wie z. B. „Du brauchst keine Angst zu haben. Du kannst viel. Du bist liebenswert. Du schaffst es. Du hast die Kraft. Du hast Mut“ etc. pp.

Von meinem Mentor lernte ich, meine drei größten Ängste auf einen Zettel zu schreiben und diesen Zettel über Jahre nicht mehr anzuschauen. Sobald er mir „eher zufällig“ wieder in die Hände fiel, kamen die Erinnerungen zurück. Die aber waren alles andere als negativ. Meine damaligen Ängste waren gegenwärtig verschwunden, von einigen wenigen Ausnahmen abgesehen. Das zeigte mir, dass Ängste temporär sind. Selbst wenn sie übermenschlich groß sein mögen, weiß ich heute, dass Ängste kommen und gehen. Seitdem kann ich mit meinen Ängsten viel besser umgehen. Probieren Sie diese Zetteltaktik einmal aus. Sie werden zu ähnlichen Ergebnissen kommen. Sollte wider Erwarten die eine oder andere Angst latent „aufflackern“, ist das ein deutliches Signal, sich dieser Angst zu stellen und zu überlegen, wie man ihr beikommen kann. Denn:

Dirk Schmidt punktgenau

Nähre deinen Geist mit positiven Gedanken, dann nährt sich dein Körper richtig und bleibt lange gesund!

Entweder du besiegst deine Ängste, ober sie besiegen dich!

Wer sich seinen Ängsten nicht stellt, wird dauerhaft mit ihnen leben müssen. Wollen Sie das wirklich?

3.5 Spitzensportler wissen um ihren Marktwert

Weisheit ist nicht das Ergebnis der Schulbildung, sondern des lebenslangen Versuchs, sie zu erwerben.

Albert Einstein

Wenn man sich intensiver mit den Tatsachen beschäftigt, entdeckt man sehr wohl einen Unterschied zwischen der Realität und der in den Medien und im kollektiven Bewusstsein weitverbreiteten Meinung, dass alles nur noch schlechter und schlimmer wird. Umwelt, Kriminalität, Gesundheitsversorgung, Lebenserwartung, Wohlstand, mittelfristig wird eigentlich alles immer besser. Selbst in den Entwicklungsländern haben sich die Lebensbedingungen nachhaltig verbessert. Es drängt sich der Verdacht auf, dass in unseren Medien und unserer kollektiven Wahrnehmung etwas nicht stimmt. Kann es sein, dass mit Panikmache viel Geld verdient wird? Warum wird Wandel immer nur als etwas Gefährliches angesehen und weniger als Chance?

„Das Schöne im Leben ist, dass es immer irgendwie weitergeht“, sagte Marius Müller-Westernhagen im Film „Theo gegen den Rest der

Welt". Ich möchte ergänzen, dass es entscheidend darauf ankommt, wie man die Welt mit eigenen Augen sehen will. Fortschritt ist Fluch und Segen zugleich. Das wird nirgends deutlicher als in der Arbeitswelt. Roboter und Computer übernehmen heute Arbeiten, die noch vor einigen Jahren von Arbeitern und Angestellten erledigt wurden. Diese Entwicklung ist normal und alles andere als bedrohlich. Denn schon seit der Steinzeit werden Arbeitsprozesse rationalisiert und effizienter. Sehr zur Freude der arbeitenden Bevölkerung. Es liegt eben nicht in der Natur des Menschen, stupide sich wiederholende Knochenarbeit zu leisten. Seien wir doch ehrlich. Wer unter Ihnen ist bereit, viele der Arbeiten, die unsere Großeltern verrichten mussten, heute noch anzunehmen? Es wird sich wohl niemand finden. Das zeigt auch die alljährliche leidige Diskussion um das Thema Spargelstechen. Jedes Jahr aufs Neue suchen Landwirte Saisonkräfte, die für einen „normalen" Stundenlohn die mühselige Arbeit des Spargelstechens auf sich nehmen. Weil sich hier immer weniger Leute melden, legte der Staat eine Art „Arbeitsbeschaffungsmaßnahme" für Langzeitarbeitslose auf. Anders ausgedrückt: Es wurden insbesondere die Hartz-IV-Empfänger höflich, aber bestimmt „gebeten", sich baldigst für diese Aufgabe zu melden. Die Resonanz war so gering, dass die Spargelbauern kurzfristig auf ausländische Arbeitskräfte zurückgreifen mussten.

Hören wir doch auf, am Untergang des Abendlandes festhalten zu wollen. Arbeit wird immer kreativer, ganzheitlicher, kommunikativer und natürlich auch fordernder. Letzteres aber ist genau das Problem. Es ist noch immer so herrlich bequem, am Alten festzuhalten, statt die sich bietenden Chancen zu nutzen.

Schon der ehemalige deutsche Bundespräsident Roman Herzog mahnte in seiner viel beachteten Berliner Rede im Hotel Adlon[42]:

Die einfache Wahrheit ist heute doch: Niemand darf sich darauf einstellen, in seinem Leben nur einen Beruf zu haben. Ich fordere auf zu mehr Flexibilität! In der Wissensgesellschaft des 21. Jahrhunderts werden wir alle lebenslang lernen, neue Techniken und Fertigkeiten erwerben und uns an den Gedanken gewöhnen müssen, später einmal in zwei, drei oder sogar vier verschiedenen Berufen zu arbeiten.

Für den Erfolg ist noch immer die Frage wichtig: Was können Sie innerhalb Ihrer Branche besser als andere? Das und genau das macht den

Unterschied. Diesen kleinen Unterschied in den Bewerbungsunterlagen und in den dann folgenden Gesprächen herausgestellt, wird die positive Entscheidung bringen. Deshalb gilt: „Erkenne dich selbst." Und, wie viel sind Sie „wert"? Schätzen Sie doch mal.

Das bin ich wert (monatlich):

______________________€

Welche Summe haben Sie eingetragen? 2.000, 5.000 oder 10.000 Euro? Egal, wie das Ergebnis auch ausfällt, in jedem Fall drückt Ihre Antwort aus, wie Sie über sich und Geld denken. Je weniger Sie eingetragen haben, desto geringer ist Ihre Meinung von Ihrem Wert. Es gibt immer einen direkten Bezug zwischen Ihrem monatlichen Einkommen und Ihrem Selbstwertgefühl. Je weniger Sie verdienen, desto geringer ist Ihr Selbstwertgefühl in Bezug auf Ihren Marktwert. Wie also wollen Sie vermögend werden, wenn Sie für ein geringes monatliches Gehalt arbeiten gehen und sich damit weit unter Ihrem eigentlichen Wert verkaufen?

Oft muss ich mir den Vorwurf gefallen lassen, die Welt schöner zu reden als sie ist. Schließlich gibt es in Deutschland mehr als drei Millionen Menschen ohne Arbeit. Ganz nach dem Motto „Da muss man doch nehmen, was angeboten wird" entscheiden sich viele der Betroffenen für einen Arbeitsplatz, der schlecht bezahlt wird. Ja und? Dafür kann ich doch nichts. Wer sich so verhält, kann doch die Welt nicht dafür verantwortlich machen. Niemand zwingt Sie, einen solchen Job anzunehmen. Auch das Arbeitsamt nicht. Natürlich müssen Sie mit den Konsequenzen leben, wenn Sie eine angebotene Stelle ablehnen und die Behörde dann möglicherweise die Bezüge kürzt. Aber auch das ist doch nicht die Schuld des Arbeitsamtes. Für Opfer ist es ein Leichtes, hier den Schuldigen auszumachen. Doch Schuld haben niemals die anderen. Wer ist denn so töricht und lässt sich in sein Leben von Dritten hineinreden? Niemand hat das Recht, über Sie zu verfügen. Sie sind ein freier Mensch. Genau das aber wird den meisten zum Verhängnis, weil sie Angst vor ihrer eigenen Courage haben. Sie greifen lieber nach dem Strohhalm und sehen nicht den dicken Baum, der ihnen viel mehr verspricht, ob Sicherheit, Ausblick oder Wachstum etc. pp.

Wenn Sie z. B. schon länger arbeitslos sind, heißt das nicht, dass Sie das erstbeste Angebot annehmen müssen. In dem Moment, in dem Sie Ihre – wertvollen – Ressourcen zu einem Dumpingpreis verkaufen, sind Sie zeitlich so stark eingebunden, dass es schwer wird, sich um einen anderen, besser bezahlten Job zu kümmern. Man fügt sich seinem „Schicksal" und arbeitet seine Zeit ab, um jeden Abend mit einem schlechten Gefühl einzuschlafen und mit demselben negativen Gefühl morgens aufzustehen.

Erhöhen Sie doch einfach Ihren Marktwert! Warum trauen Sie sich nicht mehr zu? Es sind doch nicht immer die anderen, die mehr können als Sie! Sie allein können es. Wenn nicht Sie, wer dann? Schon Immanuel Kant mahnte: „Wer sich zum Wurm macht, kann nachher nicht klagen, wenn er mit Füßen getreten wird." Ein erster Schritt zu mehr Erfolg im Leben ist deshalb die Veränderung Ihres Selbstwertgefühls. Nehmen Sie die von Ihnen eingetragene Zahl und multiplizieren Sie sie mit dem Faktor zwei. Dann müssten Sie jetzt Folgendes aufschreiben:

____________________€ x 2 = ____________________€

Geringe Erwartungen erzeugen kleine Ergebnisse, große Erwartungen erzielen große Ergebnisse. Je höher Ihre zukünftige – realistische – Erwartung im Hinblick auf Ihren Monatsverdienst ist, desto größer ist die Chance, dieses Ziel zu erreichen. Durch diese EinSTELLUNG verändern Sie tatsächlich Ihre STELLUNG und damit Ihre Grenzen und Ihr Selbstwertgefühl.

Wer sich seiner bewusst ist, wird immer die Umstände, Reaktionen und vor allen Dingen die Menschen in sein Leben ziehen, die er dann gerade braucht. Das funktioniert auf allen Ebenen des Lebens und nicht nur im Angestelltenverhältnis. Auch ein Selbstständiger wird, wenn er ein ausgeprägtes Selbstbewusstsein hat, immer die Kunden bekommen oder finden, die er gerade braucht. Im weitesten Sinne lässt sich unterstellen, dass der finanzielle Erfolg eines Unternehmens nur davon abhängig ist, wie stark das Selbstbewusstsein seiner Führungskräfte und seiner Angestellten ausgeprägt ist.

Ein Blick auf die Versicherungssummen zeigt nicht selten den „wahren" Wert bekannter Persönlichkeiten. So soll David Beckham mit rund 150 Millionen Euro versichert sein. Das ist mit Abstand die höchste Versicherungssumme für einen Sportler überhaupt. Oliver Bierhoff wurde vor der Fußball-Weltmeisterschaft mit rund 28 Millionen Euro versichert (Invaliditätsfall). Ähnliche Summen werden auch im Showbiz gezahlt. So ließ sich Sängerin Janet Jackson ihren „Allerwertesten" für 23 Millionen versichern – wie gesagt, nur den Hintern![43]

Dirk Schmidt punktgenau

Genug oder kein Geld: Gibt es eine Diskrepanz zwischen Ihren Erwartungen, Wünschen und Träumen und dem Geld, das Sie zur Verfügung haben? Nur Ihre negativen Gedanken in Bezug auf Geld halten Sie davon ab, Ihre Vorstellungen Realität werden zu lassen.

Spitzensportler handeln anders

Der eine wartet, dass die Zeit sich wandelt, der andere packt sie kräftig an und handelt.

Dante Alighieri

Manche Zeitgenossen machen sich das Leben unnötig schwer. Wohin so etwas führen kann, erlebten die Amerikaner auf sehr eindrucksvolle Art. Als die NASA in den 60er-Jahren die erste bemannte Rakete ins All schießen wollte, stand sie vor dem Problem, einen Kugelschreiber zu finden, der in allen Lagen schreiben konnte. Weil es im Weltraum kein Oben und Unten gibt, musste der Kugelschreiber so beschaffen sein, dass die Tinte in jeder Lage fließen konnte. Die NASA vergab hierzu einen Forschungsauftrag für über eine Million US-Dollar an eine namhafte große Firma, die hochwertige Kugelschreiber herstellte. Die Ingenieure entwickelten tatsächlich einen Kugelschreiber, der über die gewünschten Eigenschaften verfügte. Das Problem war gelöst. Die Russen, mit denen sich die Amerikaner zu dieser Zeit ein Wettrennen um die Vorherrschaft im All lieferten, standen vor dem gleichen Problem. Weil sie nicht so viel Geld hatten, lösten sie es ganz einfach: Sie gaben ihren Astronauten einen Bleistift in die Hand. Sie sehen, so einfach können Probleme gelöst werden, wenn man weniger kompliziert denkt.

Es gibt Zeitgenossen, die drücken sich vor jeder Entscheidung, machen sich kleiner, als sie wirklich sind (wie Zwerge), und sind grundsätzlich unentschlossen (schwanken – wackeln – in ihren Entscheidungen), ganz im negativen Sinne: „Ich weiß, dass ich nichts weiß." Klingt albern. Ist aber so. Wenn ich in meinen Seminaren auf diese zugegebenermaßen sehr ungewöhnliche Spezies von Menschen, derer es aber viele gibt, treffe, dann spüre ich sofort, dass sie sich nie für etwas entscheiden werden. Das Leben dieser Menschen besteht nur aus Stimmungsschwankungen von „Ja, ich will" bis zu „Nein, ich will nicht", dazwischen liegt ein klares „Jein". Ich kann die beste Präsentation abliefern, die schönsten Ergebnisse und die fantastischsten Möglichkeiten aufzeigen, diese Menschen sind zunächst begeistert und sagen voller Stolz: „Herr Schmidt, Sie haben mein Leben verändert." Aber ich spüre etwas anderes. Mir kommt es dann so vor, als wenn ich den Wackelzwerg angestoßen hätte in Richtung „Ja, ich will". Dann fahren die Menschen nach Hause und schon auf der Rückfahrt ändern sie ihre Meinung. Der Wackelkandidat schlägt von „Ja, ich will" in „Nein, ich will nicht" um. So geht es in der Regel einige Tage, bis er am Ende seine endgültige Position „Jein" eingenommen hat. Und dann „wackelt" er unschlüssig herum und wundert sich, warum der Erfolg ausbleibt.

Von diesem Verhalten sind Spitzensportler weit entfernt. Sie gleichen in ihrem Verhalten eher einem Stehaufmännchen. Das Stehaufmännchen ist eine Figur, in der Regel mit abgerundeter Unterseite, dessen Schwerpunkt sehr tief liegt. Jede Veränderung der Lage eines Stehaufmännchens bewirkt deshalb, dass es sich aufgrund der Schwerkraft von selbst wieder aufrichtet. Ähnlich ergeht es Sportlern. Sie werden durch Niederlagen und Rückschläge hin und her geworfen, lassen sich nicht unterkriegen und finden deshalb immer wieder den Aufstieg in die Horizontale. Hier stehen sie sprichwörtlich wie ein Fels in der Brandung, und egal von welcher Seite jemand versucht, sie anzugreifen, sie halten es aus, weil sie eines getan haben: Mit ihrer Entscheidung, es in diesem Sport nach ganz vorne zu bringen, sind sie die

totale VerPFLICHTung

eingegangen. Damit haben sie die PFLICHT, vollen Einsatz zu zeigen, und zwar im Rahmen ihrer persönlichen Möglichkeiten. Dafür werden sie von allen Seiten bestmöglich unterstützt. Jeder im Team ist sich seiner Verantwortung bewusst. Fragen Sie einen Formel-1-Techniker, der während des Boxenstopps den Wagen binnen Sekunden auftanken muss. Gäbe es diesen Mann nicht, könnte der Fahrer die besten Rundenzeiten abliefern, am Ende würde er in Ermangelung von Sprit Letzter werden. Oder nehmen Sie die vier Techniker, die die Reifen wechseln. Was glauben Sie, wie lange diese vier Mechaniker üben mussten, um zeitgleich vier Reifen innerhalb von weniger als fünf Sekunden (!) zu wechseln? Der gesamte Rennzirkus würde nicht funktionieren, wenn der Fahrer kein zuverlässiges Team hätte. Ich bin mir sicher, dass in dem Augenblick, in dem der Rennwagen den Boxenstopp einlegt, alle um ihre Aufgaben wissen. Da wird nicht einer darunter sein, der jetzt ein Gänseblümchen in die Hand nimmt und eine Blüte nach der anderen herausreißt, weil er sich die Frage stellt: Soll ich oder soll ich nicht?

Erfolglose Menschen indes pflücken, natürlich nur im übertragenen Sinne, eine Blume, um mit ihrer Hilfe eine Entscheidung zu treffen. Dabei heißt es doch schon in der Bibel: „Es sei aber eure Rede: Ja, ja; nein, nein; was aber mehr ist als dieses, ist aus dem Bösen." Deshalb ist es wichtig, in allen Lebensbereichen klare Entscheidungen zu treffen und dann volle Leistung zu zeigen. Beobachten Sie doch einmal ein kleines Flugzeug. Wenn der Pilot abheben will, läuft der Propeller auf Höchsttouren. Würde er nur mit halber Propellerleistung fliegen, könnte sein Flugzeug nicht abheben. Diese Erkenntnis lässt sich auf alle Lebenslagen übertragen. Nur wer vollen Einsatz zeigt, hat auch die Kraft, sprichwörtlich abzuheben, um erfolgreich zu werden.

Spitzensportler sagen Ja, wenn Sie Ja meinen, und sagen Nein, wenn Sie etwas nicht wollen. Sportler lieben klare Entscheidungen. Die Welt wäre um viele Probleme ärmer, wenn wir diesem klaren Vorbild folgen würden.

Wie sieht es mit Ihnen aus? Haben Sie sich entschieden, ein wichtiges Ziel zu definieren? Dann müssen Sie jetzt in der Lage sein, mindestens 25 Gründe aufzuschreiben, warum Sie dieses Ziel erreichen werden. Finden Sie ein starkes „Warum“, dann kommt das „Wie“ von ganz allein.

Auch dieses Formular finden Sie auf www.dirkschmidt.com (Menüpunkt: Warum will ich meine Ziele erreichen?).

Warum will ich das Ziel erreichen?

1. ____________________
2. ____________________
3. ____________________
4. ____________________
5. ____________________
6. ____________________
7. ____________________
8. ____________________
9. ____________________
10. ____________________

11. ______________________________

12. ______________________________

13. ______________________________

14. ______________________________

15. ______________________________

16. ______________________________

17. ______________________________

18. ______________________________

19. ______________________________

20. ______________________________

21. ______________________________

22. ______________________________

23. ______________________________

24. ______________________________

25. ______________________________

Dirk Schmidt
punktgenau

Wir brauchen nicht mehr Kraft, mehr Talent oder mehr Gelegenheit. Was wir brauchen, ist der Wille, zu nutzen, was wir haben.

Basil S. Walsh

4.1 Spitzensportler machen von sich reden

Behandle die Menschen so, als wären sie, was sie sein sollten, und du hilfst ihnen zu werden, was sie sein können.

Goethe

Ich gehe doch richtig in der Annahme, dass Sie die Geschichte vom Rotkäppchen und dem bösen Wolf kennen, oder? Ich glaube, dass jedes Kind mit Märchen der Gebrüder Grimm groß geworden ist oder groß werden wird. Ob Frau Holle, der Gestiefelte Kater oder Rotkäppchen, alles vertraute Namen und Geschichten, die für immer in unser Bewusstsein eingebrannt sind. Wenn Sie den Namen Rotkäppchen hören oder lesen, was kommt Ihnen da spontan in den Sinn? Mit Sicherheit läuft vor Ihrem geistigen Auge eine Art Film ab. Sie sehen vielleicht ein kleines Mädchen mit langen blonden Haaren und zwei Zöpfen. Auf ihrem Kopf hat sie ein kleines Käppchen (heute würden wir Mütze dazu sagen). Sie trägt einen Picknickkorb und hüpft durch den Wald usw. Gut, das ist der Inhalt dieser Geschichte. Danach habe ich aber nicht gefragt. Mir geht es um etwas ganz anderes. Für mich ist diese Geschichte nämlich einer der besten Beweise, dass Marketing schon zu allen Zeiten hervorragend funktionierte. Die Märchenerzähler hätten dem Kind doch auch einen anderen Namen geben können und die Geschichte vielleicht „Maria und der große böse Wolf" nennen können. Stattdessen verzichteten sie auf den Namen und sprachen nur noch von dem Mädchen mit der roten Kappe – Rotkäppchen –, und jeder weiß, wer gemeint ist.

Diese Erkenntnis ist für jeden erfolgsorientierten Menschen von bahnbrechender Wichtigkeit. In einer Zeit, wo der Begriff Informationsinflation kein Fremdwort mehr ist, haben die Menschen gelernt, vieles wieder zu vergessen. Es passiert doch häufig, dass wir auf einen netten unbekannten Menschen treffen, ein paar Worte mit ihm wechseln und ihn dann wieder vergessen. Aus den Augen, aus dem Sinn. Läuft man sich drei Tage später wieder über den Weg, kennt man seinen Namen nicht mehr und weiß auch sonst nicht mehr, wo man sich schon einmal begegnet ist. Unser Verhalten ist kein Vorbote von Alzheimer, sondern das Ergebnis einer sich immer schneller verändernden Welt. In diesem Dilemma steckt jeder Mensch. Um sich von der breiten Masse abzuheben, brauchen Sie ein „Erkennungsmerkmal", das Menschen in bestimmten Situationen dazu bringt, an Sie zu denken und nicht an den Wettbewerber. Nun müssen Sie natürlich kein rotes Käppchen aufsetzen, wenn es um diesen „Wiedererkennungseffekt“ geht. Das wäre nicht nur albern, sondern sähe auch noch etwas komisch aus, wenn Sie zu Ihrem dunkelblauen Geschäftsanzug eine rote Kappe tragen würden. Dennoch gibt es zwei Persönlichkeiten, für die diese rote Kappe zum unverwechselbaren Markenzeichen geworden ist. Die Rede ist natürlich von den beiden legendären Rennfahrern Michael Schumacher und Niki Lauda. Diese Männer leben das „Marketing-Märchen“ vom Rotkäppchen und betreiben Marketing in Reinkultur.

Welches ist Ihr Markenzeichen?

____

Übrigens, hier ein kleiner Tipp für Menschen, die sich Namen, Zahlen und Ziffernkombinationen nicht merken können. Unser Gehirn kann sich in aller Regel Daten und Fakten nur unzureichend merken. Es kann dagegen fast alles dauerhaft speichern, was ihm in Bildern übermittelt wird. Also müssen wir lernen, in Bildern und nicht in Zahlen zu denken. Der erste Schritt ist, sich für zehn Ziffern, von 0 bis 9, pro Ziffer ein Bild zu merken. Mit anderen Worten: Statt der Ziffer „sehen“ Sie nun ein Bild, welches Sie nie wieder verändern. Denn einmal richtig „gespeichert“, ist eine Umprogrammierung oft sehr schwierig. Hier meine Welt der Ziffern:

0 = Kreis	5 = Hand
1 = Kerze	6 = Hexe
2 = Schwanenhals	7 = Zwerg
3 = Dreieck	8 = Gürtel
4 = Quadrat	9 = Katze

Sie fragen sich, wie ich darauf komme? Nun, ganz einfach. Die Null sieht meiner Meinung nach aus wie ein Kreis. In meinem Gehirn steht deshalb ein Kreis für die Null. Die Eins ist kerzengerade, daher die Kerze. Die Zwei erinnert mich an einen Schwanenhals. Das Dreieck hat drei Ecken und steht daher für die Drei, während für die Vier ein Quadrat mit seinen vier Seiten steht. Die Hand steht für die Fünf, wegen ihrer fünf Finger. Sechs reimt sich auf Hex. Hex gibt es nicht, aber Hexe. Also steht für die Sechs die Hexe. Wer erinnert sich nicht an das Märchen von Schneewittchen mit den sieben Zwergen? Sehen Sie, deshalb finden Sie bei mir die Sieben als Zwerg. Wenn Sie einer Null in der Mitte einen Gürtel festzurren, je fester, desto besser, wird sie an dieser Stelle schmaler. Sie sieht dann aus wie die Acht. Also habe ich dieser Ziffer den Gürtel zugeordnet. Man sagt, eine Katze hat neun Leben. Was auch immer das heißen mag, für mich steht die Katze für die Neun.

Nachdem Sie Ihren Ziffern Gegenstände zugeordnet haben, sollten Sie diese auswendig kennen. Wenn Sie nun sicher sind, folgt der zweite Teil. Statt sich zukünftig die Ziffern zu merken, merken Sie sich die Gegenstände, und zwar in der Reihenfolge der Zahlen. Ein Beispiel: Sie wollen sich die Zahl 15 in Bildern merken. Für die Eins steht die Kerze, für die Fünf eine Hand. Deshalb „sehen" Sie jetzt in Ihrem Kopf nicht die Ziffer 15, sondern eben zuerst die Kerze und dann die Hand. Also eine Hand, die eine Kerze hält. Beides zusammen ergibt die 15! Blödsinn, werden Sie sagen. Wohl kaum. Denn es geht ja um mehr. Sie wollen sich eine vierstellige und nicht eine zweistellige Zahl merken. Nehmen wir an, die Zahl wäre 1.536. Dann müssten Sie sich jetzt eine Kerze, eine Hand, ein Dreieck und die Hexe merken. Wird schwierig, zugegeben. Aber leicht, wenn Sie daraus eine Geschichte stricken. Sie beginnen die Geschichte mit der ersten Ziffer und „arbeiten" dann Ziffer für Ziffer ab, und zwar in der richtigen Reihenfolge. Nehmen wir hierzu unsere Zahl 1.536. Die Geschichte könnte wie folgt aussehen: Sie halten die Kerze in der Hand, darüber stülpen Sie ein Dreieck und zeigen das Ganze der Hexe! Probieren Sie es einmal aus. Ich bin mir sicher, dass Sie diese kleine Geschichte nie mehr vergessen werden. Nehmen Sie eine andere Zahl, z. B. 2.748. Ein Schwanenhals schaut aus dem Wasser und entdeckt einen Zwerg, der in einem quadratischen Boot sitzt. Als Paddel dient der Gürtel. Merken Sie, die Geschichte klingt albern, doch man kann sie sich super merken. Trainieren Sie es einmal, und Sie werden sich wundern. Am Ende können Sie dann die Geheimnummer Ihrer EC-Karte als Geschichte formulieren. Das nächste Mal am Geldautomaten stellen Sie sich einfach Ihre Geschichte vor, und Sie werden sehen, wie schnell Sie die Ziffern eintippen werden.

Dirk Schmidt punktgenau

Mein Geist ist derart beschäftigt, über die Dinge nachzudenken, die ich erreichen möchte, dass es darin keinen Platz mehr gibt, über die Dinge nachzudenken, die ich nicht möchte.

Henry Ford

4.2 Spitzensportler sind dankbar

Es gibt auf der Welt kaum ein schöneres Übermaß als das der Dankbarkeit.

Jean de La Bruyère

Motivierte Sportler wissen, dass uns das Gesetz der Fülle beschenkt, wenn wir nur ausreichend Danke sagen können. Ein ganz normaler Vorgang Je öfter wir uns beim Leben bedanken, desto mehr schüttet es sein Füllhorn über uns aus. Oder würden Sie einem lieben Menschen weiterhin nette Geschenke mitbringen, wenn dieser nie oder nur sehr selten Danke sagt? Ich beschenke dankbare Menschen gerne. Doch Vorsicht! Wenn wir Dankbarkeit zur Manipulation einsetzen, erreichen wir vielleicht das, was wir wollen, aber auf Kosten des herzlichen Gefühls der Dankbarkeit. Deshalb lehnen motivierte Menschen diese Form der Dankbarkeit ab. Ihre Dankbarkeit ist immer ehrlich und aufrichtig, weil sie von Herzen kommt.

Dankbarkeit ist die höchste Form geistiger Vollendung. Danke sagen, Dankbarkeit empfinden, das fällt leider vielen Menschen besonders schwer. Zu oft verbinden sie es mit Zwang aus Kindertagen („Sag Danke!", „Du solltest dankbar sein!", „Ist das der Dank für all meine Mühen?") und oberflächlichen Floskeln. Haben wir nicht alles aus eigener Kraft erreicht? Wofür also sollen wir dankbar sein? Etwa für die Arbeitsstelle? Haben wir nicht selbst dafür hart gekämpft? Wieso also dankbar sein? Sollen wir etwa dankbar sein für den nörgeligen Chef? Für das bevorstehende Meeting, wo wir uns mit Sicherheit den nächsten Rüffel abholen werden? Für den launischen Ehepartner, der zu allem Unglück noch auf uns wartet, während wir wieder einmal Überstunden schieben müssen? Es kommt einer Provokation gleich, dafür auch noch dankbar sein zu sollen.

Motivierte Menschen wissen, dass sich niemand seinem Schicksal entziehen kann. Wenn Sie ein Glas Rotwein umstoßen, dann ist das eine Tatsache, die sich nicht mehr rückgängig machen lässt. Der Rotwein ist verschüttet! Das gilt es zunächst einmal zu akzeptieren. Alles Jammern hilft nicht mehr. Es müssen jetzt Maßnahmen ergriffen werden, diese Situation zu bereinigen, was bei dem verschütteten Rotwein weniger ein Problem ist. Mit dem Lappen werden die Hinterlassenschaften beseitigt und neuer Wein nachgeschenkt. Dieses simple Beispiel soll Ihnen zeigen, worum es im Leben eigentlich immer geht. Zunächst darum, eine Tatsache und damit ein Schicksal zu akzeptieren und nicht Amok zu laufen wegen der Situation. Nur mit klarem und wachem Geist ist es möglich, die Dinge zu tun, die in dieser Situation von Ihnen erwartet werden. Völlig egal ob Sie Milch oder Rotwein verschütten, einen Unfall verursachen oder Ihren Arbeitsplatz verlieren.

„Soll ich meine Probleme und Schwierigkeiten ignorieren, damit es mir besser geht?", mag sich nun mancher fragen. Das wäre töricht. Es geht nicht darum, die Realität aus den Augen zu verlieren. Es geht darum, einen Perspektivenwechsel vorzunehmen. Die Lösung liegt immer in uns selbst. Jedes Suchen nach Lösungen von außerhalb führt zu nichts. Schauen Sie nach innen und beantworten Sie für sich folgende Fragen:

- Was habe ich heute von den Menschen bekommen?
- Was habe ich heute den Menschen gegeben?
- Was könnte ich heute an meinem Verhalten optimieren?

Wenn Sie diese Fragen beantworten, erstellen Sie so etwas wie eine Tagesbilanz, die die Dinge zurechtrückt. Sie beseitigt lieb gewonnene Irrtümer wie „Ich werde ungerecht behandelt" oder „Die Welt schuldet mir etwas". Wer sich auf die Frage konzentriert, was ihm vorenthalten wird, wird viel zu wenig darauf achten, was er alles erhält. Die Konzentration auf den Mangel verstärkt ihn. Wer sich umgekehrt auf das Positive konzentriert und dankbar zurückblickt, erreicht genau das, was er möchte: inneren Frieden, Glück und Ausgeglichenheit.

Dankbarkeit zu zeigen, bedeutet nicht, die Welt schöner zu reden als sie ist, sondern hilft uns, die Welt objektiv zu betrachten. Dankbarkeit kann aber nicht nur zum persönlichen Wohlbefinden beitragen: Sie hilft uns, besser mit unseren Mitmenschen zurechtzukommen. Je aufmerksamer wir darauf achten, wie uns geholfen wird, desto größer wird unser Bedürfnis, auch anderen zu helfen. Je mehr Menschen bemerken, was ihnen gegeben wird, desto besser wird eine Gesellschaft funktionieren.

Je dankbarer Sie sind, desto eher werden Sie merken, dass es nicht sinnvoll ist, immer nur aufrechnen zu wollen. Gelegenheiten, sich zu bedanken, gibt es jederzeit, und wenn Sie sich bei sich selbst bedanken, weil Sie nicht auf das „dumme" Geschwätz anderer Leute gehört haben, sondern beharrlich Ihren eigenen Weg zu einem besseren Leben gegangen sind.

Dirk Schmidt punktgenau

Notieren Sie jeden Tag, mindestens sechs Wochen lang, fünf Dinge, für die Sie dankbar waren.

4.3 Spitzensportler sind beweglich

Nicht gut ist, dass sich alles erfüllt, was du wünschst: Durch Krankheit erkennst du den Wert der Gesundheit.

Heraklit

Zu den mit Abstand unseriösesten Prognosen zählt die „unverbindliche" Errechnung des zu erwartenden Alters. Doch nichts ist gleichzeitig spannender. Trotz aller Sorgen und Ängste wünscht sich das Gros der Bevölkerung ein langes Leben. Wenn auch Sie heute schon wissen wollen, wie lange Sie noch zu leben haben, dann können Sie die Website der Zeitschrift „Medical Tribune" (www.medical-tribune.de – Rubrik: Service) anklicken. Wer hier einen kleinen Fragebogen ausfüllt, erhält per Mausklick eine unverbindliche Lebensaltersprognose. Egal wie diese ausfallen mag, wichtig ist, dass Sie gesund bleiben. Bewegung ist hier eine der wirksamsten und einfachsten Möglichkeiten, seine Gesundheit lange zu erhalten. Wer sich selbst nicht motivieren kann, einmal täglich zehn Minuten an der frischen Luft spazieren zu gehen, sollte sich einen Hund zulegen. So kann man das Angenehme mit dem Nützlichen verbinden.

Denn Bewegung hat positive Effekte auf fast alle Zellen, von denen wir etwa 60 Billionen in unserem Körper haben. Prof. Dr. Petra Platen, Leiterin des Lehrstuhls für Sportmedizin und Sporternährung an der Ruhruniversität Bochum, sagt:

Organe und Zellen, die nicht gefordert werden, verkümmern. Sind Sie träge, ist es Ihr Körper auch. Nur was richtig gefordert wird, baut sich auf und bleibt gesund.

Regelmäßiges Training macht unseren Körper leistungsfähiger. Besser spät als nie, und so sollte jeder sofort mit ausreichender Bewegung anfangen. Was dann in Ihrem Körper vorgeht, ist phänomenal, wie die folgende Kurzbeschreibung belegt.

Muskulatur:
Nur ein Muskel, der arbeitet, wird dicker. Beim Training werden kleinste Gefäße geöffnet. Dadurch bekommt der Muskel Energie in Form von Sauerstoff und Nährstoffen wie Zucker und Fetten. Muskeln helfen auch

beim Abnehmen: Bei längerer Belastung (ab 30 Minuten) wird ein Botenstoff (Interleukin 6) frei, der dafür sorgt, dass mehr Fett in die Muskulatur transportiert und dort verbraucht wird.

Knochen:
Knochen wachsen auch noch bei Erwachsenen. Das Skelett passt sich nämlich höheren Belastungen an. Dabei nehmen die Knochenbälkchen sowie der Knochenquerschnitt zu. Dieser Effekt kann ab etwa 50 Jahren sogar den Knochenabbau stoppen und schützt somit vor Osteoporose.

Magen-Darm:
Bei Bewegung werden bevorzugt die Organe durchblutet, die bei Belastung am meisten gebraucht werden (Gehirn, Herz, Muskeln). Verdauungsleistungen werden heruntergefahren, deshalb sollte schweres Essen vor dem Sport vermieden werden. Durch ausreichende Bewegung wird auch das Immunsystem gestärkt. Professor Maassen: „Sport schützt vor Darmkrebs, offenbar auch vor bösartigen Tumoren in Lunge, Prostata und Brust."

Haut:
Die Haut ist das größte menschliche Organ. Ist der Mensch aktiv, muss die Haut die Körpertemperatur regulieren, damit wir nicht überhitzen. Unter Belastung entsteht mehr Wärme in der Muskulatur. Um die nach draußen abzugeben, wird kühlender Schweiß produziert. Die richtige Kleidung ist daher unerlässlich, um nicht auszukühlen.

Gehirn:
Atmung, Herztätigkeit und Kreislauf werden von hier gesteuert. Kommt im Hirn der Reiz „Bewegung" an, werden Millionen Nervenzellen mobil. Sie stellen sich blitzschnell auf Belastungen ein, aktivieren Programme wie Hand- oder Beinbewegungen. Wichtig für das Denken: Blut (und damit Sauerstoff) durchflutet die Hirnregionen und selbst bei Erwachsenen verbinden sich Millionen Nervenbahnen neu. Botenstoffe (Dopamin, Serotonin) erhöhen die Leistungsfähigkeit.

Herz:
Wer länger trainiert, kann das Schlagvolumen des Herzmuskels vergrößern. Das Herz kann somit pro Schlag mehr Blut durch den Körper

Dr. Ulrich Strunz

jagen. Dadurch sparen wir uns auf Dauer Herzschläge, der Kreislauf arbeitet ökonomischer und kann seine Arbeit leichter erledigen. Weil auch der Sauerstoffgehalt zunimmt, wird das Blut dünner und fließt besser. Das verhindert beispielsweise, dass sich Blutgerinnsel bilden, die zum Herzinfarkt führen.

Hierzu habe ich etwas Interessantes[44] auf der Website meines Freundes Dr. Ulrich Strunz gelesen. Er machte eine erstaunliche Entdeckung. Zunächst trug er Zoologiebücher und Lexika zusammen. Seite für Seite arbeitete er durch, indem er die dort beschriebenen Tiere nach ihrer Größe ordnete. Er begann mit der Maus und hörte beim Elefanten auf. Dann erstellte er ein Diagramm, um Herz- und Körpergröße zu vergleichen. Das Resultat liegt auf der Hand: Je größer das Tier, desto größer das Herz. Die Zahlen lagen alle auf einer Linie. Aber es gibt eine Ausnahme.

Der Mensch ist das einzige Lebewesen, bei dem die Herzgröße nicht auf der Linie liegt. Bei ihm ist das Herz im Verhältnis zur Körpergröße zu klein. Kaum trägt man jedoch die bekannten Sportlerherz-Größen ein, stimmt das Verhältnis wieder, dann liegt auch der Mensch auf einer Linie mit allen anderen Lebewesen.

Das Sportlerherz, das größere Herz, das an die Arbeit angepasste Herz, ist das normale Herz. Die Natur möchte, dass wir arbeiten, von der Wiege bis zur Bahre. Das heißt für Sie als Kopfarbeiter (auch für mich), dass wir uns die Bewegung woanders holen müssen.

Dirk Schmidt punktgenau

Anfangen ist der erste Schritt zur Bewegung. Schon 20 Minuten regelmäßiges Ausdauertraining haben einen schützenden Effekt für Herz und Kreislauf. Gelingt es, die Zeit auf 30 Minuten zu erhöhen, laufen Sie buchstäblich z. B. der Diabetes davon. Daher gilt: Sagen ist nicht tun. – Gehen Sie. Jetzt!

Lunge:

Wer sich nicht bewegt, atmet meist zu flach. Teile der Lunge werden dadurch nicht belüftet. Das kann zu einer schlechteren Sauerstoffversorgung führen. Anders bei ausreichender Bewegung: Wir atmen schneller und tiefer, die Lunge ist stärker durchblutet. Rund 400 Millionen Lungenbläschen nehmen mehr Sauerstoff auf, scheiden Kohlendioxid aus. Atemvolumen und Leistungsfähigkeit nehmen im Vergleich zum Untrainierten zu, man macht weniger Atemzüge bei gleicher Leistung.

Seele:
Wer sich bewegt, bekommt schnell ein besseres Körpergefühl. Man sieht nicht nur besser aus, man fühlt sich auch so. Dadurch steigt das Selbstbewusstsein und sicherlich die Lust auf Sex.

4.4 Spitzensportler lieben Partnerschaften

Wahre Liebe fordert nicht, wahre Liebe gibt. Sie ist ein Entgegenkommen, ein Geben, aber auch ein Annehmen. Wahre Liebe ergreift nicht Besitz, sondern gibt Freiheit.

Marie von Ebner-Eschenbach

Nicht selten stellen sich Menschen, die noch immer auf das große Glück hoffen, die Frage, was eine Ehe zusammenhält. Geld, Glück, Gesundheit und Zufriedenheit sind für eine Ehe sehr wichtig, aber nicht ausschlaggebend. In diesem Zusammenhang erinnere ich gern an eine Umfrage der Zeitschrift „Psychologie heute", die folgende Frage[45] stellte: „Was hält Ihre Ehe zusammen?" Die Mehrzahl der Befragten gab zu Protokoll: „Toleranz und Akzeptanz, den anderen so nehmen, wie er ist."

Diese Tugend scheint offensichtlich nur noch bei den älteren Generationen vorhanden zu sein. Angesichts steigender Scheidungszahlen drängt sich mir der Eindruck auf, dass die Menschen eben nicht mehr bereit sind, sich sprichwörtlich am Riemen zu reißen und durchzuhalten. Ich glaube, dass in vielen Ehen die Erwartungen an den Ehepartner so hochgeschraubt werden, dass alles, was diesem Ideal nicht entspricht, in die Negativbewertung fällt. Je mehr sich hier aufaddiert, desto eher ist die Ehe am Ende. Einen Mann mit dem Aussehen von Brad Pitt, der Beliebtheit von Günther Jauch, dem Reichtum von Bill Gates und das Leben einer Prinzessin wünscht sich wohl jede Frau. Schade nur, dass es das nicht gibt. Selbst ein Mensch wie Robbie Williams, das Pop-Idol der letzten Jahre, bekennt sich inzwischen zum Alkohol- und Drogenkonsum. Dieser Mann hat einfach alles, einen knackigen Hintern, einen treuen Dackelblick, eine gestandene Figur, Kohle ohne Ende und eine atemberaubende Stimme. Das perfekte Ideal. Damit könnte er an einer Hand sprichwörtlich tausend Frauen bekommen, weil er alles in sich vereint, was eine Frau sich wünscht. Wer unter diesen Bedingungen Drogen nimmt, hat offensichtlich ein Problem. Ich weiß natürlich nicht, welches, aber eines weiß ich ganz bestimmt: Zu einem ausgeglichenen Leben gehört ein Partner, der hinter einem steht. Der sich über die Erfolge freut und auch die Misserfolge mit einem teilt. Wer glaubt, dass Reichtum, Schönheit und außergewöhnliches Talent reichen, ein schönes Leben zu führen, der irrt. Zu einem erfolgreichen Leben gehört ein Mensch, den man liebt und mit dem man seine Erfolge teilen kann.

Die bereits angesprochene Umfrage von „Psychologie heute" wollte klären, wie das Erfolgsrezept einer guten Ehe aussieht. Hier die Antworten der Befragten.

Das Erfolgsrezept stabiler Ehen:

Frage	Antwort
Toleranz und Akzeptanz, den anderen so nehmen wie er ist	32 %
Vertrauen, Offenheit und Ehrlichkeit	30 %
Liebe und Zuneigung	28 %
Konstruktive Konfliktlösung und Kommunikation	25 %
gemeinsame Interessen, Hobbys und Freunde	20 %
Solidarität, gegenseitige Unterstützung, gemeinsam durch dick und dünn gehen	19 %
die gemeinsame lebenslange Verantwortung für Kinder und Enkel	14 %
sich in der Partnerschaft nicht einengen, seine Freiräume behalten	14 %
Treue	13 %
finanzielle Verpflichtungen, gemeinsamer Besitz, materielle Dinge gemeinsam regeln	7 %
übereinstimmende Werte und Ansichten, die gleiche „Wellenlänge"	6 %
Zärtlichkeit und eine zufriedenstellende sexuelle Beziehung	4 %

Sie sehen, Vertrauen, Toleranz, Offenheit, Ehrlichkeit, Liebe und Zuneigung stehen ganz weit oben, während laut dieser Umfrage das Bedürfnis nach sexueller Befriedigung an letzter Stelle steht. Das überrascht mich nicht. Ich möchte es einmal salopp ausdrücken: Wer nur auf der Suche nach körperlichem Kontakt ist, findet relativ schnell einen Partner für einen „One-Night-Stand". Aber einen Menschen zu finden, mit dem man über alles sprechen kann, dem man sich anvertrauen kann, das ist schon weitaus schwieriger. Aber genau so einen Menschen haben viele Spitzensportler an ihrer Seite. In vielen Langzeituntersuchungen konnte nachgewiesen werden, dass die Ehen, in denen die Partner miteinander reden, am längsten halten. Je offener ein Paar miteinander kommuniziert, je kompetenter Probleme gelöst werden und je besser mit Stresssituationen umgegangen wird, desto zufriedener sind die Partner. Je zufriedener sich der Mensch in einer Beziehung fühlt, desto weniger ist das Bedürfnis vorhanden, diese Partnerschaft zu beenden. Insofern fand ich eine Untersuchung erschreckend, in der behauptet wurde, dass Ehepartner durchschnittlich acht Minuten am Tag miteinander reden. Acht Minuten! Das ist doch eine katastrophale Situation. Dann muss man sich auch nicht wundern, wenn diese Ehen auseinanderbrechen.

Dirk Schmidt
punktgenau

Wem eine tüchtige Frau beschert ist, die ist viel edler als die köstlichsten Perlen. Ihres Mannes Herz darf sich auf sie verlassen und Nahrung wird ihm nicht mangeln.
Sprüche Salomos

Basil S. Walsh

4.5 Spitzensportler und Schulbildung

Deshalb lautet der Beschluss, dass der Mensch was lernen muss.
Wilhelm Busch

Ob Spitzensportler, Politiker, Schauspieler oder Erfinder, nicht immer war die Schulbildung für die Karriere ausschlaggebend. Bildung ist wichtig, aber noch wichtiger als gute Bildung ist Entschlossenheit.

Die Geschichte ist voller interessanter Beispiele, wie Menschen, ungeachtet ihrer Schulbildung, Kultstatus erreichten. So arbeitete das Boxidol Max Schmeling mit 18 Jahren in einer Brunnenbaufirma, bevor er einer der erfolgreichsten Boxer aller Zeiten wurde. Nach dem Ende seiner Karriere legte er nicht die Hände in den Schoß. Das Gegenteil war der Fall. Er spuckte in die Hände und machte sich mit einer Coca-Cola-Lizenz in Hamburg einen Namen als erfolgreicher Unternehmer. Bis ins hohe Alter arbeitete er in seiner Firma. Das ist nur eines von vielen erwähnenswerten Beispielen. Zu allen Zeiten gab es erfolgreiche Menschen, die mit der Schule nur wenig am Hut hatten. So konnte Albert Einstein wegen schulisch bedingter nervlicher Zerrüttung das Abitur an seiner Schule nicht machen. Er konnte deshalb nur das Polytechnikum besuchen. Weil er die Aufnahmeprüfung dafür im ersten Anlauf nicht schaffte, nahm er am Unterricht der obersten Klasse der Kantonsschule in Aarau teil. Auch den Eltern des späteren Chemikers Justus von Liebig ging es nicht besser. Ihnen bescheinigte der Rektor, ihr Sohn sei die Plage aller Pädagogen. Der Vater nahm ihn daher von der Schule und steckte ihn in eine Apothekerlehre. Nachdem Justus mit seinem Hobby Chemie den Dachstuhl des Apothekers in die Luft gesprengt hatte, kannte sein Interesse für die Chemie keine Grenzen mehr. Ähnlich erging es dem legendären Erfinder Thomas Alva Edison. Sein Lehrer nannte ihn vor der ganzen Klasse einen Hohlkopf. Edison verließ daraufhin den Klassenraum und ging nie wieder an die Schule zurück. Seine Mutter gab ihm Privatunterricht. Mit dem ersten naturwissenschaftlichen Buch „Schule der Naturphilosophie" schenkte sie ihm den „goldenen Türöffner" zur Physik und Chemie sowie zur Technik. Thomas Alva Edison wurde einer der erfolgreichsten Erfinder aller Zeiten, der es auch zu einem erfolgreichen Unternehmen brachte. Zusammen mit einem Partner gründete er die GE General Electric, heute das weltweit größte Unternehmen seiner Branche und eine der erfolgreichsten Aktiengesellschaften der Welt.

Diese Personen und viele, viele andere mehr haben alle etwas gemeinsam. Sie haben sich nicht von den Umständen beirren lassen. Sie waren keine Theoretiker, sondern Menschen, die entschlossen handelten, egal wie die Umwelt darauf reagierte. Es war ihnen egal, was Außenstehende sagten. Von dieser „Sorte" aktiver Menschen brauchen wir mehr. Wir brauchen keine Menschen, die immer nur nach dem Staat schreien, der es für sie richten soll. Wir brauchen Menschen, die entschlossen Herausforderungen anpacken und Chancen nutzen. Wir brauchen buchstäblich Macher, ein Begriff, der gerade in der Kinowelt sehr häufig gebraucht wird: „... von den Machern von Ice-Age", heißt es beispielsweise in der Werbung zum Kinospektakel „Robots". Also packen Sie es an, werden auch Sie ein echter Macher. *Do it yourself* ist das Gebot der Zeit.

Dirk Schmidt punktgenau

Halten Sie sich fern von denjenigen, die versuchen, Ihren Ehrgeiz herabzusetzen. Kleingeister tun das immer, aber die wirklich Großen geben Ihnen das Gefühl, dass auch Sie selbst groß werden können.

Mark Twain

Summary

Der einzige Mensch, der sich vernünftig benimmt, ist mein Schneider. Er nimmt jedes Mal neu Maß, wenn er mich trifft, während alle anderen immer die alten Maßstäbe anlegen in der Meinung, sie passten auch heute noch.

George Bernhard Shaw

5.1 Die 12 wichtigsten Motivationsstrategien

Motivation ist der Motor des Erfolgs. Alles, was wir Menschen je geschaffen haben und noch schaffen werden, als Einzelne wie als Gemeinschaft, kommt über unseren Geist, über unser Denken und Fühlen – kurz: über unsere Motivation. Motivation ist gleichzeitig der Ausdruck einer tiefen Sehnsucht nach Glück. Die meisten Menschen wünschen sich tief in ihrem Innern, dass es ihnen besser geht, dass sie glücklicher leben und dass sie mehr Erfolg haben, als ihnen bis jetzt beschieden war.

95 Prozent unseres Verhaltens bestehen aus Gewohnheiten. Viele sind nützlich und hilfreich, weil sie uns helfen, den Alltag leichter zu meistern. Andere hindern uns daran, uns weiterzuentwickeln. Oft werden wir in eine Art Schablone gepresst, die uns einengt. Alles in der Welt ist auf Wachstum und Veränderung ausgelegt und jeder kann sich verändern, denn: Was wir gelernt haben, können wir auch wieder ändern! Wenn auch Sie jetzt die Chance nutzen wollen, Ihr Leben nachhaltig zum Positiven zu verändern, dann werden meine zwölf Motivationsstrategien Sie dabei unterstützen.

1. Mentale Power

„Erfolg beginnt im Kopf und nirgendwo anders", denn unser Gehirn ist nicht in der Lage zu unterscheiden, ob etwas real passiert oder nur lebhaft vorgestellt ist. Allein Ihre Vision und die Intensität Ihrer Vorstellungskraft entscheiden über Erfolg oder Misserfolg. Wenn Sie in Bildern visualisieren, sind an diesem Prozess die verschiedensten Sinne beteiligt. Dadurch werden die mentalen Bilder verstärkt. Wissenschaftlich erwiesen ist, dass die so vorgestellten Handlungen die Muskeln auf ähnliche Weise aktivieren wie eine tatsächlich gelebte Handlung. Deshalb haben erfolgreiche Menschen *Problemdenken* durch *Lösungsdenken* ersetzt.

2. Ohne Ziel kein Antrieb

Wer nicht weiß, wohin er will, kann auch nie wirklich ankommen. Nur wer ein Ziel hat, ist in der Lage, alle Kräfte zu mobilisieren. Dabei ist es sehr wichtig, sich auf ein Ziel zu konzentrieren. Handelt es sich dabei um ein sehr großes, wie z. B. beim nächsten New York Marathon mitzulaufen, ist es erforderlich, es in kleinere Etappenziele zu zerlegen. So wächst Schritt für Schritt der Erfolg und damit das Selbstvertrauen. Ideale Bedingungen also, um unter die Besten zu kommen.

3. Gier nach Neuem

Wenn Ihr Gehirn hoch motiviert ist, sind Sie zu persönlichen Höchstleistungen fähig. Nichts motiviert unser Gehirn mehr zu neuen Ideen und kreativem Denken als Neugierde und die Lust auf neue Eindrücke und Erlebnisse, denn Neugierde ist letztlich die Gier nach Neuem. Wer seine Komfortzone verlässt, um Neues zu wagen, erlebt persönliches Wachstum.

4. Nutzen Sie Ihr einzigartiges Talent

Machen Sie Ihr Talent zu Ihrem Beruf. Beruf hat etwas mit dem Ruf zu tun, dem wir folgen. Welchem BeRUF folgen Sie? L(i)eben Sie Ihren Beruf? Dann ist Ihr Fühlen, Wollen und Denken in Harmonie. In diesem Zustand vergessen Sie die Zeit, Sie hinterfragen nicht, was Sie tun, Sie fühlen sich nicht unter Zwang oder Druck, Sie grübeln nicht. Kurzum: Sie sind im Glückszustand, es gelingt Ihnen (fast) alles, egal ob im Beruf, in der Familie oder im Sport. Wenn Sie lieben, was Sie tun, spüren Sie den Sinn Ihres Lebens.

5. Hören Sie auf Ihre innere Stimme

Wenn Sie bei allem, was Sie tun, auf *Ihre innere Stimme* hören, werden Sie Ihre Ziele noch schneller und einfacher erreichen. Ihre innere Stimme meldet sich in Form einer Eingebung. Wissenschaftliche Studien zeigen, dass die besten Entscheidungen im Zusammenspiel von Verstand und Emotionen entstehen. Tatsächlich sind Gefühle intelligenter als der Verstand. Unser Bewusstsein ist im Gegensatz zum „Bauchgehirn" zu einfach strukturiert, um komplexere Sachverhalte zu analysieren. Intuition ist deshalb der Teil des Wissens, der über das „Bauchgehirn" Signale sendet, die uns eine klare Richtung vorgeben.

6. Suchen Sie nicht nach einem Glücksabo

Erfolgreiche Menschen sind keine ständigen Sieger. Sie zweifeln, kämpfen, freuen sich, leiden, weinen, fallen hin, stehen wieder auf, verlieben sich, trennen sich. Sie werden genauso vom Schicksal getroffen und müssen Niederlagen hinnehmen wie alle anderen auch. Doch gehen sie mit dem Unvermeidlichen anders um als der Durchschnitt, der sich oft schon von kleinen Rückschlägen einschüchtern lässt. Erfolgreiche Menschen stehen einmal mehr auf, als sie hingefallen sind.

7. Lassen Sie los

Ob Gedanken, schlechte Angewohnheiten, Geld oder Probleme, nur wenn Sie loslassen, können Sie etwas verändern bzw. erreichen. Nur was fließt, entwickelt sich. Stehendes Wasser wird ungenießbar, solange es fließt, schmeckt es. So verhält es sich mit allen Dingen. Wer hortet und festhält, verkrampft und ist nicht offen für Veränderungen. Wer nicht loslassen kann, blockiert wichtige Energien, die an anderen Stellen fehlen. In einem solchen Zustand kann sich nie etwas Neues entwickeln. Erfolgreiche Menschen sind voller Vertrauen. Sie empfangen und lassen los, weil sie wissen, dass alles im Leben zwei Seiten hat.

8. Bleiben Sie optimistisch

Irrungen, Rückschläge, Schmerzen sind völlig normal. Kein Mensch kommt mit einer „Gebrauchsanweisung fürs Leben" auf die Welt. *Learning by doing* ist das Stichwort. Probleme zeigen, dass es so nicht geht. Deshalb kommt es auf den nächsten Schritt an, und zwar so lange, bis das gewünschte Ergebnis erreicht wurde.

9. Seien Sie dankbar

Dankbarkeit ist der Magnet für Ihren Erfolg. Mit Dankbarkeit bringen Sie zum Ausdruck, dass Sie genau das haben, was Sie schon immer haben wollten. Das Unterbewusstsein reagiert prompt und verstärkt diesen Zustand. Wenn Sie also dankbar sind für Ihre bisherigen Leistungen (auch wenn Sie damit noch nicht zufrieden sind), wird Ihr Unterbewusstsein genau dieses positive Gefühl zur Kenntnis nehmen. Es wird Mittel und Wege finden, Sie in Ihrer Haltung zu bestärken, sodass Ihre Leistungen „fast automatisch" steigen.

10. Meiden Sie Vergleiche

Sie sind Sie! Niemand außer Ihnen weiß, was für Sie gut ist. Wenn Sie anfangen und das Erreichte im Leben mit dem vergleichen, was z. B. Ihr Nachbar erreicht hat, können Sie ganz böse auf die Nase fallen. Trennen Sie sich von der Vorstellung, dass Sie alles und jedes im Leben aufrechnen können. Sobald Sie vergleichen und zu dem traurigen Schluss kommen, dass Ihr Nachbar mehr besitzt oder kann als Sie, hat Ihr Unterbewusstsein ein Problem. Weil es gewohnt ist, immer das zu verstärken, worauf Sie sich konzentrieren, wird es das Gewünschte in Ihr Leben ziehen. In diesem Fall wird Ihr Nachbar immer mehr haben als Sie.

11. Nutzen Sie den Tag

Kein Mensch kann eine Sekunde nach vorne oder zurück leben. Deshalb sollten Sie auch zwei Tage aus Ihrem Wochenkalender streichen: gestern und morgen. Was bleibt, ist der heutige Tag. Nur im Hier und Jetzt können Sie handeln. Deshalb ist es das Beste, sich voll und ganz auf den Augenblick zu konzentrieren. Jetzt können Sie handeln. Nicht morgen. Morgen ist der Tag, an dem die meisten mit dem Rauchen und dem Trinken aufhören wollen. Morgen ist eine Illusion. Morgen gibt es nicht. Wenn wir heute und immer wieder nur für heute die Entscheidung treffen, im Augenblick unser Bestes zu geben, zu leben, zu lieben, zu lachen, zu weinen, Probleme zu lösen, statt sie zu beklagen – dann haben wir den Schlüssel zum Tor des Glücks gefunden.

12. Durchhalten

Es reicht nicht, anzufangen, man muss auch durchhalten. Deshalb ist es so wichtig, dass Sie Ihr Verhalten so lange trainieren, bis es Ihnen gewissermaßen ins Blut übergegangen ist. Wissenschaftliche Studien belegen, dass eine Tätigkeit zur Gewohnheit wird, wenn wir sie 21 Tage lang wiederholt haben. Wenn Sie Ihre Fortschritte und Ihre Gefühle täglich aufschreiben, mindestens 21 Tage lang, haben Sie eine noch größere Chance, schneller ans Ziel zu kommen. Treffen Sie jetzt die Entscheidung, etwas zu verändern. Beginnen Sie innerhalb der nächsten 72 Stunden mit der Umsetzung.

Diese und viele weitere wertvolle Tipps finden Sie auch in meinem Buch „Paul der Motivator", erschienen im Verlag Carl Ueberreuter (ISBN 978-3-8000-7314-6).

Dirk Schmidt punktgenau

Beim Schreiben fällt es oft leichter, seine Gefühle auszudrücken. Haben sie auf dem Papier Form und Gestalt angenommen, offenbart sich unser ganz persönliches „Gefühlsmuster". Das eröffnet uns neue Perspektiven, weil wir nun in der Lage sind, ausgediente Vorstellungen, Meinungen und Verhaltensweisen aufzugeben.

5.2 Spitzensportler halten sich an Regeln

Der Worte sind genug gewechselt, lasst mich nun endlich Taten sehen.
Goethe

Haben Sie schon einmal einen Kaufvertrag unterschrieben? Warum? Normalerweise hätten Sie das Geschäft doch auch per Handschlag abschließen können. Hätten! Im Geschäftsleben gelten aber andere Bedingungen, nicht zuletzt, um für alle Eventualitäten gewappnet zu sein. Ein solcher Vertrag hat aus meiner Sicht auch eine nicht zu unterschätzende psychologische Bedeutung. Denn schon in Goethes „Faust" heißt es treffend: „Was du schwarz auf weiß besitzt, kannst du getrost nach Hause tragen."

In der Tat zwingen wir uns, das unterschriebene Wort, also einen Vertrag, buchstabengetreu zu erfüllen, während das gesprochene Wort eher leichtfertig über die Lippen kommt. Am Ende will man sich daran nicht mehr erinnern. Insofern bleiben Worte nur Lippenbekenntnisse. Ziele lassen sich dadurch bisweilen gar nicht ansteuern. Nur das geschriebene Wort hat die Chance, von Ihrem Unterbewusstsein wahrgenommen zu werden. Deshalb empfiehlt es sich, alles aufzuschreiben, was Sie konkret tun wollen. Unterschreiben Sie dann, analog zu einem Kaufvertrag, Ihren eigenen Arbeitsauftrag. Damit gehen Sie die totale Verpflichtung ein. Genauso wie ein Kunde, der einen Arbeitsauftrag für eine bestimmte Dienst- oder Werkleistung unterschreibt, weiß, dass er dafür am Ende die Rechnung präsentiert bekommt.

Legen Sie Ihren Arbeitsauftrag gut sichtbar auf Ihren Schreibtisch. So haben Sie eine realistische Chance, Ihre Ziele zu erreichen. Besonders wichtig ist, dass Sie in allem, was Sie tun, die Zeit nie aus den Augen verlieren. Ihr Zeitfenster hat genau 72 Stunden – also drei Tage. Amerikanische Studien konnten nachweisen, dass Veränderungen nur dann möglich sind, wenn man nach Kenntnis der Lage innerhalb dieses Zeitfensters handelt. Anders ausgedrückt: Wer innerhalb der nächsten 72 Stunden nicht handelt, wird erfahrungsgemäß auch nichts verändern.

Fangen Sie einfach an! Warten Sie nicht auf bessere Bedingungen. Wenn Sie Ihr Leben verändern wollen, ist jetzt der beste Zeitpunkt, und Sie bringen die besten Voraussetzungen mit. Deshalb möchte ich Ihnen an dieser Stelle meine Anerkennung aussprechen, weil Sie sich die Zeit genommen haben, bis zu dieser Stelle zu lesen. Das ist sehr, sehr wichtig. Niemand wird erfolgreich, nur weil er ein Buch besitzt. Erfolgreich wird der, der das erworbene Wissen auch anwendet. Ich weiß, dass Sie genau das tun werden – und das ist gut so!

Es grüßt Sie ganz herzlich
Dirk Schmidt

P.S. Über Anregungen und Ihr Feedback freue ich mich. Wenn Sie Fragen haben oder mit mir in Kontakt treten möchten, erreichen Sie mich unter: www.dirkschmidt.com.

Anfragen zu Vorträgen und Seminaren können auch auf diesem Weg erfolgen.

Dirk Schmidt
punktgenau

Inneres Glück ist nicht von materiellen Umständen abhängig. Es wurzelt in unserem Geist.

Dalai-Lama

Sieg

Wie oft schon hörte ich dich sagen,
Du würdest große Dinge wagen.

Wann wohl, glaubst du, kommt der Tag,
Da endet alle Müh und Plag,
Da du zu großen Taten schreitest
Und da du selbst dein Schicksal leitest?

Und wieder ging ein Jahr vorbei,
Doch nie warst du, mein Freund, dabei,
Wenn's galt, nun endlich zuzugreifen,
Damit auch deine Früchte reifen!

Woran es liegt? Erklär es nur!
Du hattest Pech? Ach, keine Spur!

Wie immer, einzig und allein
Lag's nur an dir, an dir allein.
Schau auf deine Hände bloß:

Sie liegen still in deinem Schoß,
Statt endlich, endlich doch zu handeln
Und alles in dir umzuwandeln.

Herbert Kauffmann

Quellenangaben

Quellenangaben

1 Kleine Zeitung, Steiermark, 13.08.2008

2 Der Geheimcode der Selbstmotivation, TV Hören und Sehen 26/2008

3 Ich will jungen Menschen etwas geben, Die Welt, 04.07.2008

4 Viele Deutsche im Job ausgebrannt, Bild-Zeitung, 02.07.2008

5 www.aol.de/Karriere-Gehalt/Vergoldete-Fuesse-bestbezahlten-Fussballer-Welt (Zugriff 04.07.2008)

6 Focus 35/2008, Fragebogen, S. 146

7 Reinhold Messner: Mein Leben am Limit, Piper: München 2004

8 Wirtschaftswoche 26/2008, S. 155

9 Oliver Kahn: Ich. Erfolg kommt von innen, riva: München 2008

10 Neues Leben, Juli/August 2008

11 Vom kreativen und spirituellen Umgang mit Geld, Das Parlament, 02.01.2007

12 Das große Interview mit Bundestrainer Heiner Brand, Handballwoche, 21.09.2006

13 Wirtschaftswoche 26/2008, S. 156

14 Über glühende Kohlen, ManagerMagazin, 26.03.2004

15 Acht-Stunden-Tag mit Klinsmann, WAZ Sport, 02.07.2008

16 Das große Interview mit Bundestrainer Heiner Brand, Handballwoche, 21.09.2006

17 Sein größtes Manko: Talent, Financial Times Deutschland, 27.08.2008

18 Express, Nr. 116, 20.05.2008

19 http://www.markallenonline.com/

20 So arbeitet ein aktives Gehirn, TV Hören und Sehen 10/2008

21 Ebd.

22 Ebd.

23 Deutsche Ehen sind wie Weihnachtsfeste, NWZ, 17.03.2008
24 Britta Steffen holt die Goldmedaille, Die Welt, 15.08.2008
25 Gold für Gewichtheber Steiner, Die Welt, 19.08.2008
26 Jeder Fünfte hält sich für Pechvogel, NWZ, 09.10.2008
27 Jürgen A. Kettner: Go for Money. Ihr Weg zu Erfolg und finanzieller Unabhängigkeit, Moneylive: Oldenburg 2003
28 Natürlich gesund und munter 01/2008
29 Heinz Körner: Johannes, Lucy Körner Verlag: Fellbach, 30. Aufl. 1990
30 Im Wasser bin ich frei, Bella 29/2008
31 Gerald Hüther: Bedienungsanleitung für ein menschliches Gehirn, Vandenhoeck & Ruprecht: Göttingen, 7. Aufl. 2007
32 Napoleon Hill: Denke nach und werde reich. Die 13 Gesetze des Erfolgs, Ariston: München, Neuaufl. 2006
33 Vom kreativen und spirituellen Umgang mit Geld, Das Parlament, 02.01.2007
34 Universitätssportverein Dresden e. V., Traditionelles Karate, www.yentz.de/karate/definition.html (Zugriff: 09.07.2008)
35 Spitzenleistungen mit Köpfchen, Mobile Sportzeitschrift 5/2005
36 www.boxen.com/themen/aktuelles/topthema.php?pageid=573 (Interview vom 23.01.2006, Zugriff: 10.07.2008)
37 Gesundheit am Arbeitsplatz, Die Welt, 21.04.2008
38 Piep, Piep, Piep, guten Appetit, Zeit Wissen 06/2006
39 Süddeutsche Zeitung, Weihnachten 2002, S. 33
40 Von der Angst der Mittelschicht, Die Zeit 8/2007
41 TV Hören und Sehen 8/2008
42 Am 26.04.1997
43 306 Millionen für die Stimme, Hamburger Abendblatt, 17.10.2002
44 www.strunz.com
45 Psychologie heute, Juli 2003